Het grote ouwelullenboek

Voor Finn Goossens en Boris van Hellemondt.
You're next!

HET GROTE OUWE-LULLENBOEK

HOE DE MIDLIFEMAN ZICHZELF OUD MAAKT EN DE KLOK TERUG DRAAIT

Jerry Goossens en

dokter Frank van Hellemondt

KOSMOS

KOSMOS

www.kosmosuitgevers.nl
kosmos.uitgevers
kosmosuitgevers

Omslagontwerp: Tijs Koelemeijer
Auteursfoto: Angeliek de Jonge
Ontwerp binnenwerk: Zeno Carpentier Alting
Illustraties: Animercial.nl, Tamar Verkaik.

Deze uitgave kwam tot stand door bemiddeling van Sebes & Bisseling Literair Agentschap te Amsterdam

Kosmos Uitgevers vindt het belangrijk om op milieuvriendelijke en verantwoorde wijze met natuurlijke bronnen om te gaan. Bij de productie van het papieren boek van deze titel is daarom gebruikgemaakt van papier waarvan het zeker is dat de productie niet tot bosvernietiging heeft geleid.

ISBN 978 90 215 7928 3
ISBN e-book 978 90 215 7994 8
NUR 770

INHOUD

Introductie 7
Een kleine, persoonlijke inventarisatie 9
Kaalheid: de handen in het haar 18
Oudere jongeren/jongere ouderen 39
Mark Tuitert: 'Ik werd een lamlendige versie van mezelf' 61
Penopauze: de kanarie in de kolenmijn 70
De prostaatclub 83
Seks: blauwe pillen op het nachtkastje 90
Bewegen, of de pandemie van het zitten 98
Waarom is bewegen eigenlijk gezond? 112
Hoeveel moet je bewegen om een beetje gezond te blijven? 121
Hoeveel moeten we bewegen: the sequel 132
Het brein: witte stof tot nadenken 136
Het buikje (van Batman) 142
De blokjesbuik 151
Voeding: vet, eiwitten en koolhydraten 153
Afvallen: waarom diëten (niet) werken 167
Het McDonald's-dieet 173
Midlifecrisis: is dit alles? 190

Tot slot 201
Register 203

INTRODUCTIE

Een jaar na de eerste Nederlandse coronabesmetting somde *NRC Handelsblad* de statistieken droogjes op: 72 procent van de covid-patiënten op de intensivecareafdelingen was man. Driekwart van alle ic-patiënten had overgewicht. Hun gemiddelde leeftijd was 65.

Het inktzwarte beeld dat die ene alinea oproept, sluit naadloos aan bij het gangbare idee over mannen van middelbare leeftijd. Als je de veertig bent gepasseerd, zo wordt algemeen aangenomen, zijn mannen *over the hill*. Vanaf dat moment moeten zij zich schrap zetten voor de fysieke aftakeling die met het vorderen van de jaren alleen maar zal versnellen. Ze worden dikker, trager, slapper, kaal en seksloos – een schim van de kerels die ze ooit waren – om ten slotte aan chronische ziekten ten prooi te vallen.

Dat is het schrikbeeld waarmee ze zich geconfronteerd zien als ze wat ouder worden. De penopauze. De midlifecrisis. En velen van hen leggen zich erbij neer. Ach ja, de leeftijd hè? Het heeft geen zin je daartegen te verzetten.

Maar is die aftakeling eigenlijk wel zo onvermijdelijk?

Het antwoord op die vraag luidt: nee, beslist niet. Natuurlijk, het menselijk lichaam verandert voortdurend, vanaf het moment van conceptie tot we na de dood zijn vergaan. En dus worden er bij het ouder worden verschillen zichtbaar. Het haar wordt grijs en/of het valt uit, er verschijnen rimpels op het voorhoofd en zonder bril is de krant ineens onleesbaar. Allemaal waar. Maar het lichaam is verrassend veerkrachtig. En als je het een beetje onderhoudt, kun je die aftakeling niet alleen tot staan brengen, maar zelfs terúgdraaien. De ingrijpendste 'verouderingssymptomen', van het soort dat mannen op de intensive care van het ziekenhuis doet belanden, blijken niet zozeer het gevolg te zijn van het verstrijken der jaren, maar van levensstijl. Wij maken *onszelf* voortijdig oud.

In dit boek beschrijven we de fysieke transformatie die een man na zijn veertigste doormaakt. Waarom krijgt 80 procent van alle mannen op enig moment last van kaalhoofdigheid, is dat proces te stoppen en moet je dat eigenlijk wel willen? Waar komt dat buikje ineens vandaan, waarom ondermijnt dat de gezondheid en hoe kom je er weer vanaf? Hoe zit het met testosteron en de prostaat, en hoe beïnvloeden die ons seksleven. Enzovoort.

Daarnaast staan we uitgebreid stil bij de ernstige gevolgen van ons zittende bestaan in combinatie met ons voedingspatroon. Alle gebaseerd op de laatste wetenschappelijk inzichten en met hulp van experts uit de medische/academische wereld. Mede dankzij hen kunnen we voor eens en altijd een einde maken aan fabels die vooral op internet blijven rondzingen.

Zo op het oog klinkt dat misschien als taaie kost. Maar zoals de titel al doet vermoeden is *Het grote ouwelullenboek* beslist niet zwaar op de hand. Eerder opgewekt, en gelardeerd met smeuïge anekdotes, persoonlijke verhalen en zo nu en dan een grap. We ontdekken dat Arnold Schwarzenegger aan obesitas leed toen hij in de jaren zeventig tot Mister Olympia werd gekroond, dat tijdige castratie de beste manier is om kaalheid te voorkomen en dat je gegarandeerd kilo's kunt afvallen met het McDonald's-dieet.

Ook de conclusie van het boek is een vrolijke, namelijk: met een beetje inspanning kunnen we ouder worden *zonder oud* te worden. Zodat we fit, slank en actief aan de tweede helft van het leven kunnen beginnen.

EEN KLEINE, PERSOONLIJKE INVENTARISATIE

- Een pijnlijke rechterschouder. Vermoedelijk het resultaat van een valpartij, al jaren terug, die in een sluimerende blessure moet zijn geresulteerd. Nooit last van gehad. Tot een jaar of drie geleden, toen het in de sportschool ineens pijn begon te doen. '*Frozen shoulder*,' diagnosticeerde dokter Google na enig zoeken. De fysio was het daar niet mee eens. Wat het dan wel is, weet ik nog altijd niet. Het is een zeurend, alledaags pijntje geworden, dat mij verhindert om op mijn rechterschouder te slapen, maar waar ik verder weinig last van heb. Soms kraakt mijn schouder!

- Ik haat het woord 'buikje'. Het reduceert een man tot een eunuch: zacht, week, seksloos, aaibaar. Toch is het niet anders. Boven de broekriem groeit een vlezig heuveltje. Bescheiden in omvang – althans, dat houd ik mijzelf voor – maar onmiskenbaar. Het is een hardnekkig geval dat zich niet eenvoudig laat wegsporten. Als ik iets aan mijzelf kon veranderen, zou dat het zijn. Voor het voltooien van dit boek wil ik er vanaf zijn.

- Niets verraadt de leeftijd zo genadeloos als het leesbrilletje. Ik heb het zo lang mogelijk vermeden. Maar toen ik de berichtjes op mijn telefoon niet meer kon lezen zonder mijn arm als een selfiestick maximaal uit te strekken, heb ik de strijd gestaakt. Sindsdien dijt het aantal leesbrilletjes hier in huis – € 3,50 bij het Kruidvat – zo snel uit dat het soms lijkt alsof ze zich voortplanten.

- De baard is peper-en-zoutkleurig, maar op mijn hoofd blijft de opmars van de grijze haren vooralsnog beperkt tot een enkele verstekeling. Er zijn mensen – mánnen, bedoel ik – die mij ervan verdenken mijn haar te verven, maar dat is jaloezie. Ook het kalen blijft beperkt tot een bescheiden schemergebiedje op de kruin. Wat een aanvullende verklaring voor die jaloezie zou kunnen zijn. Verder worden mijn wenkbrauwen kleiner en borsteliger. Ik ben bang dat ik, net als Frits Bolkestein, met twee van die langharige cavia's boven mijn ogen eindig.

Het is een schaderapport waarmee ik, in het jaar dat ik 55 werd, niet ontevreden hoef te zijn. Ik ben de wilde jaren ogenschijnlijk zonder al te grote kleerscheuren doorgekomen. Ik heb geen chronische aandoeningen of ernstige blessures, ben sterker en fitter dan ik twintig of zelfs dertig jaar geleden was. Zelfs al ben ik in elk van die jaren steeds een kilootje aangekomen. Ik loop 11 kilometer per uur – 12, als ik echt optimaal ben getraind, deadlift 130 kilo en *bench* er 80. Cijfers waar serieuze atleten en Arie Boomsma besmuikt om zullen gnuiven. Maar anders dan zij zet ik er niet alles voor aan de kant. Ik houd van een biertje, of twee en spuug niet op een pizza. De balans, zo fluistert mijn innerlijke zenmeester, is alles.

Dat ik er überhaupt over nadenk, is relatief nieuw. Net als veel andere mannen heb ik er tot mijn veertigste op los geleefd, zonder rekening te houden met de mogelijke consequenties. Daarbij gelden een aantal verzwarende omstandigheden. Zo werd ik geboren in een gezin waar iedereen altijd rookte. Mijn ouderlijk huis stond permanent blauw van de sigarettenrook, evenals de familiebolide op zestien uur durende vakantieritten naar Zuid-Frankrijk. Ik was elf toen ik van een passieve roker in een actieve veranderde. Pas op mijn veertigste maakte ik de laatste uit.

Gezien de hoeveelheid tabak die er bij ons thuis verstookt werd, mag het geen verbazing wekken dat lichaamsbeweging niet hoog op de agenda stond. Mijn moeder tenniste een blauwe maandag en ik heb een jaartje op judo gezeten. Verder dan de oranje slip ben ik nooit gekomen.

Waar ik mij wel in verloor, was de muziek. Of eigenlijk: de rock-

‘n-roll. Of nog beter: de punk. Als twaalfjarige richtte ik met vriendjes van school onze eerste band op. We noemden ons Red Riot, een verwijzing naar een nummer van The Clash, en konden met uitzondering van drummer Evert geen van allen spelen. Ongehinderd door de meest basale muzikale bagage, oefenden wij eens per week in de schuur van mijn ouders. We traden gedurende ons bestaan hooguit drie keer op, waaronder op een huiskamerfeestje van een klasgenote die later tot de gevreesde filmrecensent van *NRC Handelsblad* zou opgroeien. Drummer Evert had al snel genoeg van onze onkunde en verliet Red Riot. Maar het zaadje was geplant. En vanuit de schuur van mijn ouders verhuisden wij naar een oefenruimte in een kraakpand. Daar konden we ongestoord herrie maken, in een poging onze instrumenten onder de knie te krijgen. Gezond was het er uiteraard niet. Er werd onbekommerd gedronken en gerookt. Van serieuze drugs hielden we ons gelukkig verre, maar de uit duivenvoer geteelde wiet ging er met vuilniszakken tegelijk doorheen.

De achtereenvolgende bandjes waarin ik speelde, gingen het steeds beter doen. In de beste periode traden we elk weekeinde minstens een keer op. In de kleedkamers stond altijd een goedgevulde koelkast op ons te wachten. Het avondeten deden we meestal in de lokale snackbar. En na afloop van een optreden, op weg naar huis in een gammel huurbusje, gingen we niet zelden nóg een vette bek halen. Zo was een optreden in Amsterdam niet compleet zonder een nachtelijk bezoek aan de befaamde Barbarella-snackbar op de Van Woustraat, specifiek vanwege de Barbarellaburger, die vanuit een automatiekluikje werd geserveerd. Wonderlijk genoeg bleven alle bandleden graatmager.

Na de middelbare school besloot ik, nog altijd ondergedompeld in de rock-‘n-roll, journalistiek te gaan studeren. Zeker toen – we spreken de tweede helft van de jaren tachtig – was dat een bedrijfstak waarin de gemiddelde levensverwachting aanmerkelijk lager lag dan in andere beroepen. Niet alleen omdat onverschrokken collega’s vermoord werden tijdens het uitoefenen van hun beroep of sneuvelden in conflictgebieden, maar vooral vanwege stress, tabak, alcohol, slaaptekort en een bijna absoluut gebrek aan lichaamsbeweging. Op alle redacties waar ik ooit werkte, werd onbekommerd gedronken, gerookt en doorgehaald.

Letterlijk het enige dat ik in die jaren aan sport deed, was een voetbaltoernooitje waarin ik ongetraind, met profielloze gympies op nat gras uitkwam voor het inderhaast samengestelde team van mijn toenmalige stamcafé. Langer dan tien minuten heb ik het niet volgehouden. Al kwam dat ook door het intimiderende spel van het uit de kluiten gewassen kroegelftal waartegen we het moesten opnemen. Die zouden ons wel eens even onder de grasmat schoffelen. Mij niet gezien. Langs de lijn lonkten een biertje en een sigaretje.

Het contrast met de jeugd van dokter Frank, coauteur van dit boek, kan nauwelijks groter zijn. Frank, telg uit een artsengeslacht, was als klein kind al gek van sport. Alle sport. Dammen, pingpongen, paardensport, schermen: als er op televisie ook maar iets van werd vertoond, zat hij aan het scherm gekluisterd. Op zesjarige leeftijd kwam hij uit voor de F-pupillen van de Utrechtse voetbalvereniging Kampong. Tegelijkertijd begon hij met tennis. 'Mijn familie was helemaal niet sportief. Mijn moeder tenniste een beetje en mijn vader werkte alleen maar. In de jaren zestig heeft hij één keer meegedaan aan een voetbaltoernooi voor artsen. Die arme man kon twee weken lang niet lopen van de spierpijn. Ik weet niet waar het vandaan komt, maar ik heb sport gewoon altijd mooi gevonden.'

Op zijn zestiende hing Frank zijn voetbalschoenen (tijdelijk) aan de wilgen. Niet omdat hij in beslag werd genomen door seks, drugs en rock-'n-roll. Maar omdat hij de vreugde van het duivenmelken – de duivensport! – ontdekte. Na het atheneum vervulde Frank zijn militaire dienstplicht bij het korps commandotroepen in Roosendaal. Een bikkelharde opleiding. Van de 165 jongens uit zijn lichting die eraan begonnen, haalden er 32 de eindstreep. Waaronder Frank. Ter vergelijking: toen ik 'voor mijn nummer' moest opkomen, deed ik halfslachtige pogingen om te worden afgekeurd. Zelfs dat mislukte. Maar tot mijn grote vreugde werd mij medegedeeld dat ik 'buitengewoon dienstplichtig was', waardoor veertien maanden militaire tucht mij bespaard zijn gebleven. Frank daarentegen, leerde tijdens zijn opleiding tot commando zijn fysieke grenzen kennen: 'Die eerste vier maanden waren echt loeizwaar. Weinig slaap, eten of drinken. Veel opdrukken, optrekken, lange marsen met volle bepakking. Je werd daar tot het uiterste gedreven. Niet iedereen trok dat, maar mij gaf het een soort Rambo-jongensgevoel: goh, als ik dát toch eens haal. Dat geeft een enorme *boost* aan hoe je fysiek in het leven staat. Geen berg is meer te hoog, geen training meer te zwaar. Een rugbywedstrijd is dan ineens een leuk tijdverdrijf. Sinds mijn diensttijd heb ik nooit meer *niet* getraind.'

Nadat hij afzwaaide ging Frank geneeskunde studeren (en rugbyen), waarna hij zich specialiseerde in, hoe kan het ook anders, sportgeneeskunde. Hij werd clubarts bij FC Utrecht, werkte als hoofd van de afdeling sportgeneeskunde in een sportziekenhuis in Doha, de hoofdstad van Qatar, en inmiddels is hij onder andere werkzaam bij de Sportartsen Groep van het OLVG-West in Amsterdam en als sportmedisch begeleider van het Nationaal Ballet.

Dat onze paden zich ooit kruisten, is puur toeval. Maar dat wij, de sportman en de anti-sportman, elkaar gevonden hebben in een gedeelde belangstelling voor gezondheid, fitness en beweging, heeft alles met het vorderen der jaren te maken. Leeftijd is de grote gelijkmaker.

Ik heb lang gedacht dat ik onsterfelijk was; een onhebbelijkheidje dat je een bijwerking van een gelukkige fysiek zou kunnen noemen. Ik was jong, slank en met uitzondering van een sporadisch seizoensgriepje, nooit ziek. Mijn lichaam herstelde gemakkelijk van doorgehaalde nachten en het bijbehorende alcoholmisbruik. Ik had laconieke, of beter: lakse, domme, kortzichtige opvattingen over ziekte en gezondheid. Zo meende ik dat hart- en vaatziekten niet zo'n *big deal* waren. Vooruit, dan kreeg je een keer zo'n hartaanvalletje. Kwestie van een paar weekjes herstel en dan kon je er weer als vanouds tegenaan, toch?

Je zou het de definitie van privilege kunnen noemen: omdat ik toevallig een gunstig lot uit de genenloterij had getrokken, kon ik mij geen voorstelling maken van mensen die het minder hadden getroffen.

Maar de tijd geneest naast alle wonden ook sommige vormen van onnozelheid. Mijn onsterfelijkheid bleek van tijdelijke aard. Een directe aanleiding voor dat besef was er niet, anders dan het inzicht dat ik mezelf een voortijdig graf zou inroken als ik zo doorging. Op de avond van mijn veertigste verjaardag – als ik dit schrijf exact vijftien jaar, acht dagen, twaalf uur en vijftien minuten geleden – maakte ik mijn laatste Marlboro uit. Dat klinkt heel gedecideerd, en dat was het ook wel, maar er gingen meerdere, mislukte pogingen aan vooraf. Ook toen al had ik kinderen en was ik ervan doordrongen dat mijn tabaksverslaving op termijn ellendige gevolgen zou hebben. Maar kennelijk moest ik eerst veertig worden voor ik dat besef definitief in daden kon omzetten.

Frank, die ondanks het hierboven beschreven ideale-schoonzonen-leven jarenlang filterloze Gauloises rookte – één sigaret was voldoende om de longen te asfalteren – stopte op zijn drieëntwintigste. Toch realiseerde ook hij zich rond zijn veertigste met een schok dat er een uiterste houdbaarheidsdatum op het leven zit. Dat vanaf een zekere leeftijd zowel cardiovasculaire aandoeningen als kanker op de loer liggen, en gezondheid helemaal niet zo vanzelfsprekend is. Dat uitgerekend een arts de middelbare leeftijd moet bereiken om tot dat inzicht te komen, vond ik ironisch. Maar Frank wil daar niets van weten: 'In principe werk ik alleen met gezonde "patiënten".'

Nou zijn een goede conditie en een verstandige leefstijl geen garantie tegen voortijdig onheil. Bijna iedereen kent verhalen uit zijn/haar directe omgeving, van mensen die op (relatief) jonge leeftijd overlijden, terwijl ze nooit gerookt hadden, geen druppel dronken en een actieve levensstijl hadden. Dat zijn de verdrietige gevallen bij wie het levenseinde al in het genoom besloten ligt. Geen levensstijl die dat kan veranderen. Het omgekeerde verhaal kennen we ook allemaal: de spreekwoordelijke opa die na een leven van zuipen en roken kerngezond 95 werd.

Bewegen en gezonde voeding hebben deels dan ook een bezwerende functie om het onheil op afstand te houden, vergelijkbaar met de rituele dansen die inheemse Amazonevolkeren uitvoeren. Al die joggers die 's zondags door het bos draven, proberen Magere Hein voor te blijven. Een bij voorbaat verloren wedstrijd. Want uiteindelijk moeten wij er allemaal aan geloven. Niet voor niks luidt het spreekwoord: hardlopers zijn doodlopers.

En ik kan het weten, want ik ben er ook een. Nadat ik stopte met roken en mijn geplaagde longen een heel klein beetje op adem waren gekomen, viste ik een ouwe trainingsbroek achter uit de kast en toog ik op afgetrapte gympies naar het park om een rondje rond de vijver te rennen (disclaimer van dokter Frank: nooit op ondeugdelijk schoeisel gaan hardlopen, dat vergroot het risico op blessures aanzienlijk). Dat ene rondje werden er twee, en drie, en vier, tot na twaalf rondjes die vijver mij de keel begon uit te hangen en ik een hardlooproute van vijf, tien en uiteindelijk vijftien kilometer uitstippelde. Ik had gympies en trainingsbroek ingewisseld voor een *dry fit* shirtje, bijpassende short en een paar Nike Lunar Glide-schoenen.

Mijn omgeving sloeg het met open mond gade. De man die de dag voorheen in de tuin begon, met een kop koffie en een eerste Marlboro, hoestend in zijn badjas, stond nu voor dag en dauw op om te gaan rennen. Niet alleen thuis, maar ook op vakantie of tijdens stedentripjes. Langs de oevers van de Donau in Wenen, door de bergen in Ligurië, over de Promenade des Anglais in Nice, in de vloedlijn van de Noordzee.

Hardlopers voelen nogal eens de aanvechting om te evangeliseren. Ze schrijven allerlei heilzame effecten toe aan het lopen: ze leven langer, gezonder en gelukkiger, ze zijn slanker, slapen beter en hebben tot op hogere leeftijden betere seks. Soms lijkt het een seculiere religie, dat hardlopen. Met de zogenoemde *runner's high*, de gelukzalige stoot endorfine die een uurtje hardlopen zou vrijmaken, als sacrament.

Enfin, ik zal u verdere details besparen. Late bekeerlingen als ik hebben al helemaal de neiging door te schieten in hun geestdrift en daar wordt niemand wijzer van. Maar de ontdekking dat ik het kón, en dat ik op mijn leeftijd en met mijn atletisch uitgedaagde achtergrond in staat bleek om mijzelf fysiek te verbeteren, was een enorme eyeopener. Oud worden we allemaal en zelfs de fanatiekste hardlopers hebben niet het eeuwige leven. Maar voor wie zich niet zonder slag of stoot gewonnen wil geven, valt er nog een wereld te winnen.

Daar gaat dit boek over. Voorbij de grapjes over de 'penopauze' en de clichés over de midlifecrisis – waar wij onszelf natuurlijk óók schuldig aan maken – onderzoeken we wat de man in de tweede helft van zijn leven aan fysieke of psychologische veranderingen kan verwachten. Of die tot staan te brengen of misschien zelfs *omkeerbaar* zijn. En moet je dat laatste eigenlijk wel willen? Een sixpack op je veertigste, vijftigste of zelfs zestigste is geen fysieke onmogelijkheid. Maar als je ziet wat je ervoor moet doen, en vooral: moet láten, denk je er wel twee keer over na.

In *Het grote ouwelullenboek* dompelen we ons opgewekt, en onder permanente medische begeleiding van dokter Frank, onder in de wereld van de midlife.

Klopt het dat kaalheid 'een keuze' is? Worden mannen als ze ouder worden inderdaad aantrekkelijker? En houden vrouwen van een drooggetraind lijf of verkiezen ze een *dadbod*? Wat gebeurt er met je metabolisme? Moeten we allemaal aan de testosteron? En houdt regelmatige seks problemen onder de gordel op afstand?

Al die vragen zullen aan de hand van de laatste wetenschappelijke inzichten worden beantwoord. Daarbij zullen er enkele mythes en fabels sneuvelen. Verder dragen we methodes aan om met sport, voeding, een enkele prothese en een goed humeur het schaderapport zo lang mogelijk beperkt te houden.

Het Goede Doel, de nederpopband die in de jaren tachtig knoeperds van hits scoorde met nummers als 'België', 'Vriendschap' en 'Een eigen huis', had een liedje op het repertoire staan waarin een zinsnede voorkwam die mij als puber bijzonder aansprak en die mij altijd is bijgebleven. 'Sport, weg met sport. Niets is gezond waar je moe van wordt,' zong Henk Westbroek, die ook de tekst schreef.

Het was een opmerkelijk nummer. Temeer omdat Westbroeks muzikale partner bij Het Goede Doel, componist Henk

Temming, jeugdspeler bij FC Utrecht was. Temmings vader, Henk senior, had als prof zelfs het eerste elftal van die club gehaald en was na zijn voetbalcarrière een sportzaak begonnen in het hartje van Utrecht. Was dat misschien de reden waarom het liedje nooit officieel is uitgebracht? Ik had het destijds van de radio opgenomen, waar de band het live speelde, maar het stond op geen van hun albums.

'Ik heb een hekel aan de verafgoding van sport,' zegt Westbroek veertig jaar later. 'Het was grappig bedoeld, satirisch. Maar we hebben het in vier verschillende arrangementen gespeeld, die ons geen van allen lekker lagen. Daarom hebben we het nooit opgenomen. Dat had dus niks met de sportieve achtergrond van Temming te maken. Het nummer was juist een favoriet van hem.'

Een clubje kerels, waaronder Frank, besloot om iedere dinsdagavond te gaan squashen. Voor de vorm nodigden ze mij ook uit. Ik had nog nooit een bal geslagen, maar besloot voor de gezelligheid een keer mee te gaan. Ik bakte er niets van, werd in alle potjes afgedroogd. Vermoedelijk kwam daarmee mijn verborgen masochistische natuur boven, want ik besloot te blijven. Sommige van mijn medespelers, waaronder wederom Frank, konden mijn gekruk na verloop van tijd niet meer aanzien en gingen met links spelen in de hoop dat het de eindstand wat minder voorspelbaar zou maken. Tevergeefs. Zelfs met de verkeerde hand lieten ze mij alle hoeken van de squash court zien. Niet lang daarna viel ons squashgroepje uit elkaar. Niet omdat ik niet kon winnen, maar omdat de anderen niet van mij konden verliezen. Uiteindelijk is winnen zonder strijd erger dan een zwaarbevochten verliespartij.

KAALHEID: DE HANDEN IN HET HAAR

‘Ik ben vroeg kaal geworden. Dat het niet lang op zich zou laten wachten heeft er altijd al ingezeten, maar dat het zo vroeg zou gebeuren kwam toch als een verrassing.

Dit is de geschiedenis van mijn kaalheid, en ik ben niet van plan hierna ooit nog één woord op papier te zetten.’

Aldus begint auteur Marek van der Jagt zijn roman *De geschiedenis van mijn kaalheid*, die in het jaar 2000 verscheen. De jury van de Anton Wachter-prijs, die elk jaar het beste debuut bekroont, had Van der Jagt al tot winnaar uitgeroepen, toen ze erachter kwam dat Marek van der Jagt een pseudoniem was van Arnon Grunberg, die de prijs al eens had gewonnen. Terwijl je toch maar één keer kunt debuteren. Ruim twee decennia na het verschijnen van *De geschiedenis van mijn kaalheid*, in het jaar dat Van der Jagt/Grunberg vijftig werd, beschikt de schrijver nog altijd over een machtige bos krullen op het hoofd.

De geschiedenis van onze *collectieve* kaalheid begint veel eerder. Ruim 3571 jaar geleden, om exact te zijn. De zogenoemde *Papyrus Ebers*, een Egyptische papyrusrol uit het jaar 1550 voor Christus, geldt als het oudste medische document ter wereld. Deze medische encyclopedie bevat beschrijvingen van ruim zevenhonderd kwalen, variërend van ingegroeide teennagels tot een krokodillenbeet, plus de bijbehorende behandelingen. En ja, ook de oude Egyptenaren werden al geplaagd door kaalhoofdigheid. De *Papyrus Ebers* suggereert een aantal remedies. Allereerst moest de zonnegod Ra met een rituele bezwering gunstig worden gestemd, waarna de hoofdhuid behandeld werd met een crème vervaardigd uit een mix van dierlijke vetten: nijlpaard, krokodil, kater, slang en ibis. Haarwater werd geproduceerd door de pennen van stekelvarkens te koken. Het resultaat diende gedurende vier dagen op het hoofd te worden aangebracht. Ook de poot van een vrouwtjes-hazewindhond, in olie gebakken met de hoef van ezel, zou de haargroei bevorderen. Dat de effectiviteit van al die behandelingen ook in de achttiende dynastie niet optimaal was, mag blijken uit het feit dat de farao's al pruiken (en valse baarden) droegen.

Hoewel dermatoloog Ids Boersma verderop in dit hoofdstuk zal beweren dat kaalheid 'een keuze' is, zijn er in de 36 eeuwen die sinds de *Papyrus Ebers* zijn verstreken nauwelijks resultaten geboekt. Wie bij de drogist of op internet naar middeltjes tegen kaalheid zoekt, struikelt over wagonladingen shampoos, lotions, pillen, crèmes en poeders die wat betreft samenstelling en werkzaamheid nauwelijks onderdoen voor dat Egyptische haarwater met stekelvarkensextract. In Amerika worden kwakzalvers nog altijd *snake oil salesmen* (slangenolieverkopers) genoemd, naar de louche marskramers die in de negentiende eeuw oliën van dubieuze herkomst aan de man brachten als het wondermiddel dat een einde zou maken aan alle kwalen, waaronder kaalhoofdigheid.

Maar anno 2021 bieden (online) drogisten nog altijd middeltjes aan met namen als *Abyssinian Oil*. Dat is geperst uit Ethiopisch mosterdzaad – de naam Abessinië verwijst naar het oude Ethiopische keizerrijk – en belooft een hoge concentratie erucazuur, de essentiële vetzuren omega 6 en omega 9, tocoferolen en fytosterolen. Dat klinkt allemaal heel indrukwekkend. Maar erucazuur komt ook gewoon voor in oer-Hollands koolzaad en is bij consumptie giftig, terwijl essentiële vetzuren juist moeten worden ingenomen willen ze heilzaam zijn. Net als tocoferolen, beter bekend als vitamine E, en fytosterolen, een verzamelnaam voor plantaardige cholesterolachtige stoffen. Enig effect op de haargroei, of zelfs maar de kwaliteit van het resterende haar, is nooit aangetoond. Was dat wel het geval, dan zou je evengoed de inhoud van een kuipje margarine over je hoofd kunnen uitsmeren.

Maar de miljarden die wereldwijd worden uitgegeven aan goeddeels waardeloze 'haargroeimiddelen' tonen aan hoe enorm de wanhoop is. Grote groepen mannen zijn bereid om alles te proberen, vermoedelijk zelfs stekelvarkenslotion en hazewindenpoot, als het de kans op een golvende bos haar ook maar enigszins zou vergroten.

De realiteit is dit: *alopecia androgenetica*, erfelijk bepaalde mannelijke kaalheid, is het zwaard van Damocles dat iedere man boven het hoofd hangt. Zoals bij vrijwel alles in het leven zijn ook bij dit gevoelige onderwerp de kaarten ongelijk geschud. Er zijn jongens die op de middelbare school al last krijgen van een dramatisch uitdunnende haardos en tachtigplussers met wuivende grijze manen. Een schrale troost voor de vroeg kalenden onder ons is dat *gemiddeld* iedereen een keer aan de beurt komt. In West-Europa houden de percentages vrijwel gelijke tred met de leeftijdscurve. Van alle twintigjarigen vertoont zo'n 20 procent kaalheidsverschijnselen, bij vijftigjarigen is het de helft en bij zeventigjarigen heeft 80 procent er last van. Mannen met Oost-Aziatische genen ontspringen de dans het vaakst, op de voet gevolgd door mannen met Afrikaanse (haar) wortels, terwijl het bij Kaukasische en vooral Arabische mannen juist vaker voorkomt.

PATROON VAN KAAL WORDEN

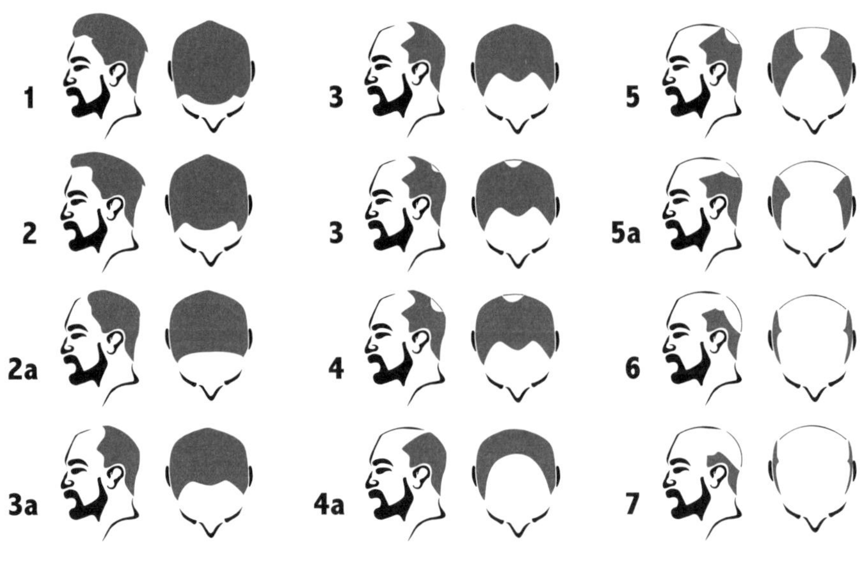

Hoewel er dus verschillen zijn, is de gemene deler een genetisch bepaalde gevoeligheid voor een omzetting van testosteron. Dat is, als bekend, het belangrijkste mannelijke geslachtshormoon. Het wordt in de bijnieren en de testikels aangemaakt, waarna het aan de bloedbaan wordt afgegeven. Daar bindt zo'n 98 procent van het testosteron zich aan twee eiwitten, respectievelijk *albumine* en geslachtshormoon-bindend *globuline*. Die eiwitten kunnen we voor dit moment even laten voor wat ze zijn. Want als we een schuldige moeten aanwijzen, is het die lullige 2 tot 3 procent testosteron die zich *niet* bindt. Dit 'vrije testosteron' wordt alleen actief als het in aanraking komt met zogeheten androgene receptoren: cellen die reageren op mannelijke hormonen. Die bevinden zich in het hele lichaam, en dus ook in de hoofdhuid. Zodra het testosteron daarmee in contact komt, wordt het door een enzym genaamd *5-alfa-reductase* omgezet in een variant die *dihydrotestosteron* (DHT) heet. En door een wrede speling van het lot zijn sommige haarfollikels daar gevoelig voor.

Haar groeit in drie fasen. Tijdens de actieve, zogenoemde *anagene* fase, groeit het gedurende een periode van twee tot zeven jaar. Tijdens de daaropvolgende *catagene* fase krimpt de follikel gedurende één tot twee weken, waardoor het haar uitvalt. In de vijf tot twaalf weken die de *telogene* fase in beslag neemt, komen de follikels tot rust, waarna het hele proces opnieuw begint. Je zou het een vorm van verharen kunnen noemen, net als bij dieren. Met als grootste verschil dat die verschillende fasen op het menselijke hoofd door elkaar heen lopen. Terwijl de ene follikel nog in anagene fase is, verkeert de andere al in telogene fase. Wat voorkomt dat we al onze hoofdharen in één keer kwijtraken. Onder 'normale' omstandigheden is zo'n 90 procent van het haar lekker aan het groeien, terwijl 1 procent rust en het resterende deel zich in de overgangsfase bevindt.

Enfin, we moeten nog even door deze zure, biochemische appel heen bijten. Want bij mannen die daar erfelijke aanleg voor hebben, verstoort DHT die groeifase. Het zorgt ervoor dat de groeicyclus steeds korter wordt en dat de haren dunner worden, tot het moment dat er helemaal geen haar meer wordt aangemaakt en de follikels krimpen of zelfs afsterven. Omdat het haar een beperkt aantal groeicycli heeft, is het na de laatste definitief einde oefening. En helaas is dat een onomkeerbaar proces waartegen geen haargroeimiddel of -lotion opgewassen is.

HAARCYCLUS - EFFECT VAN DHT OP HET HAARZAKJE

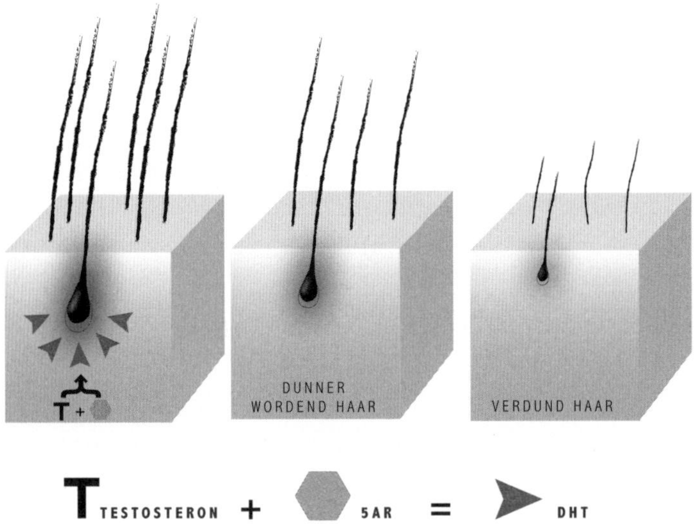

In de populaire tv-serie *Game of Thrones* speelt die Ierse acteur Conleth Hill Lord Varys: de meester-manipulator die achter de schermen van King's Landing alle geruchten en roddels registreert om die op later moment strategisch te kunnen gebruiken. Hill (1964) beschikt nog altijd over een volle kop met (grijs) haar, dat aan de start van ieder draaiseizoen tot op het kleinste stekeltje werd verwijderd. Het cliché dat je moet lijden voor je kunst werd pijnlijk geïllustreerd door zijn glimmende biljartbal. Dan behoor je tot het selecte clubje gelukkigen dat ongevoelig is voor DHT, moet je voor je werk je hoofd helemaal gladscheren.

Daarbij is de kale kop van Varys ook nog eens volstrekt onrealistisch. Dat is natuurlijk een kulargument voor een fantasyserie waarin draken rondvliegen en gewelddadige ijszombies op wereldheerschappij uit zijn. Maar toch. Varys is een eunuch, een op jeugdige leeftijd gecastreerde hoveling. En eunuchen zijn per definitie *niet* kaal.

Hippocrates (460 v. Chr.), steevast 'de grondlegger van de moderne geneeskunde' genoemd, was de eerste die een verband vermoedde tussen kaalhoofdigheid en de mannelijke geslachtsorganen. In de medische teksten die aan hem worden toegeschreven, wordt geconstateerd dat eunuchen, bij wie de testikels en soms zelfs de hele penis waren verwijderd, niet kaal werden.

Een wel heel schrale troost voor die eunuchen. Desondanks zou je het een vorm van poëtische rechtvaardigheid kunnen noemen. Beeltenissen uit de oudheid suggereren dat Hippocrates zelf last had van *alopecia androgenetica*. De hoefijzerachtige vorm van zijn resterende hoofdhaar, met alleen een band van haar op de slapen en het achterhoofd, is typerend voor genetisch bepaalde mannelijke kaalheid en wordt ook wel de 'Hippocratische band' genoemd.

De oude Grieken wisten dus al dat er een verband bestaat tussen 'mannelijkheid' en kaalhoofdigheid. Maar het zou nog 2500 jaar duren voor dat verband ook echt werd aangetoond. En opnieuw zijn het de onfortuinlijkste aller mannen, castraten, die de sleutel tot de oplossing van het raadsel bleken.

In 1942 publiceerde de Amerikaanse anatoom James B. Hamilton, verbonden aan de prestigieuze Yale-universiteit, een artikel in *The American Journal of Anatomy*. Daarin beschrijft hij een onderzoeksgroep van 104 (jonge)mannen die om uiteenlopende redenen niet langer over (werkende) testikels kunnen beschikken. Sommigen van hen zijn om 'medische' redenen (ik kom daar zo op terug) gecastreerd, anderen lijden aan 'eunuchoïdisme': een aandoening waarbij de testikels van patiënten onvoldoende of helemaal geen androgenen aanmaken. Hamilton ontdekte in navolging van Hippocrates dat mannen die vóór hun puberteit van hun testosteron werden beroofd, niet kaal werden, zelfs als kaalhoofdigheid veelvuldig in de familie voorkwam. Daarbij toonde hij aan dat sommige patiënten na het toedienen van testosteron alsnog begonnen te kalen.

Hamiltons onderzoek naar de oorzaak van kaalheid is tot op de dag van vandaag het belangrijkste in dat specifieke vakgebied. In de eenentwintigste eeuw zou het ook lastig herhaald kunnen worden. Want de reden dat Hamilton over zo'n grote onderzoekspopulatie van gecastreerde mannen kon beschikken, is een gruwelijke. De arts werkte met patiënten van de Winfield State Training School in de staat Kansas. Dat instituut stond eerder bekend als het *Kansas State Ayslum for the Education of Idiotic and Imbecile Youth* (het staatsgesticht voor de opvoeding van zwakzinnige en imbeciele jongeren). Tot die 'opvoeding' behoorden praktijken als gedwongen sterilisatie, zodat patiënten zich niet konden voortplanten, en castratie om masturbatie tegen te gaan. In het puriteinse Amerika van de vroege twintigste eeuw gold zelfbevrediging als een medische indicatie die, zeker bij verstandelijk beperkte jongens, met wortel en tak moest worden uitgeroeid. Alleen al uit erkenning van het leed dat eunuchen en castraten in de loop der eeuwen is aangedaan, had Varys uit *Game of Thrones* eigenlijk een goeie kop met haar moeten hebben.

Nee, in vergelijking met wat Hamiltons proefpersonen moesten doorstaan is het leed van een terugtrekkende haarlijn, inhammen of een kalend kruintje beslist te overzien. Toch is haarverlies voor veel mannen een traumatische ervaring. Een vorm van rouw over het afscheid van een deel van jezelf. Dat geldt uiteraard niet voor iedereen in gelijke mate. Zo begon vriend W. al op zijn dertigste te kalen. Hij vroeg zijn geliefde of zij vond dat hij er iets aan moest doen. Toen zij daarop ontkennend antwoordde, nam hij voortvarend de tondeuse ter hand. Op zijn vijfenveertigste gaat hij opgewekt met een gemillimeterde coupe door het leven.

Bij andere vrienden gaat er nochtans een reservoir aan verborgen leed open zodra wij dit delicate onderwerp voorzichtig aanroeren. R., doorgaans de vrolijkste Frans in ons gezelschap, heeft vrij diepe, Arjen Lubachiaanse inhammen en een zogenoemde 'priestertonsuur' op zijn kruin. Zijn haar heeft op zijn vijfenvijftigste nog zijn oorspronkelijke kleur. Daarbij draagt hij het zó lang dat hij het tot een JFK-achtige kuif kan boetseren. Je moet twee keer kijken voor je ziet dat het er wel eens beter heeft bijgestaan. Ja, zeker in vergelijking met veel leeftijdgenoten heeft R. eigenlijk niet veel reden tot klagen. Maar zodra wij erover beginnen barst hij los over hoezeer het hem dwarszit. Hij heeft pillen geslikt – die uiteraard niet hebben geholpen – en lijkt bereid alles te doen om de manen weer als vanouds te laten wapperen. Zijn woorden worden gekleurd door schaamte. En als we een beetje rondvragen blijkt hij bepaald niet de enige die daarmee kampt.

Mannen praten als bekend niet gemakkelijk over hun problemen. En al helemaal niet onder elkaar. In onze vriendengroep, die regelmatig onder het genot van een schuimend glas bier bij elkaar komt, passeert van alles de revue: sport, politiek, muziek, literatuur, vrouwen, carrière en de toestand van de wereld in het algemeen. Maar over zaken die ons persoonlijk dwarszitten, hebben we het mondjesmaat. Nou is dat helemaal niet zo erg. Er is al genoeg emotionele incontinentie. En van een avondje zelfbeklag in de kroeg krijg je al hoofdpijn vóór je thuis bent.

Eenzaam is het desondanks wel, al die opgekropte gêne. Temeer omdat die wijkende haarlijn bepaald niet het enige is waar mannen ’s nachts van wakker liggen. We horen al decennialang dat vrouwen psychisch lijden onder het onbereikbare schoonheidsideaal dat ze door Hollywood en glossy tijdschriften wordt opgedrongen, maar het *mannelijkheidsideaal* is minstens zo dwingend en bestrijkt zoveel facetten, uiterlijk én innerlijk, dat het een onuitputtelijke bron van (verborgen) schaamte is. Daarbij is het maatschappelijk volstrekt geaccepteerd om mannen op hun vermeende fysieke tekortkomingen te wijzen. De vent die in een bovenmodale auto komt voorrijden, wordt steevast verweten dat hij iets te compenseren heeft, waarbij hem tussen duim en wijsvinger honend de maat wordt genomen. Bierbuikjes worden in het openbaar bepoteld en becommentarieerd. En wie zijn haar verliest moet zich wapenen tegen lollig bedoelde opmerkingen.

Iedereen kent ze, de geintjes over vleespetten, biljartballen, binnenbandjes die naar buiten komen of zelfs smakeloze chemograpjes. Het is een beperkt idioom, maar daarom niet minder irritant. Of, laten we eerlijk zijn: *pijnlijk*. In een later hoofdstuk komen we uitgebreid terug op dat dwingende mannelijkheidsideaal en de schaamte waarin dat resulteert.

Maar laten we ons hier nog even concentreren op het fenomeen dat ik, analoog aan *fat shaming* en *slut shaming*, *bald shaming* zal noemen. Hoewel kaalhoofdigheid dus aantoonbaar verbonden is met testosteron, en daarmee direct met mannelijkheid zelf, wordt het al eeuwen geassocieerd met het afnemen van kracht en viriliteit. Dat hebben we voor een belangrijk deel te danken aan Samson, de oudtestamentische mannetjesputter die ooit in een middagje duizend vijanden met een ezelskaak doodsloeg, waarna de Bijbelse sekswerker Delilah hem tot een slappe vaatdoek wist te reduceren, enkel en alleen door zijn haar af te knippen. Ik ben geen theoloog, maar volgens mij zit er een nauwelijks verhulde seksuele ondertoon in dat verhaal. Samson maakt onder de gordel ook niks meer klaar. Ik geloof dat we het zo moeten interpreteren.

Zo wordt kaalhoofdigheid al eeuwenlang gekoppeld aan weinig flatteuze eigenschappen. Wie zijn haar verliest, raakt ook iets van zijn mannelijkheid kwijt, is de suggestie. Dat is de reden waarom zelfs de machtigste mannen uit de wereldgeschiedenis de meest malle toeren hebben uitgehaald om hun haaruitval te camoufleren. Julius Caesar droeg zijn befaamde lauwerenkrans op het hoofd om zijn wijkende haarlijn te verhullen, nadat de bizarre haargroeimiddelen die Cleopatra hem aansmeerde (zie de *Papyrus Ebers*) geen resultaten boekten. De zogenoemde pruikentijd was in de zeventiende eeuw een direct gevolg van de kaalhoofdigheid die de Franse Zonnekoning Louis XIV als jongeman aan een roodvonkaanval overhield. Hij begon weelderige compensatiepruiken te dragen die als toonbeeld van Samsoniaanse masculiniteit werden gepresenteerd, waarna de hovelingen en ten slotte alle hooggeplaatste mannen in Europa aan de pruik gingen. En de gele suikerspin die Donald Trump op zijn hoofd draagt, is jarenlang onderwerp van speculatie geweest. Totdat Michael Wolff, auteur van het spraakmakende *Fire and Fury: Inside Trump's White House*, het geheim onthulde. Trump zou een zogenaamde scalpreductie-operatie hebben ondergaan. Daarbij wordt een deel van de kale hoofdhuid weggenomen, waarna de resterende, nog behaarde huid opgerekt over de schedel wordt gespannen. Het presidentiële haar zou feitelijk één lange lok zijn, die iedere ochtend met behulp van grote hoeveelheden haarlak op kunstige wijze om Trumps hoofd wordt geboetseerd. Nog een geluk dat zijn hovelingen niet zulke slaafse navolgers waren als die van de Zonnekoning, anders had Trumps hele kabinet met zo'n 'gewasdroogde baviaan' (dixit *The Guardian*) op het hoofd gelopen.

Maar hoe verleidelijk het ook is om Trumps kapsel met snedige neerbuigendheid te beschrijven, ook dát is natuurlijk een vorm van bald shaming. Mannen die (onbeholpen) pogingen doen hun kaalheid te verbergen, kunnen zo mogelijk op nog meer hoon rekenen dan kerels die zich bij het onvermijdelijke neerleggen. Het leedvermaak over Gerard Jolings publieke haartransplantatie blijkt een langere levensduur te hebben dan zijn hits. Ook om Dick Advocaats herwonnen haardos wordt nog wel eens gegniffeld. Het haarstuk van cabaretier Marc-Marie Huijbregts – zijn 'cavia' – ging wekenlang over de tong nadat hij er live in *DWDD* afstand van had gedaan.

Het is niet goed of het deugt niet.

Het is dan ook geen wonder dat een werkzaam middel tegen kaalhoofdigheid als een farmaceutische heilige graal wordt gezien. Des te wonderlijker is het dat zo'n middel bestaat. En het is nóg wonderlijker hoe dat is ontdekt.

In de jaren zeventig van de vorige eeuw trekken wetenschappers naar Salinas, een dorp in de Dominicaanse Republiek, waar sommige jongens volgens overlevering 'als meisje' worden geboren. Ze krijgen meisjesnamen en -kleding, dragen strikjes en vlechtjes en worden op school en bij de burgerlijke stand als meisjes geregistreerd. Aan het begin van hun puberteit veranderen deze *guevedoces*, zoals ze in de gemeenschap worden genoemd, plotseling van geslacht. Ze ontwikkelen een zichtbare penis en teelballen (guevedoce betekent zoveel als: 'testikels op je twaalfde') en secundaire geslachtskenmerken als een lagere stem en een grotere spiermassa. De medische term voor dit verschijnsel is *pseudohermafroditisme*: het lijkt alsof de kinderen geslachtskenmerken van beide seksen hebben (hermafroditisme) maar dat is gezichtsbedrog. Genetisch zijn de guevedoces gewoon mannelijk. Door een afwijking hebben ze bij de geboorte alleen geslachtskenmerken die vrouwelijk ogen: een micropenis die op een vergrote clitoris lijkt en een lege balzak waarvan de plooien voor schaamlippen kunnen doorgaan. Pas als in de puberteit de testosteronproductie goed op gang komt, ontwikkelen ze zich fysiek tot volwaardige mannen.

De Amerikaanse endocrinoloog (kort door de bocht: medische hormoonspecialist) Julianne Imperato-McGinley van de Cornell University weet de oorzaak van die aandoening te achterhalen. In het gezaghebbende wetenschappelijke tijdschrift *Science* publiceert zij in 1974 de resultaten van een studie, waaruit blijkt dat de guevedoces een bepaald enzym missen, 5-alfa-reductase genaamd. Daardoor komt de embryonale ontwikkeling van de mannelijke geslachtskenmerken niet goed op gang.

Maar wacht! Waren we die 5-alfa-reductase in dit hoofdstuk al niet eerder tegengekomen?

Inderdaad. Een paar alinea's terug lazen we dat uitgerekend dát enzym zorgt voor de omzetting van vrij testosteron in dihydrotestosteron (DHT), het hormoon dat de boosdoener is bij mannelijke kaalheid.

Imperato vindt dan ook een direct verband: de guevedoces worden niet kaal. Ze ontwikkelen daarbij nauwelijks baardgroei, krijgen geen jeugdpuistjes en hebben een blijvend kleine prostaat.

Dat laatste is belangrijk. Want toen de farmaceutische industrie met de resultaten van Imperato's onderzoek aan de haal ging, richtte die zich in eerste instantie alleen op een geneesmiddel tegen prostaatvergroting. Begin jaren negentig kwam Proscar op de markt, een medicijn dat de prostaat deed krimpen. De mannen die het middel kregen voorgeschreven waren niet alleen van hun plasproblemen verlost, een aantal van hen kwam tot de gelukzalige ontdekking dat het werkzame bestanddeel in Proscar, *finasteride,* ook een gunstig effect had tegen het kaal worden.

Even pas op de plaats. Want nee, helaas, finasteride is géén haargroeimiddel. Wie eenmaal kaal is kan Proscar slikken tot hij het prostaatje van een twaalfjarige guevedoce heeft, er zal geen haar door terugkomen. Maar finasteride remt de aanmaak van DHT en daarmee het *proces* van het kaal worden. Het vertraagt de groeicyclus, zorgt ervoor dat de haarzakjes niet langer krimpen, waardoor de haren niet dunner worden, en in voorkomende gevallen zelfs dikker.

Een mirakel!

Vijf jaar (*haar*, schreef ik bijna) na de introductie van Proscar werd finasteride onder de merknaam Propecia dan ook als behandeling tegen haaruitval op de markt gebracht. Volgens het *Farmaceutisch Weekblad* wordt het jaarlijks aan een kleine negenduizend mannen voorgeschreven. En soms zelfs aan vrouwen. Het nog potentere (ha!) *dutasteride*, dat als Avodart bij de apotheek ligt, is alleen als prostaatmedicijn geregistreerd, maar wordt *off-label* desondanks veelvuldig aan kalende heren verstrekt. Het brengt dermatoloog Ids Boersma, de bekendste 'haardokter' van Nederland, ertoe om te zeggen dat 'kaalheid een keuze' is. Wie merkt dat de haren beginnen te dunnen, zou onmiddellijk met finasteride of dutasteride moeten beginnen, om na een jaar tevreden te constateren dat de oprukkende kaalheid tot staan is gebracht.

Helaas gaat de volkswijsheid dat wonderen niet bestaan ook hier op. Want bij het gebruik van finasteride en dutasteride zit een addertje onder het gras. Of beter: een enorme, dikke pofadder. Want er wordt melding gemaakt van ernstige bijwerkingen, zoals een afname van het libido – verminderde of helemaal geen zin in seks, erectieproblemen en zelfs volledige impotentie. Gezien het aantal eunuchen, castraten en guevedoces dat dit hoofdstuk de revue is gepasseerd, mag het geen verbazing wekken dat gerommel met testosteron en DHT seksuele stoornissen kan veroorzaken. Hoewel het bewijs daarvoor ook weer niet eenduidig is. Dermatoloog Boersma houdt staande dat het gebruik van finasteride/dutasteride volkomen veilig is en dat de problemen die worden gerapporteerd te wijten zijn aan de *leeftijd* van sommige gebruikers. Met het klimmen der jaren worden mannen kaler én krijgen ze sowieso vaker last van libidoproblemen, aldus Boersma's verklaring. Maar dr. Herman Leliefeld, de uroloog/androloog (gespecialiseerd in mannenkwalen) die in een ander hoofdstuk van dit boek uitgebreid aan het woord komt, waarschuwt nadrukkelijk tegen het gebruik van finasteride en vooral dutasteride. Een zorg die weerklank vindt in een metastudie van de Northwestern University, waaruit blijkt dat eerdere onderzoeken naar de effecten van finasteride ernstig tekortschoten op het gebied van bijwerkingen. Zo'n 5 procent van alle mannen die een van beide middelen gebruikt, heeft last van potentie- en/of libidoklachten die kunnen aanhouden tot jaren nadat ze zijn gestopt met de medicijnen.

Wat ons bij de radicaalste (en kostbaarste) remedie brengt: transplantatie.

In 2019 overleed op 96-jarige leeftijd de New Yorkse dermatoloog dr. Norman Orentreich. Onder vrouwen zal Orentreich herdacht worden als de visionair die voor cosmeticamultinational Estée Lauder de nog altijd populaire huidverzorgingslijn Clinique ontwikkelde. Maar onder (kalende) mannen is hij onsterfelijk als 'de vader van de moderne haartransplantatie'.

Orentreich ontdekte als jonge arts dat de haarzaakjes op het deel van de hoofdhuid dat ongevoelig is voor DHT – de eerder genoemde Hippocratische band – die eigenschap behouden als de follikels worden getransplanteerd naar een deel van de huid dat wél op androgenen reageert. Vooral het haar op de achterkant van de schedel bleek uitermate geschikt. Chirurgisch overgeplant op de dorre vlakte waar eerder niets meer wilde groeien, bleek het daar blijvend voor nieuw leven te zorgen (dokter Frank zegt: 'Beetje rare analogie, want haar is per definitie dood, maar vooruit'). Orentreich was de eerste die met succes een haartransplantatie uitvoerde.

De transplantatietechniek is sinds de jaren zestig enorm verfijnd. Niet langer worden er grote plukken haar op het achterhoofd geoogst (met littekens in het 'donorgebied' tot gevolg) om verplaatst te worden naar de kruin. De zogenoemde poppenhoofdjes, met ordelijke rijen van getransplanteerde toefjes haar zijn verleden tijd. Inmiddels worden losse haarzakjes, zogenaamde *grafts*, één voor één geoogst en getransplanteerd. Daartoe worden met een minuscuul appelboortje duizenden gaatjes in de hoofdhuid aangebracht: een ingrijpende operatie die in Nederland tussen de zevenduizend en zeven*tien*duizend euro kost.

Misschien is dat de reden waarom er tot diep in de jaren zeventig nog transplantaties met synthetisch poppenhaar werden uitgevoerd. Dat zag er niet alleen uit alsof de patiënten een deurmat van de Action op het hoofd hadden, maar erger nog: de lichaamsvreemde vezels, normaal gebruikt in goedkope pruiken en als nepbont, werden na korte tijd door de hoofdhuid afgestoten, met lelijke infecties en littekens als enig blijvende resultaat.

Een bekende jurist in mijn omgeving is een flink eind in de vijftig en heeft nog altijd een goeie kop met haar. Hij maakt er geen geheim van dat hij daar behoorlijk content mee is. Hij gaat de deur niet uit voor hij zijn kapsel met behulp van föhn en haarlak in model heeft gebracht. Van een afstandje lijkt hij daardoor een beetje op de hair metal-rocker Jon Bon Jovi, onder andere bekend van de hit *You give love a bad name*. Telkens als ik genoemde advocaat zie, zing ik dan ook zachtjes: 'You give *law* a bad name.' Dat is volstrekt bezijden de waarheid, want hij staat te boek als een uitstekende raadsman, maar het is sterker dan mijzelf.

Overigens is soortgelijke ijdelheid mij ook niet vreemd. Ik kocht ooit een pet, een Peaky Blinders-achtige *flat cap*, maar draag die steeds minder omdat het de indruk zou kunnen wekken dat ik op mijn kruin iets te verbergen heb.

Een hoofddeksel dragen om een kale plek aan het zicht te onttrekken, wordt op dating sites *hatfishing* genoemd, een variant op *catfishing*. Die term, bekend van het gelijknamige MTV-programma, wordt gebruikt voor personen die zich op online (dating) profielen als iemand anders voordoen. En ik laat mijn pet dus aan de kapstok om te voorkomen dat ik voor een hatfisher word aangezien. Welk plagerig liedje daarbij hoort? Randy Newmans/Joe Cockers *You can leave your hat on* misschien.

Paul McCartney was een broekie van zestien toen hij *When I'm sixty-four* schreef. Toch maakte hij zich toen kennelijk al bezorgd over toekomstige kaalheid. Want de eerste regels luiden: '*When I get older, losing my hair, many years from now.*'

Sixty-three jaar later blijkt dat die angst schromelijk overdreven was. Want op zijn negenenzeventigste blijkt Sir Pauls Beatle-haar nog altijd tamelijk ongevoelig voor de tand des tijds. Hoewel mannelijke kaalheid dus erfelijk is bepaald, had McCartneys vader, Jim, op 64-jarige leeftijd een gladde kruin. Pauls zoon James, geboren in 1977, is ook musicus. Maar het lijkt erop dat hij de muzikaliteit van zijn vader maar in beperkte mate heeft geërfd. Zijn carrière is nooit echt van de grond gekomen. Daarbij lijkt die arme James ook nog eens de haren, of eigenlijk het gebrek daaraan van zijn grootvader te hebben geërfd. Al jong had McCartney junior een wijkende haarlijn, en op zijn drieënveertigste besloot hij de tondeuse er maar op te zetten, waardoor hij wel wat wegheeft van The Eggman. Maar dat is bald shaming, en dat zouden we niet meer doen. Een doekje voor het bloeden: James' vader is met een geschat vermogen van 1,2 miljard dollar de rijkste popster aller tijden. En daar erft James te zijner tijd wél een flink deel van.

De mythe dat dik, vol haar een teken van mannelijke viriliteit zou zijn, kent ook een wonderlijke tegenhanger, namelijk: dat juist *kale* mannen onverzadigbare beesten in bed zijn. Dat is een foutieve gevolgtrekking – en vermoedelijk een gevalletje wensdenken – van de rol die testosteron bij mannelijk haarverlies speelt. Kalende mannen zijn, anders dan ze zelf vaak denken, géén testosteronbommen. Ze beschikken niet over meer testosteron dan mannen die wel haar hebben, maar zijn er alleen gevoeliger voor.

HAARDOKTER IDS BOERSMA: 'KAALHEID IS EEN KEUZE'

Op je achttiende kaal worden is al traumatisch genoeg, maar op die leeftijd om de meisjes te moeten concurreren met viriele hippies die de krullen onbekommerd over de schouders laten golven (‘*Flow it, show it/Long as god can grow it, my hair*’) moet helemaal frustrerend zijn. Het overkwam Ids Boersma (1952) eind jaren zestig, begin jaren zeventig als student geneeskunde. Boersma, inmiddels gepensioneerd, ‘maar nog altijd een beetje aan het bijbeunen’, is psycholoog en dermatoloog, onder andere gespecialiseerd in *trichologie*, de studie naar de hoofdhuid en het haar. Boersma was de eerste Nederlandse arts die erfelijke mannelijke kaalheid behandelde met DHT-remmers. ‘Op een goed moment kreeg ik van de zorgverzekeraar op mijn sodemieter omdat ik meer Proscar voorschreef dan alle Nederlandse urologen bij elkaar.’ Het bezorgde hem een geduchte (inter)nationale reputatie als haardokter en een patiëntenbestand met bekende voetballers en oliesjeiks. Boersma is een van de zeldzame artsen die erfelijke kaalhoofdigheid bij mannen zonder terughoudendheid als ziekte typeert. ‘Mijn carrière in het haar is een beetje uit de hand gelopen.’

‘Ik ben aanvankelijk psychologie gaan studeren omdat ik steeds voor geneeskunde werd uitgeloot. Toen dat vier keer achter elkaar was gebeurd, werd ik alsnog geplaatst. Mijn vader wilde mij best nog een keer sponsoren, maar stond er op dat ik psychologie dan ook zou afronden. Hij kende mij, wist hoe mijn leven eruitzag. Ik ben een levensgenieter. Ik zat veel in het café. Lang leve de lol. Maar dankzij mijn vader deed ik ’s ochtends dan groepstherapie en stond ik ’s middags op de geneeskundefaculteit in de snijzaal. Pas ’s avonds begon het echte leven weer.’

Boersma besluit zich te specialiseren in dermatologie. Hij verhuist van de universiteit van Nijmegen naar het Belgische Leuven, waar hij een dermatologieprofessor treft die, net als hij zelf, gek is van voetbal. Een belangrijk detail.

‘Bij dat voetballen is het eigenlijk allemaal begonnen. Ik voetbalde zelf ook. En omdat ik op mijn achttiende al kaal werd, heb ik mij toen een haarwerk laten aanmeten. Dat was in de tijd dat iedereen lange haren had. Ik dacht: verdorie, daar kun je meiden mee versieren, dat wil ik ook, en dat was de enige optie. Maar ja, met voetbal gaat zo'n haarstukje niet goed samen. Dan had ik een bal gekopt, lag dat haarwerk op het veld. Gadverdamme! Ik was natuurlijk ook een beetje slordig, dus ik had het regelmatig scheef op de kop staan. Geen gezicht.

Er ging nog een hele lijdensweg aan vooraf. Toen ik merkte dat ik kaal werd, ben ik in eerste instantie naar de herenkapper gegaan. Die wierp er een blik op en zei: "Ja hoor, je wordt kaal." En huppetee, daar kreeg ik een hele zak met shampoos en vitaminen mee. Ik die hele bliksemse bende smeren en vreten. Met als resultaat dat ik alleen maar kaler werd. Dus ik naar de *dames*kapper. Daar zeiden ze: "Je wordt kaal van de shampoo die je van de herenkapper hebt meegekregen." Waarop ik een tas vol nieuwe shampoos en smeersels meekreeg.

Uiteindelijk belandde ik via de huisarts bij de afdeling dermatologie van de Nijmeegse universiteitskliniek. Daar was ik net twee minuten binnen toen die arts constateerde: "Ja hoor, je hebt de mannelijke vorm van kaalheid. Niks aan te doen. Leer er maar mee leven. Kijk, ik heb het ook. Klaar."

Jaren later, toen ik al als dermatoloog in het Albert Schweitzer-ziekenhuis in Zwijndrecht werkte, hoorde ik op een congres over dat finasteride-onderzoek. Dat heb ik naar Nederland gehaald. Het bleek een keurig dubbelblind uitgevoerde studie. De ene helft van de onderzoeksgroep kreeg het actieve middel, de andere een placebo. Ik zag de resultaten en de foto's en dacht: godverdorie, dat werkt echt! Toen ben ik dat middel direct als een idioot gaan slikken. Daarna ben ik het ook gaan voorschrijven. Eerst in beperkte kring, aan vrienden en kennissen, later breder. Dat was in de tijd dat finasteride onder de merknaam Proscar alleen als medicijn tegen prostaatklachten was geregistreerd. Toen het een paar jaar later in een zwakkere dosering als Propecia op de markt werd gebracht als medicijn tegen kaalheid, ben ik een tijdlang Proscar blijven voorschrijven. Want Proscar werd als middel voor prostaatbehandelingen vergoed door de zorgverzekeraars, maar Propecia niet. Kaalheid vond men geen serieuze medische aandoening. Dat was van cosmetische aard. Maar goed, ik schreef zoveel Proscar-recepten voor, dat het begon op te vallen. Ja, en toen kreeg ik op mijn mieter van de zorgverzekeraars én van de farmaceutische industrie.

Men is nog steeds van mening dat kaal worden een normaal verouderingsverschijnsel is. Nou is leeftijd natuurlijk een bepalende factor. Hoe ouder je wordt, hoe groter de kans dat het proces flink aan de gang is. Tegelijkertijd zijn er ook schoolgaande jongens die er last van hebben. Mede daarom beschouw ik het als een echte ziekte. Uiteindelijk gaat het om de pijn die het veroorzaakt. Die is weliswaar van psychosociale aard, maar patiënten lijden er niet minder om. Er is geen orgaan dat zo bepalend is voor het zelfbeeld als de haren. Kijk, bij gezondheid gaat het om meer dan alleen de afwezigheid van ziekten. De kwaliteit van het leven telt evengoed. Het genezen van ernstige medische aandoeningen is vaak buitengewoon ingewikkeld. Daarom vind ik het mooi dat ik psychisch lijden zo eenvoudig kan verminderen. Met het beetje energie dat ik op mijn leeftijd nog over heb, wil ik proberen om dat bij zoveel mogelijk mensen te bereiken.'

Kort nadat finasteride beschikbaar kwam als middel tegen kaalhoofdigheid, werd er in verschillende publicaties beweerd dat je er méér haar van kreeg. Op plekken die al kaal waren, zou de groei terugkeren. Allemaal flauwekul, zegt Boersma stellig. Finasteride remt de versnelde groeifasen af en zorgt ervoor dat dunne haren weer dikker worden. De groeifase van een haar duurt gemiddeld een jaar of vier. Als je gevoelig bent voor de testosteronomzetting DHT krimpt die groeifase tot vier *maanden*. En omdat haarzakjes die groeicycli maar 25 keer kunnen herhalen, raken ze in dat geval uitgeput. In de tussentijd worden de haren dunner, omdat ze onvoldoende tijd hebben om volledig uit te groeien. In zekere zin zou je het dus een preventief medicijn kunnen noemen. Voor mannen die al kaal zijn doet het niets, maar als je er tijdig mee begint kun je er haaruitval mee voorkomen. Boersma: 'Kaalheid is een keuze geworden.'

Toen hij die boude stelling voor het eerst lanceerde, op een symposium, werd het ziekenhuis waar hij werkte bestormd door journalisten en patiënten uit binnen- en buitenland die er het fijne van wilden weten. Er moest extra bewaking komen om de toeloop in goede banen te leiden. 'Het ziekenhuis werd gek!'

Het voorkomen van kaalheid lijkt dus een kwestie van direct ingrijpen zodra de eerste symptomen zich aandienen. Dat proces wordt het duidelijkst in beeld gebracht door voor-en-na scans van de hoofdhuid. Temeer omdat het effect van het medicijn pas na een jaar zichtbaar wordt. Maar wie aan het begin en einde van die twaalf maanden een meting doet, ziet aantoonbaar dat de dunnende haren dikker zijn geworden.

Finasteride remt 70 procent van het enzym dat voor de omzetting van testosteron naar DHT zorgt. De turbovariant, dutasteride, remt bijna 95 procent van het enzym. Vanwege die verhoogde effectiviteit is Boersma het middel direct nadat het beschikbaar kwam off-label gaan voorschijven. Bij een off-label recept behandelt een arts zijn/haar patiënt met een geneesmiddel dat *niet* voor de desbetreffende aandoening is geregistreerd. Dutasteride is tot op de dag van vandaag onder de naam Avodart uitsluitend als prostaatmedicijn verkrijgbaar. Pogingen het onder een andere merknaam als haarmiddel toegelaten te krijgen, zijn volgens Boersma gestrand op commerciële motieven van de farmaceutische industrie. Die zou geen baat hebben bij een probaat middel tegen mannelijke kaalhoofdigheid omdat drogisterijmiddelen – vrij verkrijgbare shampoos, lotions, pillen et cetera – een enorm lucratieve markt vormen die goeddeels in handen is van diezelfde farmaceutische reuzen. Boersma: 'Dat zo'n shampoomerk, Alpecin, een hele wielerploeg kan sponsoren, is veelzeggend.'

Daarbij kost het talloze miljoenen om een geneesmiddel opnieuw, voor een andere kwaal, te registreren. Terwijl de opbrengsten van korte duur zijn. Een farmaceut die dutasteride als haargroeimiddel laat registreren en dus alle kosten moet ophoesten, is het octrooi al na twee jaar kwijt. Als dat afloopt mogen andere bedrijven het ook op de markt brengen, ook al hebben ze niets in de ontwikkeling geïnvesteerd. Normaal duurt zo'n octrooi veel langer. Maar omdat dutasteride al als prostaatmedicijn op de markt is, krijgt het na herintroductie veel eerder de status van generiek geneesmiddel. Net als bijvoorbeeld met paracetamol mag iedereen het dan vervaardigen. Dat drukt de prijs, maar ook de winst. Het gezonde verstand suggereert dat een effectief haargroeimiddel voor de industrie dé gans met de gouden eieren zou zijn, commercieel is het nochtans dus lucratiever om het *niet* op de markt te brengen. Boersma: 'Boeven zijn het, grote boeven.'

Er is nog een element waardoor de behandeling met dutasteride niet op veel grotere schaal wordt toegepast: serieuze bijwerkingen. De bijsluiter waarschuwt onder andere voor libidoproblemen – minder of helemaal geen zin in seks – en zelfs impotentie. In Amerika zijn er processen gevoerd tegen fabrikanten van finasteride/dutasteride. En hormoondeskundigen waarschuwen nadrukkelijk tegen het gebruik.

Maar Boersma schuift het allemaal als onzin terzijde. 'Kijk, 40 procent van alle mannen boven de veertig heeft last van erectiele problemen, zónder dat ze finasteride of dutasteride gebruiken. Maar dat is ook de leeftijdsgroep die zich het meest bij behandelingsklinieken meldt. Als zo iemand vervolgens dutasteride gebruikt en tegelijkertijd leeftijd gerelateerde libidoklachten ontwikkelt, is het verband snel gelegd. Terwijl er helemaal geen oorzakelijkheid hoeft te zijn. En als die mannen vervolgens gaan klagen in haarforums op internet komen er allerlei verhalen de wereld in. Terwijl je er toch een beetje verstand van moet hebben om er uitspraken over te kunnen doen. Ik verzeker je met de hand op het hart dat het veilig is. Anders zou ik het zelf ook niet slikken.'

Hier is een kleine terzijde op zijn plaats. Boersma is in zekere zin een roepende in de woestijn. Er is naar zijn eigen zeggen op de hele wereld geen arts die zóveel dutasteride-recepten heeft uitgeschreven. Zelfs aan vrouwen (hoewel vrouwen veel minder testosteron aanmaken dan mannen, kunnen ook zij op de hoofdhuid gevoelig zijn voor de omzetting naar DHT). Inmiddels is hij met pensioen, en hoewel hij nog voor één dag per maand in dienst is van een particuliere haarkliniek, ziet hij bijna geen patiënten meer. Er zijn in Nederland geen actieve artsen die zo overtuigd zijn van de heilzame werking van dutasteride als Boersma.

Volgens hem komt dat goeddeels door onwetendheid. 'Nergens in het land wordt serieus onderwijs gegeven in trichologie. Huisartsen weten er mede daarom ook weinig vanaf. Er is gewoon geen aandacht voor. Terwijl meer dan de helft van de bevolking ermee te maken krijgt. En ja, die belanden dan allemaal in het buitenmedisch circuit: bij de acupuncturist, de pruikenmaker of zo'n haarkliniek die alleen maar wil transplanteren. Daarmee blijft het ook een cosmetisch kwaaltje in plaats van een serieus te nemen aandoening.'

In de herfst van zijn carrière blijft Ids Boersma zich hard maken voor de erkenning van kaalhoofdigheid als ziekte en van dutasteride als remedie. Op zijn zevenenzestigste oogt zijn pronte grijze kuif – het resultaat van dertig jaar medicijngebruik en twee transplantaties – in elk geval als een overtuigend argument.

OUDERE JONGEREN/ JONGERE OUDEREN

Mijn vader, geboren in 1935, droeg pakken vanaf het moment dat hij als 24-jarige met werken begon. Toen hij nog student was, in de late jaren vijftig, permitteerde hij zich 'vrijetijdskleding', al zou je die met terugwerkende kracht ook niet als heel jeugdig typeren. Maar vanaf het moment dat hij als net afgestudeerde bij een Amsterdamse bank aan zijn loopbaan begon, heeft hij weinig anders gedragen dan driedelig grijs mét das.

Ik heb mijn vader altijd oud gevonden. Niet onlogisch natuurlijk: als kind vind je álle volwassenen oud, en je ouders in het bijzonder. Die heetten niet voor niets zo. Maar ik heb mijn vader nooit op 'jeugdige' frivoliteiten kunnen betrappen. Hij ging niet uit. Hij hield niet van popmuziek. Hij haalde geen gekkigheid uit en kleedde zich, als gezegd, conservatief. Toen hij op zijn negenenvijftigste met vervroegd pensioen ging, was hij in mijn ogen eigenlijk al een bejaarde (om geen ruzie te krijgen moet ik daarbij opmerken dat hij inmiddels een opgewekte, vlotte tachtiger is die nog altijd niet van popmuziek houdt en nadrukkelijk bezwaar aantekent als ik beweer dat hij conservatieve vrijetijdskleding draagt).

Dokter Frank heeft vergelijkbare herinneringen aan zijn (overleden) vader. Van Hellemondt senior, geboren in 1933, was huisarts en altijd aan het werk. Hij hield praktijk aan huis, in een gezinswoning in een Utrechtse middenklassenwijk. 'Op de schaarse vrije momenten, waarop hij bijvoorbeeld even tijd had om wat te tuinieren, stond hij alsnog over de heg spreekuur te houden.' Franks vader droeg standaard een overhemd, een das en een witte doktersjas. Pas op latere leeftijd begon hij zich wat vrijer te kleden, 'al had hij een aparte smaak. Veel "foute" truien. En altijd een "nette" pantalon, nooit een spijkerbroek'. In tegenstelling tot zijn zoon was pa Van Hellemondt allesbehalve sportief. 'De laatste keer dat ik hem iets atletisch heb zien doen, was toen hij tijdens een voetbaltoernooi in stadion Galgenwaard een keer als keeper voor een artsenelftal uitkwam. Hij moet 35 zijn geweest. Jong, naar hedendaagse maatstaven. Maar na afloop had hij mooi drie weken nodig om bij te komen.'

Frank concludeert dat onze respectievelijke vaders, anders dan wijzelf, veel meer door vaststaande, collectieve normen werden gedreven. Politiek, kerk, als kostwinner van vaak grote gezinnen totaal door werk in beslag genomen. Dat laat weinig ruimte om te mijmeren over de vergankelijkheid van de jeugd.

Ik ben slechts vier jaar verwijderd van de leeftijd waarop mijn vader zijn werkzame leven beëindigde. Een onwerkelijke gedachte, daar ik nog ruim tien jaar 'moet' voor ik mijn eerste aow'tje mag incasseren. Ik voel mij niet oud, en al helemaal niet bejaard. Wat onvermijdelijk tot de vraag leidt: wanneer ben je eigenlijk oud?

De middelbare leeftijd zou je nog een statistisch gegeven kunnen noemen. De gemiddelde levensverwachting van de Nederlandse man was in 2019, het jaar voor corona losbarstte, 80,4 jaar. Wie de grens van veertig jaar en twee maanden overschrijdt, is statistisch gezien van middelbare leeftijd. De tijd die achter hem ligt, wordt iedere dag langer dan de tijd die hem nog rest.

In het jaar dat mijn vader werd geboren, was de gemiddelde levensverwachting 65 jaar en vier maanden. Statistisch gezien was hij dus al van middelbare leeftijd nog voor hij zijn drieëndertigste verjaardag vierde.

Nou valt daar best het een en ander tegenin te brengen. Want het stijgen van de gemiddelde levensverwachting gedurende de twintigste eeuw is voor het belangrijkste deel te danken aan de áfname van de kindersterfte. Maar dankzij de toenemende welvaart en de spectaculaire ontwikkelingen in de gezondheidszorg is de levensverwachting van 65-jarigen eveneens toegenomen. In 1950, het jaar dat het Centraal Bureau voor Statistiek als ijkpunt neemt, mocht een man van 65 gemiddeld nog op 14,1 levensjaren rekenen. In 2018 was dat al opgelopen tot 18,6 jaar. Hoewel die gestaag oplopende levenslijn onder invloed van corona vermoedelijk zal afvlakken, zijn de prognoses onverminderd gunstig. De rek is er nog niet uit. We leven domweg langer dan ooit en daarom duurt het ook steeds langer voor we van middelbare leeftijd zijn.

Om heel eerlijk te zijn berust die redenatie een tikkeltje op zelfbedrog. We worden weliswaar ouder, maar onze biologische klok tikt onverstoorbaar door. Jongens komen nog altijd tussen hun elfde en veertiende levensjaar in de puberteit en fysiek bereiken mannen hun piek als ze achter in de twintig zijn. Niet voor niets zien we dat topsporters het na hun dertigste afleggen tegen spelers die maar een paar jaar jonger zijn. Op je vijfendertigste geld je in de meeste sporten als hoogbejaard. Voor de duidelijkheid: bij al deze voorbeelden gaan we uit van gemiddelden. Er zijn gezonde jongens die op hun zestiende nog met puberen moeten beginnen en de legendarische Japanse profvoetballer Kazuyoshi 'Kazu' Miura verlengde in 2020 zijn contract bij Yokohama FC met een jaar. Hij was toen 53 jaar jong.

Maar statistisch gezien blijven dat uitzonderingen die, zoals dat gaat, de regel bevestigen. Onze toegenomen levensverwachting is niet van invloed op de (hormonale) veranderingen die in ons lichaam plaatshebben. Uit archeologisch onderzoek naar middeleeuwse botresten, gepubliceerd in het *American Journal of Human Biology*, is gebleken dat Britse jongens vijfhonderd tot duizend jaar geleden ook al rond hun twaalfde in de puberteit raakten. De groeispurt die daarmee gepaard gaat laat sporen na in de botten, die wetenschappers als jaarringen in een boom kunnen lezen.

Kortom, biologisch gezien maken mijn vader en ik dezelfde ontwikkelingen door. De reden dat ik hem als vijftiger al een ouwe lul vond (sorry, pa), terwijl ik mijzelf op die leeftijd nét een beetje droog achter de oren acht, moet dan ook goeddeels cultureel zijn bepaald.

De overgang van de kindertijd naar volwassenheid wordt in veel culturen gemarkeerd door een ritueel, dat doorgaans met lekker veel pijn gepaard gaat. Zo moeten jongens van de Sateré-Mawé, een indianenstam in de Braziliaanse Amazone, hun hand gedurende tien minuten in een gevlochten want steken die met kogelmieren is gevuld. De steek van één enkele kogelmier resulteert al in een ondraaglijke pijn, die tot 24 uur kan aanhouden en volgens Wikipedia gepaard kan gaan met 'ongecontroleerd beven, zweten en in sommige gevallen ook schelden'.

Schelden, zou het? Mij zou het opmerkelijker lijken als er in sommige gevallen mensen zijn die na een steek van de kogelmier níet in hartgrondig vloeken uitbarsten. En precies dat is de bedoeling

van het overgangsritueel dat die arme Sateré-Mawé-jongens moeten ondergaan: ze worden geacht hun mannelijkheid te bewijzen door geen kik te geven gedurende die martelgang. Het vermogen pijn te weerstaan, om af te zien, om te *lijden* geldt bij veel natuurvolkeren nog altijd als beslissend onderscheid tussen kind en man.

In de geïndustrialiseerde wereld, de onze, behoren dergelijke tradities tot het verleden. Zelfs de ontgroening bij studentenverenigingen ligt vanwege allerlei uitwassen dusdanig onder vuur dat het voortbestaan van de traditionele 'kennismakingstijd' op termijn onhoudbaar lijkt.

Een ander overgangsritueel is sinds 1 mei 1997 'opgeschort'. Ik ben er als buitengewoon dienstplichtig militair ternauwernood aan ontkomen, maar dokter Frank heeft het nog volbracht, evenals alle andere jongemannen die sinds de Napoleontische tijd voor hun nummer moesten opkomen.

De militaire dienst, verplicht voor alle jongens van achttien, werd gezien als een patriottistische opdracht, maar ook als een karaktervormende periode in de ontwikkeling van een man. Het leger maakte 'een kerel van je'. Je zou er discipline, vasthoudendheid en toewijding leren. Echte, bijna ouderwetse mannelijke eigenschappen.

Van vrienden die, anders dan ik, wel onder de wapenen werden geroepen, herinner ik mij vooral de verhalen over het eindeloze lanterfanten op de kazerne. Over blowen, zuipen, frikandellen in de mess en de befaamde 'pornoplint'. Desondanks markeerde de dienstplicht nadrukkelijk de overgang van kind naar (jong)volwassene. Achttien maanden afzien. Voor het eerst onder moeders vleugels vandaan. Geen kogelmieren maar kogels (of vaker: losse flodders).

Sinds het opschorten van de dienstplicht – officieel bestaat die nog; sinds 2020 zelfs voor vrouwen – vloeien de levensfasen meer dan ooit tevoren geruisloos in elkaar over. Het zijn de zogenoemde *life events* die het volwassen leven markeren: de eerste baan, een eigen huis, een bestendige liefdesrelatie, kinderen. Bij de generatie van mijn vader was er grote sociale druk om huisje, boompje en beestje zo snel mogelijk te vergaren. Men trouwde jong, waarna er snel en kort op elkaar kinderen werden verwekt en de stroomversnelling van het leven als jonge ouders op gang kwam. Het was niet ongewoon om voor je veertigste verjaardag al *opa* te zijn. Terwijl het tegenwoordig niet heel ongebruikelijk is om op die leeftijd voor het eerst vader te worden.

Door tal van sociale en economische factoren worden de life events over een steeds langere periode uitgesmeerd. In 1970 was de gemiddelde leeftijd waarop Nederlandse vrouwen hun eerste kind kregen vierentwintig, in 2020 liep dat op tot dertig. Door de flexibilisering van de arbeidsmarkt krijgen we ook steeds later een vaste baan. De aanhoudende crisis op de woningmarkt zorgt ervoor dat een eigen huis geen vanzelfsprekendheid meer is. Tel al die elementen bij elkaar op en je hebt de blauwdruk voor een eindeloze, uitgestelde adolescentie waarin je jong noch oud bent. Je bent beslist geen kind meer, maar hoewel de wekker iedere ochtend om zeven uur afgaat en je belasting moet betalen, is het volwassen leven als hierboven geschetst nog ver van je bed.

Daarbij is ook de cultuur veranderd. Ergens in het korte tijdsbestek tussen de eerste hit van Elvis Presley en het uiteenvallen van de Beatles heeft onze kijk op jeugdigheid en jeugdcultuur een drastische metamorfose ondergaan. Tot aan de rock-'n-roll-revolutie van de jaren vijftig en zestig werd jong zijn gezien als een relatief korte periode van ontoerekeningsvatbaarheid die je zo snel mogelijk achter je wilde laten. Het was de bedoeling om direct na het voltooien van je opleiding een gezagsgetrouwe, godvrezende, keurig gehuwde, *goedburgerlijke* volwassene te worden. Daar hoorde een bijpassend uiterlijk bij – fatsoenlijke kleding en een net kapsel – en volwassen muzikale voorkeuren.

Ook hier geldt de wet van de gemiddelden. Er waren natuurlijk altijd al kunstenaars, excentriekelingen en anderen die zich aan de dwingelandij van de burgermoraal onttrokken. Er waren nachtclubs, waar opzwepende jazz werd gespeeld, flink werd ingenomen en zo nu en dan van verboden middelen werd gesnoept. En ook nu zijn er nog jonge mannen die een behoudend imago koesteren. Zo ging de latere pitbull-interviewer Sven Kockelmann (1969) op de middelbare school al gekleed als een vijftigjarige Mormoonse ouderling. Onverstoorbaar meldde hij zich destijds ook zo bij mijn introductiegroepje op de notoir alternatieve School voor Journalistiek.

Maar met het verdwijnen van traditionele structuren en de blijvende invloed van de popcultuur, is er iets veranderd. In de vroege jaren zestig was iedereen het er wel over eens dat rock-'n-roll een overwaaiende gril zou blijken. Popmuzikanten werden per definitie als eendagsvliegen gezien. Eén of twee hitjes, dan was het meestal wel gedaan. John Lennon en Paul McCartney dachten na hun eerste successen serieus over een carrière achter de schermen. Overtuigd dat hun populariteit geen lang leven beschoren zou zijn, hoopten ze op termijn hun brood te verdienen met het schrijven van liedjes voor anderen.

'I hope I die before I get old,' zong Roger Daltrey van The Who in 1965. Ruim 55 jaar later zingt hij dat tijdens concerten van The Who nog altijd, ongetwijfeld met een ironische grijns op de lippen.

Het is de paradox van de sixties: de piepjonge eendagsvliegen van destijds zijn – zo ze het hebben overleefd – bejaarde brontosaurussen geworden, terwijl het primaat van de jeugd dat zij hebben ingeluid dominanter is dan ooit. Wat zestig jaar geleden als jongerencultuur werd beschouwd, is mainstream geworden. Voor alle leeftijden. Met uitzondering van Sven Kockelmann dragen we allemaal jeans, sneakers en sweatshirts, of we nu vijftien of vijftig zijn. Het baseballpetje is niet alleen populair bij zestienjarige scooterjongens, maar ook bij kalende heren van middelbare leeftijd. Er zijn huishoudens waar vaders met hun zoons knokken om de controller van de spelcomputer. We luisteren allemaal naar popmuziek. En hoewel we daarbij een vanzelfsprekende voorkeur aan de dag leggen voor liedjes uit onze eigen jeugd, zijn er genoeg oudere liefhebbers die de allernieuwste bands op de voet volgen, terwijl streamingdiensten als Spotify alle oude (pop)muziek voor de jeugd hebben ontsloten. Ik bezocht met mijn zoon (1996) een concert van de populaire Amerikaanse rapper Kendrick Lamar, terwijl zoonlief eigenlijk een voorkeur heeft voor hiphop uit de jaren negentig. Mijn jongste dochter (2006) loopt door het huis terwijl ze *Heart of Glass* van Blondie zingt, een nummer dat ze op TikTok heeft opgepikt. Toen ik haar leeftijd had was ik verliefd op Debbie Harry, de zangeres van Blondie. Jeugdige bezoekers van grote dancefeesten en festivals zijn allang gewend aan de aanblik van gerimpelde, grijzende koppen in het publiek. De generatiekloof, waar men in de jaren zestig en zeventig de mond van vol had, is een smal spleetje geworden. Niet voor niets wijst onderzoek van de Universiteit Utrecht, het Trimbosinstituut en het CPB uit dat de relatie van Nederlandse jongeren met hun ouders zeer goed is. Natuurlijk, aanvaringen met pubers zijn er in vrijwel elk gezin, maar de redenen om je af te zetten tegen de voorgaande generaties zijn vrijwel verdampt. Jongeren willen niet langer zo snel mogelijk volwassen worden, volwassenen willen zo lang mogelijk jong zijn.

Tegelijkertijd lachen we smalend om iedereen die te nadrukkelijk zijn best doet om jong te blijven (of te ogen). De vader van drie die met zijn omgekeerde petje en hagelnieuwe sneakers de oudste skater van het schoolplein is. De senior *ravers* die op Mysteryland met pupillen als schoteltjes hun rare dansje doen. De vrouwen (en mannen!) die onder het mes van de cosmetisch chirurg transformeren in een gladgetrokken karikatuur van zichzelf. De tv-presentator die zijn grijzende slapen probeert te camoufleren met een iets te donkere kleurspoeling.

Van Kooten en De Bie introduceerden in 1985 het begrip 'oudere jongere', dat gepersonifieerd werd door het duo Koos Koets en

Robbie Kerkhof: permanent stonede veertigers die hun hippiejeugd nog altijd niet achter zich hadden gelaten. Ruim 35 jaar later lijkt het alsof een substantieel deel van alle volwassenen uit oudere jongeren bestaat.

Het probleem van zo'n uitgestelde jeugd zonder overgangsrituelen, al dan niet met gebruik van kogelmieren, is dat de ouderdom ons overvált. Het plotselinge besef dat je niet jong meer bent of niet langer voor jong kunt doorgaan, kan door van alles worden getriggerd. Een hardnekkig pijntje. Een kater die maar niet overgaat. Dat je ineens 'meneer' wordt genoemd en met 'u' wordt aangesproken. Een eerlijke blik in de spiegel, misschien. Je kunt jezelf vermoedelijk langer dan anderen voor de gek houden, maar beslist niet eeuwig.

De enige die we nooit voor het lapje kunnen houden, is het lichaam zelf. Dat veroudert vanaf het prille moment dat zaad- en eicel met elkaar versmelten. Leven is gelijk aan ouder worden. Maar je kunt het opdelen in twee fases: een van groei en een van verval. Anders dan wellicht logisch lijkt ligt dat kantelpunt niet ergens halverwege het leven, maar veel eerder. We noemden al het voorbeeld van topsporters, niet toevallig de 'patiënten' van dokter Frank.

Als sportarts heeft Frank het enige medische specialisme gekozen dat hoofdzakelijk gezonde mensen behandelt. Hij heeft atleten op de toppen van hun vermogen begeleid en was zo in de gelegenheid om 'fysieke jeugd' in optima forma van dichtbij te bestuderen.

Frank: 'Sporters bereiken hun top als ze tussen de 27 en 30 jaar oud zijn. Dat is uiteraard helemaal van het individu afhankelijk, maar gemiddeld komt het daarop neer. Dan hebben ze trainings-*gogme*, wedstrijdervaring, zijn ze mentaal sterk en fysiek op hun best. Bijvoorbeeld bij roeiers kun je goed zien dat het hele plaatje dan klopt. Hun training is gekoppeld aan bepaalde doelen, hun voeding is daarop aangepast, de techniek is onder controle en ze hebben het ethos om zich daar volledig op te richten.

Op die leeftijd spuit het testosteron uit hun oren en kunnen ze de grenzen van hun fysieke vermogen opzoeken. Dat is een genetisch begrensd optimum. Je wordt gewoon met een bepaalde 'motor' geboren, dat is wat je van nature meekrijgt. Als je een schoolklasje laat hardlopen, zie je dat er steeds een of twee leerlingen de leiding pakken, terwijl anderen er achteraan sjokken. Als je gebrek aan motivatie even buiten beschouwing laat, liggen die verschillen gewoon bij de geboorte al vast. Het is iets wat je van nature meekrijgt. Topsporters hebben genetisch een gunstig lot getrokken én het doorzettingsvermogen om dat volledig te benutten. Dat is het échte talent.

Maar goed, onze roeier. Laten we zeggen dat hij 27 jaar oud is. Hij meet 1,95 m, weegt 85 kilo en heeft een vetpercentage van 6 procent. Daardoor is zijn spierdefinitie zichtbaar. Sixpack, alles. Een volledig afgetraind lichaam. Als hij bij mij komt voor een keuring, maak ik een hartfilmpje. Daarop kan ik aflezen dat hij alle kenmerken van een sporthart heeft. De uitslagen zijn forser dan bij een niet getraind hart. De contractie, de kracht waarmee het hart aanspant, is groot, net als het slagvolume. Bij iedere hartslag wordt er een enorme hoeveelheid bloed rondgepompt. Daardoor kan de hartslag laag blijven. Tussen de veertig en vijftig slagen per minuut. Bij een gezonde niet-sporter ligt dat tussen de zestig en zeventig.

Vervolgens doe ik een longfunctietest bij de roeier. Ik laat hem in een apparaat blazen en bepaal zijn longinhoud en de hoeveelheid lucht die hij in één seconde kan uitblazen. Astmapatiënten hebben daar moeite mee, omdat hun luchtwegen zijn vernauwd. Maar onze roeier heeft een longinhoud van 6 liter en een 1-secondewaarde van 5 liter.

Vervolgens zet ik de roeier op de hometrainer voor een inspanningstest met een oplopende weerstand. De roeier krijgt een masker op waarmee zijn in- en uitademing worden geregistreerd. Daarbij wordt ook zijn hart gemonitord, voornamelijk om te zien of er geen ritmestoornissen zichtbaar worden, maar ook om de maximale hartslag vast te stellen. In het geval van de roeier: zo'n tweehonderd slagen per minuut.

Via dat ademhalingsmasker stel ik de hoeveelheid zuurstof vast die de roeier kan opnemen. De meeteenheid die we daarvoor hanteren wordt VO2 max genoemd: de V staat voor volume, O2 voor zuurstofgas. Bij maximale inspanning haal je zo'n veertig keer per minuut adem, en we hebben al vastgesteld dat onze roeier een longinhoud van 6 liter heeft. Per seconde kan hij 5 liter uitblazen. En veertig maal vijf is dus 200 liter per minuut. Aan de hand van die gegevens kan ik zijn maximale inspanning aflezen. Als je daar vervolgens een formule op loslaat kom je tot een VO2 max van 5100 ml zuurstof per minuut. Ook die VO2 max is goeddeels genetisch bepaald. Een kwart kun je trainen, de rest is erfelijk.

Aan het einde van de inspanning krijgt de roeier zijn benen niet meer rond door de weerstand van de fiets. Hij is "verzuurd". De verzuring is het gevolg van een chemisch proces waarbij grof gezegd het lichaam onvoldoende zuurstof kan opnemen.'

Op welke leeftijd atleten fysiek pieken, hangt deels van hun sport af. Bij zeer korte, explosieve atletiekonderdelen, zoals discus- of speerwerpen, ligt de top zo rond de 27 jaar. Bij sporten waarbij de energieontlading niet een paar seconden is, maar in de minuten loopt, bijvoorbeeld zwemmen, daalt de ideale leeftijd naar gemiddeld zo'n twintig jaar. Bij duursporters wordt een tegenovergestelde trend zichtbaar. Ultralopers (atleten die afstanden langer dan de marathon lopen) of langeafstandfietsers (meer dan 200 km op een dag) zijn pas op hun best als ze tegen de veertig lopen.

Enfin, daar staat-ie. Het toonbeeld van jeugdige vitaliteit: onze roeier. Sterk, slank, gespierd, gezond. De longen en het hart van een paard. Zuurstofrijk bloed kolkt als schuimend wild water door zijn aderen. Hij leidt een jaloersmakend gedisciplineerd leven. Hij rookt niet, drinkt (bijna) geen alcohol en eet gezond en veel. Iedere avond gaat hij op tijd naar bed, in de wetenschap dat herstel en spieropbouw in rust plaatshebben. Hij traint 25 uur per week. Tussen de bedrijven door zit hij ook nog eens met zijn hoofd in de boeken. Roeien is bijna per definitie een studentensport. En alle trainings-*gogme* betaalt zich uit als onze roeier met zijn ploeg de Varsity wint, de bijna 140 jaar oude studentenroeiwedstrijd in het Amsterdam-Rijnkanaal. Supporters springen gekleed in ondergoed en stropdas in het water om onze held en zijn teamgenoten te huldigen. De overwinning wordt gevierd met hectoliters champagne en bier. Maar de volgende dag al worden de teugels weer strak aangetrokken. Roeien = discipline. Onze roeier is, om de Amerikaanse schrijver Tom Wolfe te citeren, *the Master of the Universe*.

Maar dan studeert hij af. Met een daverend feest neemt hij afscheid van zijn roeivereniging en het studentenleven. De recruiter op de Amsterdamse Zuidas was onder de indruk van zijn cv. Roeiers, zeker als ze kampioen zijn geworden, hebben altijd een streepje voor. Zo belandt hij achter een bureau in een spiegelend kantoorgebouw. Elke ochtend om kwart voor zeven stapt hij in zijn nieuwe leasebakkie. Zelden is hij voor acht uur 's avonds thuis. Ook carrière maken is een kwestie van competitie en volharding. In koken heeft hij na zo'n lange werkdag geen zin. Meestal schuift hij een opwarmmaaltijd in de magnetron of een pizza in de oven. Hij trekt er geregeld een flesje wijn bij open. Vaak is die aan het einde van de avond leeg.

Iedere vrijdag borrelt hij op de zaak. Al zijn collega's hebben bij studentenverenigingen gezeten en weten wat drinken is. Het avondeten schiet er meestal bij in, maar de schalen met bitterballen, kaasstengels en vlammetjes blijven doorkomen. Net als het bier. 's Avonds staat hij wankel op het winderige perron van station Zuid. Onze ex-roeier laat vrijdags de auto staan. Hij is een verantwoordelijk mens.

Op zaterdagochtend gaat de wekker om acht uur. Gisteren was de ex-roeier nog vastbesloten vandaag te gaan hardlopen. Gewoon, om een beetje op conditie te blijven. Maar nu het zover is, heeft hij geen zin om op te staan. Hij heeft een zwaar hoofd en een brakke maag. Daarbij: heeft hij zichzelf in zijn studententijd niet álles ontzegd voor de sport? Heeft hij het na al die jaren niet verdiend om de teugels nu een beetje te laten vieren? Er staat nu toch niets meer op het spel. Tevreden draait hij zich nog eens om. 's Middags drinkt hij met studievrienden een biertje op een terras in de stad, waarna ze met z'n allen een restaurantje in duiken. Van hardlopen komt op zondag weer niks.

Op een feestje ontmoet onze ex-roeier een oude bewonderaarster: Pien. Ze vertelt een tikkeltje verlegen dat ze bij de Varsity in haar behaatje aan zijn boot heeft gehangen. Van het een komt het ander. Drie kinderen, om precies te zijn. Het is lang geleden dat onze ex-roeier en zijn Pien een hele nacht hebben doorgeslapen. Vooral de jongste, een schat van een huilbaby, laat van zich horen. De weekenden gaan op aan sport. Dat is te zeggen: de oudste voetbalt op zaterdagochtend en de middelste hockeyt. Iedere zaterdag rijdt de ex-roeier met drie spelertjes op de achterbank naar een sportveld in de provincie of staat hij langs de lijn. 's Zondags is hij meestal op het hockeyveld te vinden. In de kantine gaat hij de vermoeidheid te lijf met automatenkoffie, saucijzenbroodjes en kroketten. De F'jes doen nog niet aan een derde helft, maar als ze 's middags thuisspelen gaat een biertje er altijd wel in.

En als het grut 's avonds dan eindelijk op bed ligt, kijken Pien en de ex-roeier Netflix op de bank tot een van hen in slaap valt. Ook Pien ontspant graag met een goed glas. Frans kaasje erbij, vers gebrande noten van de markt, venkelworstje van de slager. Maar dan wel met z'n tweeën, anders is het niet gezellig. Regelmatig hebben ze etentjes of borrels bij vrienden die allemaal in dezelfde levensfase verkeren. Van seks komt het nog zelden. Al was het omdat er elk moment een kind op blote voetjes de slaapkamer kan binnensluipen: 'Papa, ik heb eng gedroomd.'

Vijftien jaar nadat hij de Varsity won, betrapt de voormalige Master of the Universe zichzelf erop dat hij een beetje moet uithijgen als hij de trap heeft beklommen. Zijn befaamde sixpack is verdwenen achter een behoorlijke laag vet. Dat machtige roeierslichaam van weleer ziet er in de spiegel paradoxaal genoeg zowel iel als papperig uit. Het was de ex-roeier al opgevallen dat vrouwen niet meer zo vaak naar hem keken als vroeger. Het roer moet om, besluit hij, met een passende scheepsmetafoor. Hij besluit het sporten weer op te pakken in de hoop net zo fit en vitaal te worden als vroeger. Maar voordat hij daad bij woord voegt, maakt hij eerst een afspraak voor een sportmedische keuring bij de aardige arts die hem in zijn studententijd al begeleidde.

Dokter Frank: 'Allereerst moet ik onze ex-roeier uit de droom helpen: zo fit als hij op zijn zevenentwintigste was zal hij nooit meer worden. Dat weet hij zelf natuurlijk ook wel. Al was het omdat hij met zijn carrière en gezin nooit meer aan zijn trainingsuren toekomt. Maar zelfs als hij daar wel de tijd voor had, is hij definitief over zijn top heen. Daar staat tegenover dat hij binnen een maand of zes toch weer een conditie kan hebben waarmee hij een halve marathon aan zou moeten kunnen.

Maar goed, eerst moet hij de realiteit onder ogen komen. Ik neem hem, net als vroeger, een volledige sportmedische keuring af. We beginnen met de zogenoemde biometrie. Hij meet nog altijd 1,95 m. Maar dankzij het 'goede' leven en zijn inactiviteit weegt hij nu 104 kilogram. Sinds zijn laatste keuring is hij dus een kleine 20 kilo aangekomen, wat resulteert in een BMI van 27,5. Alles boven de 25 is foute boel. Ik pak de huidplooimeter erbij om zijn vetpercentage vast te stellen. Ik meet op een aantal verschillende punten, en als ik de som daarvan uitreken, kom ik tot een percentage van 26 procent. Ruim een kwart van zijn massa bestaat dus uit vet, terwijl we volgens de normering niet boven de 20 moeten komen. Zijn overgewicht en inactiviteit hebben zijn bloeddruk ook negatief beïnvloed. Ik meet 130/85. De norm is maximaal 120/80. Niet dramatisch dus, wel iets om in de gaten te houden.

Aan zijn trainingsgeschiedenis heeft de ex-roeier op dit punt eigenlijk niks meer. Na een jaar of tien zijn alle voordelen daarvan verdampt. Zijn genetische voorsprong daarentegen, de reden dat hij zo goed was in sport, is onveranderd. Hij heeft nog steeds een geweldige longinhoud, maar de inspanningstest op de hometrainer wijst uit dat zijn vermogen om zuurstof op te nemen met een kwart is afgenomen.

Als de ex-roeier weer een beetje op adem is, spreek ik hem bemoedigend toe: dat het mij deugd doet dat hij weer actiever wil worden, maar ook dat hij geen moment te vroeg komt. Hij haalt de minimale norm van 2,5 uur matig intensief bewegen per week niet.

Terwijl hij daarbij eigenlijk nog eens 1,5 uur intensief zou moeten sporten. Dat is ongezond. Als hij daar niets aan verandert, liggen er allerlei ernstige kwalen op de loer die je feitelijk als ouderdomsverschijnselen kunt kwalificeren. De belangrijkste zijn hart- en vaatziekten: aderverkalking en -verstoppingen, hartinfarcten, hersenbloedingen. Daarnaast loopt hij het risico op het metaboolsyndroom: een combinatie van hoge bloeddruk, slechte cholesterolwaarden, te veel bloedvetten en een verhoogde bloedsuikerspiegel. Je zou het als een voorstadium van diabetes kunnen zien, met allerlei complicaties. Ik moet de ex-roeier dus ook waarschuwen voor het gevaar van suikerziekte.

Gelukkig is hij vastbesloten de koe bij de horens te vatten. Hij wil drie keer per week gaan hardlopen en in de weekenden weer gaan roeien. Als hij dan ook nog een beetje let op wat hij eet en drinkt – want voedingsgerelateerde klachten zijn op termijn ook een reëel gevaar – moeten zijn waarden binnen een halfjaar binnen het gezonde spectrum vallen.'

Het verhaal van de (ex-)roeier is fictief, maar gebaseerd op Franks decennialange praktijkervaring en dus realistisch. We hebben de (ex-)roeier in het leven geroepen om het contrast zo groot mogelijk te maken. Op zijn zevenentwintigste is hij de jeugd in optima forma, op zijn tweeënveertigste een man met de fysiek van iemand die vele jaren ouder is. Dat laatste zien we geregeld bij voormalige topsporters. Diego Maradonna is misschien het meest in het oog springende voorbeeld, maar onze eigen record-international Wesley Sneijder past ook in dat straatje. Sneijder is een zelfverklaarde levensgenieter die als jong kind al door Ajax werd geselecteerd en tot aan het einde van zijn profcarrière altijd met een voet op de rem heeft moeten leven. Sinds zijn sportieve pensioen ontbreekt de noodzaak daartoe, en anders dan bijvoorbeeld Olympisch schaatskampioen Mark Tuitert (zie interview elders in dit boek) heeft Sneijder besloten de schade eens lekker in te halen. En, met alle respect, dat is hem aan te zien.

De meeste jongvolwassen mannen daarentegen zijn op hun zevenentwintigste niet in topconditie. Als je geen topsporter bent, ligt het niet echt voor de hand om 25 uur te trainen. Sterker, het is de leeftijdsfase waarin mannen (en vrouwen) door de bank genomen het ongezondst leven. Volgens het Trimbos-instituut wordt er in de leeftijdscategorie 20 tot 29 het vaakst gerookt. Vijfentwintig- tot dertigjarigen roken het zwaarst. Het is ook de groep die het meeste uitgaat. Daarbij wordt vanzelfsprekend flink ingenomen en zo nu en dan van iets anders gesnoept. Van alle Nederlanders, het zal geen verrassing zijn, gebruiken jongvolwassenen het vaakst wiet, xtc, cocaïne of lachgas. Gezond eten zal gemiddeld gezien niet hoog op de agenda staan. Na het stappen zet je eerder de tanden in een kapsalon dan in een voedzame quinoasalade met zongedroogde tomaten en pijnboompitjes. En dat er na zo'n weekeindje feesten op zondagochtend nog fanatiek wordt hardgelopen, lijkt ook niet erg voor de hand te liggen.

Nou wil zéker dokter Frank zo'n leefstijl niet toejuichen (*drugs are bad, mmmkay*), maar het hoort er een beetje bij. Professor Mark van Vugt, hoogleraar psychologie aan de Vrije Universiteit, betoogt dat er een evolutionaire noodzaak is waardoor vooral jonge mannen onverschrokken, ja *roekeloos* gedrag vertonen. Ongezond leven hoort daarbij. We hebben bovendien al vastgesteld dat ze in die levensfase fysiek op hun sterkst zijn. Ze kunnen met minder slaap toe, herstellen gemakkelijker en het lijkt alsof ze alles kunnen eten en drinken zonder een grammetje aan te komen.

Dat laatste is alvast een illusie. Van alle twintigers lijdt 33 procent aan overgewicht. En daarmee zijn we terug bij onze (ex-)roeier. Want tien jaar lang 'roekeloos' leven laat wel degelijk sporen na, waardoor veel jongvolwassenen, anders dan de (ex-)roeier, onder suboptimale condities aan de volgende leeftijdsfase beginnen. Wie op z'n dertigste al een buikje heeft, vertoont eigenlijk al *midlife*-verschijnselen. Dat maakt het contrast op tweeënveertigjarige leeftijd minder groot, maar de symptomen des te erger.

Het dertigste levensjaar is een van de belangrijkste omslagmomenten in een mannenleven. Al zullen weinigen dat zo ervaren, omdat de dramatische biologische veranderingen die dan hun intrede doen, zich sluipenderwijs voltrekken.

Met voorsprong de belangrijkste omwenteling doet zich voor op de hormoonspiegel: het testosteronniveau begint geleidelijk af te nemen.

Zo, het hoge woord is eruit. Het begrip testosteron heeft de afgelopen decennia een tamelijk beladen klank gekregen. Toen Geert Wilders de grootschalige aanrandingen tijdens de jaarwisseling in Keulen aankaartte, typeerde hij de daders als 'testosteronbommen'.

En zo wordt het woord meestal gebruikt: als containerbegrip voor de slechtste mannelijke eigenschappen. Oorlog, huiselijk geweld, mishandelingen op straat, grensoverschrijdende seksualiteit, ja, zelfs de financiële crisis van 2008 werd volgens menigeen veroorzaakt door testosterondronken alfamannetjes.

Dat verband is minder eenduidig dan menigeen aanneemt. De Zwitserse onderzoeker Cristopher Eisenegger publiceerde in 2009 de resultaten van een onderzoek in het natuurwetenschappelijke tijdschrift *Nature,* waarin die stelling werd genuanceerd. Testosteron zou vooral het verlangen naar status prikkelen. En een hogere plek in de pikorde (daar gaat status tenslotte over) kun je op allerlei manieren verwerven, niet alleen door agressie. Zo ontleent de Dalai Lama zijn enorme sociale statuur juist aan zijn zachtmoedige inborst.

Wat we in elk geval zeker weten, is dat testosteron het belangrijkste mannelijke geslachtshormoon is. Het is in ons hele lichaam actief en speelt bij alle ontwikkelingsfases in het mannenleven een cruciale rol. Zonder testosteron zouden wij mislukte vrouwen zijn. Letterlijk. De vorming van primaire mannelijke geslachtskenmerken – onder andere penis en testikels – vindt in embryonale staat onder invloed van testosteron plaats. Pas in de zevende tot tiende week van de zwangerschap komt die geslachtsvorming tot stand. Als dat om een of andere reden misgaat, komen jongens ter wereld met de uiterlijke kenmerken van meisjes. Die transitie blijkt, zoals we hebben gezien een wonderlijk rol te spelen bij het voorkomen van kaalheid. Op alle andere functies van het hormoon komen we later uitgebreid terug. Vooralsnog volstaat het te constateren dat testosteron het levenselixer, ja, de *Asterix-toverdrank* van de mannelijkheid is.

Helaas: zelfs wanneer je als kind in een ketel met testosteron bent gevallen, neemt de aanmaak van het hormoon – door de ballen: in het Latijn niet voor niets *testes* genoemd – met het vorderen der jaren af. Welbeschouwd worden wij vanaf een jaar of dertig telkens steeds iets minder mannelijk. Nou hoeft dat geen probleem te zijn. Want zelfs wanneer je als kind *niet* in een ketel met testosteron bent gevallen, blijven de testes voldoende hormonen produceren om even mee vooruit te kunnen. Zo werd de Spaanse gynaecoloog Julio Iglesias senior, (groot)vader van de charmezangers Julio junior en Enrique, op zijn achtentachtigste voor de vierde keer vader. De kleine Jaime Iglesias is zestig jaar jonger dan zijn oudste broer. Formule-1-baas Bernie Ecclestone wist Julio sr. op het nippertje af te troeven door op negenentachtigjarige leeftijd nog een kind te verwekken. Maar zowel Julio als Bernie moesten hun meerdere erkennen in de Amerikaanse dominee James E. Smith die in 1949 op 101-jarige leeftijd nog tweelingdochters welkom heette in deze wereld.

Een te laag testosteronniveau zorgt er bij de meeste mannen niet alleen voor dat je als bejaarde geen kinderen meer kunt verwekken, het heeft ook serieuze gezondheidseffecten, die zichzelf in het slechtste geval versterken omdat ze de hormoonspiegel nog verder beïnvloeden. Een zogenoemde negatieve *feedback loop*.

En daarmee komen we eindelijk tot de kern van de zaak. Om meteen een krakende, tochtende open deur in te trappen: ouderdom kenmerkt zich door het teruglopen van allerlei biologische functies, tot het moment dat een vitaal orgaan het helemaal begeeft en het onherroepelijk over en uit is. Dat is een waarheid waar we allemaal mee in het reine moeten komen: de tragiek van het (zelf)bewuste zoogdier dat homo sapiens wordt genoemd. Er worden weliswaar spectaculaire vorderingen gemeld in het onderzoek naar verouderingsprocessen. De grote tech-reuzen in Silicon Valley pompen miljarden in onderzoeken die de geheimen van het leven, en daarmee de dood, moeten ontrafelen. De heilige graal van die research is onsterfelijkheid. Mocht dat ooit al binnen handbereik komen, dan zal dat ongetwijfeld alleen voor de superrijken zijn weggelegd. Maar dankzij biomedische ontdekkingen die gaandeweg zijn gedaan, wordt nu al voorspeld dat we nog veel ouder zullen worden. Het tijdschrift *National Geographic* plaatste al in 2013 een monter kijkende, Aziatische peuter op de cover, met het tamelijk stellige onderschrift: 'Deze baby zal de leeftijd van 120 bereiken.' En als dat waar is, zullen we er, meer nog dan nu het geval is, alles aan moeten doen om *voortijdige* verouderingskwalen te voorkomen. Want wat heeft die arme baby aan die veertig extra jaren als hij al die tijd geplaagd wordt door meer of minder ernstige aandoeningen die zijn levensgeluk steeds verder aantasten?

In het afgelopen decennium werd in Nederland al veelvuldig gediscussieerd over wat 'voltooid leven' is gaan heten: het verlangen naar zelfdoding/euthanasie, zonder dat er ondraaglijk en uitzichtloos medisch lijden in het verschiet ligt. Het gaat om ouderen die niet meer verder willen omdat ze worden gekweld door het leven zelf. Zolang ze er in Silicon Valley nog niet uit zijn, blijft ook dat een terminale aandoening. Maar het wordt pas een lijdensweg als het lichaam zélf steeds meer een obstakel wordt.

Nou is het lastig om premature en onvermijdelijke veroudering van elkaar te scheiden. Ze lopen in elkaar over. Daarbij moeten we ervoor waken om mensen al te zeer verantwoordelijk te houden voor hun eigen gezondheid. Er zijn talloze factoren in een mensenleven waar je verminderd of helemaal geen vat op hebt. Genetische aanleg is een factor van belang, net als omgevingsfactoren. *Nature and nurture*. Al bij je geboorte wordt je levensverwachting beïnvloed door wáár je wieg staat. Daarnaast zijn de verschillen tussen hoger en lager opgeleiden dramatisch te noemen. Ook omdat ze nog altijd groeien. Hoogopgeleide vrouwen leven volgens berekeningen van het CBS gemiddeld vier jaar langer dan hun laagopgeleide zusters. Onder mannen loopt het verschil zelfs op tot vijf jaar. Als er gekeken wordt naar gezondheid op gevorderde leeftijd, zijn de verschillen nog schokkender. Bij hoogopgeleide vrouwen van 65 duurt het door de bank genomen nog zeventien jaar voor de gezondheid serieus begint te haperen. Lager opgeleide vrouwen zijn al na elf jaar aan de beurt. Bij mannen is het verschil zestien om tien. Een sluitende verklaring voor die kloof is er niet. Het enige dat we zeker weten, is dat ook gezondheid en levensverwachting vormen van economisch kapitaal zijn. Bij welgestelden neemt het toe, terwijl de minder gefortuneerden het nakijken hebben.

Maar goed, met die disclaimer in het achterhoofd maken we op middelbare leeftijd een onderscheid tussen onvermijdelijke en voortijdige veroudering. Haarverlies is een voorbeeld uit de eerste categorie. Het is een proces dat niet of nauwelijks wordt beïnvloed door externe factoren. Het maakt niet uit wat je eet of drinkt, of je altijd een petje draagt of het haar vrijelijk in de wind laat dansen: interne, erfelijke factoren bepalen wanneer je aan de beurt bent (zie het hoofdstuk over kaalheid). Door middel van een tamelijk ingrijpende hormoonbehandeling kun je het proces afremmen of zelfs tot stilstand brengen. En als je daar te laat mee bent, kun je de bovenboel door middel van transplantatie laten reconstrueren. Maar de genetische programmatuur van het lichaam gaat onverstoorbaar zijn eigen gang. Sommige mannen krijgen er op jonge leeftijd al mee te maken, en met het vorderen der jaren moet ruim 80 procent van alle mannen eraan geloven. Het is een verouderingsverschijnsel dat onvermijdelijk is.

Hetzelfde geldt voor dat verdomde leesbrilletje. Het is een vloek waar vrijwel niemand boven de veertig aan ontkomt. Er is niets wat je kunt doen om het te voorkomen. Je zult je er domweg bij moeten neerleggen.

Ook het krijgen van rimpels is een proces dat niemand kan tegenhouden. De farmaceutische industrie doet ons weliswaar geloven dat we die plooien, groeven en rimpels in ons gezicht met dure smeersels vol interessant klinkende biochemische bestanddelen kunnen wegsmeren. Maar het natuurlijke collageen, een 'lijmvormend eiwit' dat de elasticiteit van de menselijke huid bepaalt, neemt na het vijfentwintigste levensjaar steeds verder af. De blozende, stevige appelwangetjes die actrice Jennifer Lawrence (o.a. *The Hunger Games*) zo'n onweerstaanbare vitale uitstraling geven, zullen onvermijdelijk verdwijnen. Vermoedelijk zal ze de tekenen des tijds bestrijden met botox en zogenoemde fillers. Maar zoals het was zal het nooit meer worden.

Toch is er een verschil met het eerder genoemde verdomde leesbrilletje. Want hoewel je de afbraak van collageen niet tegen kunt gaan, zijn de effecten van die afname in ernst afhankelijk van leefstijl. Wie onbeschermd in de volle zon gaat zitten, krijgt op termijn meer en diepere rimpels. Als je daar regelmatig een sigaretje bij opsteekt, ziet je huid er na verloop van tijd helemaal uit als een Dode Zee-rol. In dat geval oog je zichtbaar ouder dan je in werkelijkheid bent.

Dat zou je als iets cosmetisch kunnen afdoen. Als je niet gebukt gaat onder ijdelheid zou je nog kunnen denken: ach, dan heb ik een vroegtijdig ouwe kop, *so what*? Ware het niet dat het bakken in de zon huidkanker kan veroorzaken en roken onder andere tot zowel ernstige hart-, vaat- als longziekten kan leiden.

Op hoogbejaarde leeftijd kunnen dergelijke aandoeningen vanzelf optreden. Het zijn ouderdomsverschijnselen. De belangrijkste doodsoorzaak onder vijfenzestigplussers is dementie. Eigenlijk zijn het vooral de complicaties bij dementie die patiënten fataal worden, en dat kan van alles zijn. Als we dementie daarom buiten beschouwing laten, ziet de top 5 van doodsoorzaken er als volgt uit:

1. Beroerte
2. Longkanker
3. Coronaire hartziekten
4. Hartfalen
5. COPD

De overeenkomst tussen deze dodelijke ouderdomskwalen is dat ze sterk door leefstijl worden beïnvloed. Vijfentachtig tot negentig procent van alle longkankers wordt door roken veroorzaakt. Ook *Chronic Obstructive Pulmonary Disease* (COPD), een verzamelnaam voor ernstige luchtwegklachten, is voor 80 procent aan roken te wijten.

Daarbij lopen rokers een sterk verhoogd risico op alle andere aandoeningen uit de top 5. Maar tabak is beslist niet de enige factor. Het *Cerebro Vasculair Accident* – in de volksmond beroerte genoemd – is voor een belangrijk deel leefstijlgebonden: hoge bloeddruk, overgewicht, slechte eetgewoonten, stress en suikerziekte zijn erop van invloed. Datzelfde geldt voor coronaire hartziekten (aandoeningen aan de kransslagader van het hart) en hartfalen.

Nou moet je uiteindelijk een keer ergens aan doodgaan. Zelfs de sober levende monnik die nooit heeft gerookt of gedronken en lichaam en geest door middel van meditatie en een rigoureus sportprogramma in optimale conditie houdt, zal op termijn een vorm van kanker, dementie of hartproblemen krijgen. Er zit nu eenmaal een uiterste houdbaarheidsdatum op het menselijk lichaam. Dat slijt, wordt brozer, minder soepel, gaat haperen en houdt er ten slotte mee op. Daar is (voorlopig) niets aan te doen.

Maar de wonderlijke en tegelijkertijd zorgwekkende paradox van de welvaartsstaat in de eenentwintigste eeuw is dat we onszelf, ondanks die toegenomen levensverwachting, *steeds jonger oud maken*. Diabetes type 2, tot voor kort ouderdomssuiker genoemd, komt in alle leeftijdscategorieën steeds vaker voor. En dus ook bij kinderen. Obesitas, overgewicht, is in het gros van de gevallen de grote boosdoener. Dat is alsof kinderen door een slecht dieet en te weinig lichaamsbeweging ineens grijs, kaal en gerimpeld worden. In dat geval zou de wereld te klein zijn. Maar omdat de premature verouderingsverschijnselen die door obesitas worden veroorzaakt, onzichtbaar zijn – een dik kind oogt nog altijd als een kind – is er nauwelijks of geen publieke ophef over. Terwijl de langetermijneffecten veel ernstiger zijn.

Kinderen zijn niet de enigen die aan diabetes 2 lijden. In de hele wereld neemt de ziekte epidemische vormen aan. In Amerika, het land van de *Big Gulps* en ge*supersized*e fastfoodmenu's wordt voorspeld dat in 2050 één op de drie inwoners op enig moment aan diabetes zal lijden.

Het goede nieuws is dat ouderdomssuiker vrij gemakkelijk is te genezen. Op voorwaarde dat je er tijdig bij bent en de ziekte nog geen onomkeerbare schade heeft aangericht, volstaat een aangepast dieet en beweging. Patiënten melden soms dat ze al na luttele weken hun medicijnen kunnen weggooien. Dat lijkt een wonderbaarlijke genezing, vergelijkbaar met bijeenkomsten waar de kreupelen na het aanroepen van een hogere macht de krukken van zich afwerpen om in extase de armen ten hemel te heffen: halleluja!

Wonderbaarlijk is het zeker. Wij zijn in staat onszelf jaren jonger te maken. En daar is geen bovennatuurlijk, almachtig wezen voor nodig; het verbluffende aanpassingsvermogen van het eigen lichaam volstaat.

Oud(er) worden is een complex proces van lichamelijke en psychologische transformatie dat pas ophoudt als we onze laatste adem uitblazen. De vergelijking met seizoenen ligt voor de hand. Alleen zijn die in een mensenleven niet even lang. In de lente worden we geboren, waarna we in een kleine twintig jaar lichamelijk helemaal volgroeid zijn (de hersenen hebben wat langer nodig om te rijpen). Onze fysieke bloei, de zomer, is kort maar hevig. Tot het dertigste levensjaar zijn we (potentieel) sterker dan we ooit zullen worden. Vruchtbaarder ook. Onze levenszomer is een explosie van kracht, viriliteit en energie. Maar al snel dienen de eerste signalen van de herfst zich aan. Onopgemerkt nog, als minuscule biochemische veranderingen in onze organen, maar na verloop van tijd steeds zichtbaarder. Zoals de bladeren van kleur verschieten, zo worden onze haren grijs. Verdere analogieën, bijvoorbeeld over het vallen der blaad'ren, zullen we uit piëteit met de kalende man achterwege laten. En ten slotte is er de winter. Het seizoen waarin alles sterft.

Hoewel de zomer en vooral de lente bepalend zijn voor het verdere verloop van een mensenleven, hebben we daar zelf niet zoveel invloed op. In de kinderjaren zijn het onze ouders die alles bepalen. Later zijn het gierende hormonen die de ratio bedwelmen en ons goeddeels ontoerekeningsvatbaar maken. Maar in de tweede helft van het leven kun je, als het je gegeven is, het verschil maken: wordt het een lange, gure winter, of een verlengde herfst, voorafgegaan door een zonnige *Indian summer*?

Als je het zo stelt, zal niemand de winter kiezen. Maar in de praktijk blijkt de verlengde herfst een lastiger keuze. Die is namelijk niet gratis. Daar moet je wat voor doen. En laten. Veel meer bewegen, om te beginnen. Stoppen met roken. Minder drinken. Beter eten. Niet voor even, maar voor altijd. Onze (ex-)roeier heeft de stap gezet. Maar die heeft makkelijk praten, omdat wij hem uit onze duim hebben gezogen. Voor de meeste échte mannen zal het een stuk lastiger zijn. Omdat ze er tijd voor moeten maken, terwijl we het allemaal druk hebben. Omdat de commercie op iedere straathoek klaarstaat om ons tot ongezonde keuzes te verleiden. En omdat, zoals we later zullen zien, ons brein op luiheid is geprogrammeerd.

Alleen verandert dat niets aan het uitgangspunt. Willen we jong oud worden, of oud zo lang mogelijk jong blijven? *That's the question.*

MARK TUITERT: 'IK WERD EEN LAMLENDIGE VERSIE VAN MIJZELF'

Sommige schaatsliefhebbers schrikken er 's nachts nog wel eens wakker van: het moment waarop Mark Tuitert tijdens het EK van 2001 in Inzell, na twee afstanden op koers voor de winst, op een blokje stapte en uitgleed. Een dramatisch moment in de Nederlandse sportgeschiedenis. Tuitert (Holten, 1980) revancheerde zich door drie jaar later Europees kampioen allrounden te worden, waarna hij een jaar later ook goud pakte op het WK afstanden. Zijn *finest hour* beleefde Tuitert toen hij in 2010 op de Spelen van Vancouver Olympisch kampioen op de 1500 meter werd. Vier jaar later beëindigde hij zijn topsportcarrière. Inmiddels heeft hij een bedrijf dat cafeïnekauwgom voor sporters produceert. Hij is getrouwd en heeft twee jonge kinderen. Hoe heeft hij het normale 'burgerbestaan' opgepakt, na een leven dat volledig in het teken van de sport heeft gestaan? En hoe benadert hij, de veertig gepasseerd, de middelbare leeftijd. Veelzeggend genoeg treffen we hem in het krachthonk van de loods waarin zijn bedrijf is gevestigd. 'Toen ik iedere avond een biertje dronk, dacht ik na een halfjaar: slappe hap Tuitert.

Op mijn twaalfde ben ik eigenlijk bij toeval op schaatsles gegaan, gewoon omdat ik schaatsen wel leuk vond. In het begin was ik helemaal niet zo goed. Niets wees er eigenlijk op dat ik talent had. Maar op mijn veertiende kreeg ik een paar skeelers van mijn vader en daar kon ik aardig mee uit de voeten. Op het erf van de boerderij waar ik ben opgegroeid, kon ik makkelijk rondjes rijden. Toen ben ik een keer meegenomen naar een skeelerwedstrijd, ook bij toeval eigenlijk. Daar eindigde ik als een-na-laatste. Ik dacht: nou, daar ben ik dus ook niet voor in de wieg gelegd. Want ik voetbalde ook, en daar blonk ik evenmin in uit. Aan mijn inzet lag het niet, maar ik heb het nooit tot de selectie geschopt.

Toen ik andere skeelers kreeg die minder aftands waren, heb ik nog een keer een wedstrijd gereden en eindigde ik zowaar als derde op het podium. Misschien kan ik het toch wél, dacht ik toen. Dus daar ben ik in doorgegaan. Bij het skeeleren hoorde ik al snel tot de nationale top, maar bij schaatsen bij lange na nog niet. Ik trainde een beetje voor de vuist weg, gewoon voor mezelf.

Tussen mijn zeventiende en negentiende begon ik ook hard te schaatsen. Maar toen ik eenmaal bij Jong Oranje zat mocht ik niet meer skeeleren. Eigenwijs als ik was dacht ik: het werkt voor mij, dus ik ga er lekker mee door. Het was bepaald niet gangbaar binnen het schaatsen, maar ik wilde mij niet in een keurslijf laten duwen.

Dat heb ik van huis uit meegekregen. Mijn moeder was verpleegkundige, klassiek-homeopaat – niet dat ik daarin geloof hoor – en behoorlijk eigengereid. Medicijnen waren bijvoorbeeld niet vanzelfsprekend. Als het niet per se hoefde, dan kreeg je ze niet. En als je een hechting nodig had, dan ging dat zonder verdoving. Gewoon niet zeuren. Ik heb tot op de dag van vandaag ook nooit antibiotica gehad.

Het idee om je lichaam het zo veel mogelijk zelf op te laten lossen, is er met de paplepel ingegoten. Als ik een verkoudheidje had ging ik niet op zoek naar een pilletje of een druppeltje, dan deed ik het gewoon een tijdje rustiger aan. Dan zou het vanzelf wel weer overgaan. Dat heeft me misschien wel eens een wedstrijdje gekost. In elk geval ben ik er altijd wel van doordrongen geweest dat gezondheid een groot goed is.

Die koppigheid manifesteerde zich ook op andere terreinen. Zo hadden we bij Jong Oranje een voedingsdeskundige die heel erg inzette op snelle suikers. Boterhammen met vruchtenhagel, dat was goed. Toen dacht ik al: hè, klopt dat wel? Het was niet zo dat ik er heel veel van wist, maar omdat ik op de boerderij gewend was volle melk te drinken en vlees te eten, voelde de opvatting dat alles light en vol met suikers moest zijn intuïtief al niet goed. Ik mocht van die voedingsdeskundige geen volle melk drinken: "Daar zit vet in, dat moet je niet doen." Terwijl ik dacht: het is lekker, ik ben niet dik en ik voel me er goed bij. Hoezo mag dat niet?

Later bleek dat ik dat gevoelsmatig vrij goed had ingeschat. In een periode dat ik zwaar overtraind was heb ik alle boeken over trainings- en voedingsleer verslonden om zelf een analyse te kunnen maken van waar het was misgegaan. Vervolgens werd Jac Orie onze coach. Dat was alsof er de hele dag een professor naast mij zat bij wie ik permanent op hoorcollege kon. En Jac had ideeën over voeding die veel beter aansloten bij de mijne. Hij was toen al van de moderne, laagglycemische school. Dus veel minder snelle suikers en de intake van koolhydraten zo aangepast dat je er lang op door kon. We gingen ook anders ontbijten. Minder brood met jam en vruchtenhagel en veel meer zuivelproducten. Yoghurt met muesli, volle melk. Als we dan bij Van der Valk zaten en 's ochtends een gebakken eitje bestelden, zag je de andere ploegen verwonderd kijken: wat zijn zij in hemelsnaam aan het doen, dat kán toch helemaal niet?! Maar ja, je moet dus wel je eiwitten binnenkrijgen, en je groente. Gewoon, normaal eten. Nu is dat gemeengoed, maar dankzij Jac hadden we destijds een behoorlijke voorsprong. Ik heb dat mijn hele carrière volgehouden en doe dat nog steeds. Niet dat ik obsessief met voedsel bezig ben hoor. Gewoon een beetje normaal doen.

In het jaar dat ik Olympisch kampioen werd, zo tussen mijn negenentwintigste en dertigste, was ik op mijn sterkst. Als jonge twintiger was ik fysiek ook al heel goed. Maar gedurende het seizoen in aanloop naar de Spelen in Vancouver kwam alles samen: fysiek, mentaal, kracht. En door alle trainingsarbeid van de voorgaande jaren had ik ook de ervaring om te weten waar en wanneer ik accenten moest zetten. En dat heeft zich uitbetaald.

De laatste twee jaar van mijn carrière begon ik de slijtage te voelen. Mijn rug was echt een heikel punt. Op MRI-scans zag je gewoon schade aan één kant van het voortdurend maar linksom bochten rijden. Je laat natuurlijk enorme krachten los op je lichaam. Bij het starten bijvoorbeeld, trek je een been van twintig kilo vol door het zwaartepunt van je lichaam heen. Niet alleen je rug, maar ook de liezen en de aanhechtingen krijgen daardoor een enorme opdonder. Een halfjaar nadat ik gestopt was merkte ik dat ik bij een concert gewoon twee uur achter elkaar kon blijven staan. Door die zware beentrainingen stond daarvoor alles voortdurend onder spanning, waardoor mijn rug na een halfuur al stijf werd. Maar nu was het gewoon allemaal los.

Het standaardadvies als je stopt met topsport is dat je een halfjaar moet uittrekken om je hartspier geleidelijk af te trainen. In die periode moet je vijf à zes keer per week vrij intensief blijven trainen. Ik dacht dat ik het daarna eindelijk rustiger aan zou kunnen doen en af en toe misschien een biertje extra kon drinken. Maar toen ik overwoog te stoppen, heb ik een aantal specialisten geraadpleegd, waaronder een patholoog-anatoom. Die zei: "Niks rustig aan doen, je moet er echt voor zorgen dat je de komende tien jaar vijf keer per week blijft trainen om te voorkomen dat je weefsel verstart, zoals bij veel andere sporters, en je onherroepelijk tegen hart- en vaatziekten aanloopt." Toen dacht ik: shit, daar had ik eigenlijk geen rekening mee gehouden. Maar ik heb het wel in mijn oren geknoopt.

Na een jaar of twee was ik afgetraind. Ik heb toen wel even geworsteld met het vinden van een nieuw ritme. Toen ik dat eenmaal had, ben ik veel breder gaan krachttrainen. Bij het schaatsen is krachttraining vrijwel helemaal op de benen gefocust. Je hebt gewoon maar een beperkte hoeveelheid energie, die je zo effectief mogelijk moet inzetten om zo hard mogelijk te schaatsen. Toen dat niet meer hoefde kon ik meer full body gaan trainen: naast squatten ook deadliften, bankdrukken, military press en optrekken. Ik heb daar lang niet altijd zin in, ik doe het echt alleen om fit te blijven.

Naast krachttraining, wat ik vier tot vijf keer in de week doe, ben ik weer gaan voetballen. Dat vind ik echt heel leuk. Lekker met een groep de wei in voor een potje. Dan wil ik ook nog steeds winnen. Maar het is echt voor de lol. Verder heb ik het kitesurfen opgepakt. Gewoon, lekker in de natuur, lekker bewégen.

De verleiding om na een carrière in de topsport met een biertje op de bank te ploffen was er wel. Begrijpelijk ook. Vooral omdat het voor iedere gestopte atleet lastig is een nieuwe invulling aan het leven te geven. Als topsporter heb je altijd een einddoel en dat motiveert alles wat je doet. Maar die motivatie verdwijnt zodra het doel wegvalt. In eerste instantie denk je dan: *oh yes*, ik kan eindelijk alles doen! Lekker vrij! Ik ga met vrienden afspreken, bier drinken! De eerste jaren ging ik na de voetbaltraining op dinsdag ook gewoon vrolijk aan het bier. Ik kwam veel op bedrijfspresentaties, en daar was het ook altijd: hé Mark, haak je aan? Biertje? Dus op een zeker moment zat ik vijf dagen per week aan het bier. En van trainen kwam niet veel terecht. Ik had een baan en jongere kinderen, dus dat raakte een beetje in het slop. Maar dus wel elke avond een biertje. Toen ik dat een halfjaar gedaan had, dacht ik: dit is gewoon slappe hap, Tuitert. Dat moet anders.

Fysiek maakte het niet zo heel veel verschil. Ik was net gestopt, dus ik kon wel even vooruit. Mijn lijf was prima. Het begon vooral mentaal te knagen. Je voelt je gewoon minder blij, minder energiek, minder *gelukkig*. Ik werd een lamlendige versie van mezelf en dat trok ik uiteindelijk heel slecht.

Kijk, ik geloof echt in mijn lichaam. Ook als topsporter heb ik nooit dingen gedaan waarvan ik vermoedde dat die op de lange termijn fysiek gevaarlijk zouden zijn. Ik zou mijn gezondheid nooit op het spel zetten. Nooit! Dat geldt ook voor Helen (van Goozen, Tuiterts echtgenote, voormalig Nederlands en wereldkampioen allround bij de junioren). Dat zit gewoon ín ons.

Ik ben niet bang voor de dood. Het komt wanneer het komt. Maar zolang ik er nog ben wil ik in ieder geval gezond blijven om alles uit het leven te halen. Gewoon, om energie te hebben om met mijn kinderen te kunnen spelen, om een bedrijf te runnen, om de dingen te doen die ik tof vind. Surfen, voetballen, concerten, skiën, schaatsen, noem maar op. Ik was er al vrij snel achter dat ik een stramien moest vinden, een houvast om fit te blijven. Dat ging weer op intuïtie. Uiteindelijk ben ik op krachttraining uitgekomen. Dat vind ik niet per se heel erg leuk, maar het werkt gewoon goed voor mij. Het geeft me energie en het houdt me gezond. Dat geeft me de motivatie om het te blijven doen.

Gek genoeg voel ik me nu fitter dan toen ik nog aan topsport deed. Ik weet dat ik dat fysieke niveau nooit meer zal evenaren. Maar als topsporter hang je óf stuk getraind in de touwen, óf je loopt als een gorilla door de wereld. Terwijl het nu veel gelijkmatiger is. Het trainen is niet langer een slijtageslag. Gisteren heb ik voetbaltraining gehad en op zondag speel ik een wedstrijd. Op zaterdag ga ik vaak surfen. Op alle andere dagen doe ik aan krachttraining. En ik ga niet iedere dag tot het gaatje. Een halfuurtje, veertig minuten. Als ik het heel erg druk heb, sla ik wel eens een dagje over. Maar in principe train ik gewoon elke dag. Het was voor mij wel een eyeopener erachter te komen dat ik echt veel fitter ben als ik die regelmaat aanhoud. Toen ik nog wat minder trainde liep ik bij het voetballen sneller tegen blessures op. Dan kreeg ik wel eens een beuk op het veld en dan bewoog ik de halve week moeilijk, waardoor de rest van mijn training er dan ook bij inschoot. Sinds ik die krachtsport serieuzer neem heb ik dat veel minder.

Wat betreft voeding: daar maak ik geen wetenschap van. Ik probeer doordeweeks geen alcohol te drinken en eet gewoon drie keer per dag. Geen gekke dingen verder. Zoete aardappels, rijst, bonen, linzen. Stukje vis of vlees, hoewel we dat ook niet meer iedere dag eten. Verder begin ik de dag met kwark en muesli. Dus het blijft wel vrij eiwitrijk. Op vrijdag vind ik het hartstikke lekker een wijntje te drinken en soms op zaterdag ook nog een drankje. Dat is het wel zo'n beetje.

Als je jong bent komt gezondheid eigenlijk nogal vanzelf. Je kunt drinken en sporten, je wordt niet meteen dik. Heel veel dingen gaan gewoon automatisch op die leeftijd. Tussen je twintigste en dertigste wil je gave dingen doen: studeren, feesten, werken. Je gaat aan je carrière bouwen, dat is dan belangrijk. Vervolgens komen er kinderen. Van tevoren kun je niet weten hoe belangrijk *die* zijn, maar als je ze eenmaal hebt, staan ze ineens ferm bovenaan. Tegelijk wordt het werk dan ook belangrijker. Het is noodzakelijk om je gezin te onderhouden, om ze een dak boven het hoofd te verschaffen. Die financiële component krijgt dan extra gewicht. Dus dan heb je al twee serieuze prioriteiten in het leven. Als topsporter heb je dan misschien een voorsprong op de rest van de wereld omdat fysieke gezondheid altijd al een belangrijke waarde voor je was.

Dat je je onsterfelijk waant als je jong bent, is natuurlijk een biologisch principe. Voor het overleven van de soort is die onverschrokkenheid heel waardevol. Krijgers van twintig, eenentwintig jaar oud die onbevreesd ten strijde trekken, dat is superwaardevol. De bereidheid om risico's te nemen is een eigenschap die ons als species verder brengt. Als je van tevoren alles op een goudschaaltje weegt alvorens je een beslissing neemt, zoals we op middelbare leeftijd geneigd zijn te doen, komen we tot niks meer. Een roekeloze levensstijl hoort daar een beetje bij. Jong en onbezonnen. Alles aankunnen. Dat zie je natuurlijk ook in de topsport. Tot je dertigste kun je op het hoogste niveau mee, als je geluk hebt tot je vijfendertigste. Maar daarna kun je niet meer met de beste krijgers het strijdveld op. Dan ben je gewoon klaar en moet je je prioriteiten opnieuw definiëren.

Ik geloof sterk in een zogenoemde 'waardenhiërarchie' in het leven. Als je overal evenveel belang aan toekent, dan is uiteindelijk niks nog écht belangrijk. Waardevol suggereert per definitie een rangorde. Veel mensen moeten eerst oud en gebrekkig worden voor ze erachter komen hoe belangrijk gezondheid als waarde is. Pas wanneer ze ziek worden of bang corona op te lopen omdat hun weerstand zo slecht is, gaan ze dat dan inzien. Dat is de eerste stap. Anders ga je nooit de *effort* leveren die nodig is om fit te blijven. Het is cruciaal dat het een prominente plek in je waardenhiërarchie heeft. Want als het ergens achteraan bungelt, kun je er misschien twintig minuutjes per week voor vrijmaken. Terwijl de stelregel eigenlijk is dat je iedere tien jaar een dag extra zou moeten trainen om je gezondheid op peil te houden. Mensen onderschatten dat, maar als je tussen de veertig en vijftig bent zou je bijna iedere dag moeten trainen. Om dan ook echt fysieke arbeid te leveren, hè. Vrijblijvend een beetje bewegen is er dan niet meer bij. Nee, hup, stevig de pas erin en flink wat kilo's tillen. Anders zet het geen zoden aan de dijk. Veel mensen verkijken zich daarop. Die denken: ach ja, ik ga wat meer bewegen of één keer per week trainen. Dan ben je toch goed bezig? Maar als dat je insteek is, dan heb je wat mij betreft je prioriteiten niet op orde.

Er is onder de bevolking veel te weinig kennis over gezondheid en hoe een ongezonde levensstijl allerlei lichamelijke processen beïnvloedt die bijvoorbeeld tot kanker kunnen leiden. Weet je, ik vind een biertje of een wijntje ook lekker, maar je moet er wel van doordrongen zijn dat als je iedere dag drinkt, ook al is het maar één glas, het een langetermijneffect zal hebben. Je kunt denken dat jij degene bent die er geen last van zal hebben – eigenlijk doen we dat allemaal wel een beetje – maar dat is een *short term game for a long term payment*. We houden ons daar liever blind voor.

Natuurlijk, gezelligheid is ook wat waard. Alleen, in de voetbalkantine kom ik gasten twee keer per week tegen en elke keer gaan er zes à zeven biertjes in. Dan wordt er slap geouwehoerd. En dan denk ik: ja nou, gezellig ja. Ik ben ook geen heilige hoor. Helen is er veel strikter in dan ik. Die zegt: één glaasje wijn is ook gezellig. Terwijl, als ik een fles wijn op tafel zet, dan gaat-ie ook leeg. Het is niet perfect, niet optimaal. Ik sta het mezelf toe in de wetenschap dat ik de rest redelijk onder controle heb. Lekker leven en gezond zijn kunnen op die manier heel goed samengaan. Ze versterken elkaar. Want een glas wijn smaakt zoveel lekkerder als je jezelf eerder hebt kunnen onthouden.

Weet je, ik bekijk heel veel dingen vanuit het perspectief van een tachtigjarige. Als je zo oud bent, en het einde nadert, hoe kijk je dan terug op de keuzes die je hebt gemaakt. Ben je er dan blij mee? Of heb je dan spijt dat je het niet anders hebt gedaan. Ik maak keuzes voor de lange termijn. Op het gebied van gezondheid, maar bijvoorbeeld ook financieel. Je moet goed voor jezelf zorgen om dingen op te kunnen bouwen. Ik ben veertig geweest, word langzamerhand van middelbare leeftijd, maar ik merk er nog niet veel van. Een rimpeltje hier of daar, dat is het wel. Dat wil natuurlijk niet zeggen dat mij niets kan overkomen. Maar ik vind het leven fijn zo. Ik weet veel beter waar ik naartoe wil en waarom ik dingen doe. Ik heb nog heel veel plannen voor de toekomst.'

PENOPAUZE: DE KANARIE IN DE KOLENMIJN

Over de menopauze is decennia lang besmuikt gezwegen. De klachten die vrouwen in de overgang ervaren, kunnen ernstig en zwaar ontregelend zijn. Maar de medische wetenschap haalde er lang zijn (!) schouders over op. Niet zonder dedain werden de klachten afgedaan als 'vrouwenkwaaltjes', en de gêne daarover weerhield veel menopauzale vrouwen ervan een arts te raadplegen of lotgenoten te zoeken. Er werd in stilte geleden, in de hoop dat de opvliegers, hartkloppingen, stemmingswisselingen, slaapstoornissen, hoge bloeddruk, botontkalking, concentratieproblemen en urineverlies vanzelf zouden verdwijnen. Nogal wat vrouwen grepen bij wijze van zelfmedicatie radeloos naar de fles of de pot met valium. De Rolling Stones, niet echt in de positie om commentaar te leveren op het oneigenlijke gebruik van farmaceutica, schreven er een nummer over: *Mother's Little Helper*.

What a drag it is getting old
'Kids are different today'
I hear ev'ry mother say
Mother needs something today to calm her down
And though she's not really ill
There's a little yellow pill
She goes running for the shelter of a mother's little helper
And it helps her on her way
Gets her through her busy day

(Vrij vertaald: Wat is dat ouder worden een ellende/'Kinderen zijn niet meer als vroeger'/Hoor ik alle moeders beweren/Moeder heeft iets nodig om haar zenuwen te kalmeren/En hoewel ze niet echt ziek is/Is er een klein geel pilletje/Ze snakt naar de beschutting van moeders kleine vriendje/En het helpt haar op weg/Door de drukte van de dag)

De Stones schetsen een beeld van een huissloof, die de biefstuk laat aanbranden, zich miskend voelt door haar echtgenoot en daarom troost zoekt in de pillen. Maar pas op moeder, waarschuwen ervaringsdeskundigen Mick Jagger en Keith Richards, het gevaar van een overdosis ligt op de loer.

Pas sinds een jaar of tien is er serieuze aandacht voor de menopauze. Er worden boeken over geschreven, theatervoorstellingen over gemaakt en lijvige artikelen over gepubliceerd. Vrouwen hoeven niet meer naar de fles of de pot met valium te grijpen om verlichting te vinden, want inmiddels zijn er serieuze medische behandelingen, waaronder hormoontherapie, om de ergste overgangsklachten te bestrijden. Er zijn speciale overgangsconsulenten, menopauzespreekuren bij de huisarts of in het ziekenhuis en er is zelfs een Wereld Menopauze Dag (noteer alvast in uw agenda: 18 oktober is het weer zover). Optimaal is het nog altijd niet. Er zijn nog steeds huis- en bedrijfsartsen die overgangsklachten niet als zodanig herkennen en daarom verkeerde diagnoses stellen. Maar de menopauze is niet langer onbekend terrein.

Dat ook mannen overgangsklachten kunnen ervaren is daarentegen nog altijd een goed bewaard geheim. Eigenlijk worden er alleen neerbuigende grapjes over gemaakt. Dat in het gangbare taalgebruik alleen de ironische term 'penopauze' bekend is, is veelzeggend. Temeer omdat de ouder wordende man toch al een mikpunt van spot is. Er zullen ook niet theatervoorstellingen over de mannelijke overgang worden geschreven. Zelfs al was er belangstelling voor, zouden de zalen goeddeels leeg blijven. De gêne om een kaartje voor *De prostaatmonologen* te reserveren zou eenvoudig te groot zijn. Huiverig om toe te moeten geven dat ze aan dergelijke 'wijvenklachten' lijden – vergeeft u mijn innerlijke neanderthaler voor zijn woordkeuze – mijden veel mannen zelfs hun huisarts. Laat staan dat ze in het theater bij elkaar kruipen om zich met een lach en een traan te laten voorlichten. Ja, de ingebakken angst voor gezichtsverlies zou wel eens onze grootste vijand kunnen zijn.

Maar de mannelijke menopauze bestaat echt. En heeft zelfs een serieuze naam: andropauze. Andropauzale mannen hebben verschijnselen die overeenkomsten vertonen met klachten die vrouwen in de overgang melden. Opvliegers. Nachtelijke transpiratie-aanvallen. Osteoporose (door ontkalking brozer wordende botten). Stemmingswisselingen (lees: een kuthumeur). Depressie. Vermoeidheid en/of lusteloosheid. Geen zin in seks. Een afname in spiervolume. Ja, mannen kunnen zelfs vrouwelijke vormen aannemen. Onder invloed van hormonen verandert hun vetverdeling, waardoor ze borstvorming krijgen. De gevreesde *man boobs*.

De menopauze markeert als bekend het einde van de vrouwelijke vruchtbaarheid. De leeftijd waarop dat moment zich aandient varieert enorm. Bij één op de honderd vrouwen begint het al voor het veertigste levensjaar. Vrouwen die na hun vijftigste op natuurlijke wijze zwanger worden zijn zeldzamer, toch komt het nog regelmatig voor. Maar binnen dat leeftijdsspectrum staat als een paal boven water dat geen vrouw aan de menopauze ontkomt. De menopauze is een feit als er twaalf maanden lang geen menstruatie meer is geweest. Daarmee is er onomkeerbaar een einde gekomen aan de eisprong: de productie van rijpe eitjes. Elk meisje wordt geboren met een flinke maar eindige voorraad aan eicellen. Die komen lang niet allemaal tot rijping, desalniettemin zijn ze op gemiddeld zesenveertigjarige leeftijd schoon op. En vooral in de periode die daar aan voorafgaat, de premenopauze, treden er lichamelijke klachten op. Die worden veroorzaakt door een hormonale *reset*. De aanmaak van de vrouwelijke geslachtshormonen oestrogeen en progesteron loopt dramatisch terug. Die hormonen, oestrogeen in het bijzonder, zijn voor vrouwen wat testosteron voor mannen is. Het is het wondermiddel dat vrijwel alle facetten van de voortplanting reguleert.

Het is in de puberteit cruciaal bij de ontwikkeling van secundaire geslachtskenmerken, zoals borsten (ik wil bij dezen pleiten voor een Wereld Oestrogeen Dag!), de menstruatie en de zwangerschap. En net als bij testosteron heeft het daarnaast effect op nog veel meer lichamelijke functies. Als in de premenopauze de aanmaak van oestrogeen door de eierstokken begint te haperen en terugloopt, heeft dat dan ook een ingrijpend effect. En als die hormonale storm is uitgewoed, is het resultaat onvruchtbaarheid.

Maar wacht eens even! Waren señor Julio Iglesias sr. en Bernie Ecclestone niet ver in de tachtig toen ze nog kinderen wisten te verwekken?

Inderdaad. Jongetjes worden niet geboren met een zakje spermatozoïden waar ze het de rest van hun leven mee moeten doen. Nee, mannen kunnen hun zaad kwistig rondsproeien (dokter Frank zegt: 'Dit is misschien een wat al te plastische beeldspraak') in de wetenschap dat de voorraad nooit opraakt. Er zijn weliswaar aanwijzingen dat de kwaliteit van het sperma met het vorderen der jaren wat minder wordt, de zaadcellen worden trager en minder talrijk, en in individuele gevallen komt onvruchtbaarheid uiteraard voor. Maar anders dan bij vrouwen zit er geen genetisch bepaalde uiterste houdbaarheidsdatum op het vermogen ons voort te planten. Bij ons is er geen biologische uitknop die Moeder Natuur onverbiddelijk een keer omschakelt. Wij nemen ons laatste kwakje mee naar het graf. Er is dan ook geen sprake van een acute hormonale teruggang. Ja, de andropauze bestaat wel. Maar lang niet alle mannen krijgen er mee te maken.

Eerder zagen we al dat de aanmaak van testosteron vanaf een jaar of dertig geleidelijk begint terug te lopen. Het hormoon wordt door de zogenoemde cellen van Leydig aangemaakt in de testikels (90 procent) en in de bijnieren (de resterende 10 procent). Jongemannen van twintig hebben een voorraadje van zevenhonderd miljoen Leydigcellen. Maar dat volume slinkt vanaf die leeftijd met één cel per vier seconden. Op je vijfendertigste is de testosteronspiegel al met een paar procent gedaald, waarna die, in de decennia die volgen, gestaag blijft zakken totdat je op je tachtigste nog maar een derde van je oorspronkelijke productie haalt. Vanaf een jaar of vijftig manifesteert die teruggang zich het duidelijkst in bed. Het kan dan langer duren voor je een erectie krijgt. Die kan minder lang aanhouden na een orgasme en minder hard zijn. Anders dan op je twintigste kun je er geen ruitje meer mee intikken. Ook neemt de kracht van het orgasme af. De contracties – samentrekkingen – die bij het klaarkomen het zaad opstuwen, worden minder sterk.

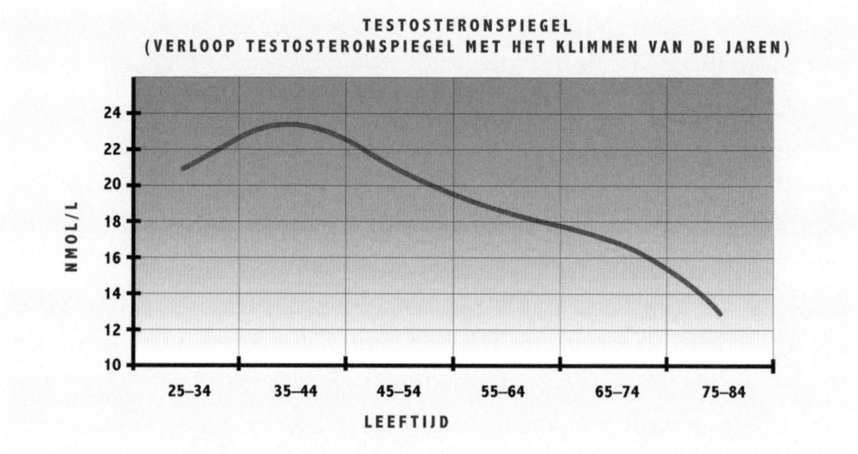

Bron: Vermeulen en Kaufman, 1995

Bij dat laatste symptoom moet ik opnieuw aan Van Kooten en De Bie denken. In hun beroemde Klisjeemannetjes-sketch schept Kees van Kooten als Haagse volksjongen op over zijn nog altijd fenomenale libido: 'Ik zal je vertellen, wij wonen driehoog hè. Als ik met die winterpeen van mijn op het *moment supriem* voor het open raam zou staan, en ik zou richten. Dan spuit ik een volwassen vent zo van z'n brommer!'

Koots geheim: verstandig eten ('goed kauwen, dat het een beetje gelijkmatig in je bloed komt'), bewust roken ('dat je nooit zomaar een beetje voor de kat z'n kont zit weg te paffen') en minder drinken.

Bij mij op het schoolplein kenden alle jongens dat komische nummer woord voor woord uit hun hoofd. Dat was voornamelijk te danken aan de inventieve opsomming van neologismen voor seks die erin voorkwam: kieren, wippen, van bil gaan, flenzen, palen, van wippenstein, pompen, een punt zetten, ketsen, pruimen op sap zetten, fleppen, in de suikerpot roeren, het roompotje peilen, een veeg geven, bonken, rolbezemen, kunstbiljarten, knarren. Nog voor wij zelf voor de eerste keer geflenst, gepaald of gerolbezemd hadden, konden we die hele trits al oplepelen. Maar ook die arme brommeraar die van zijn rijwiel wordt gespoten, stond direct in het geheugen gegrift.

Het besef dat Kees van Kooten (bij toeval?) wel eens gelijk zou kunnen hebben, kwam pas decennia later. Want als we het over de mannelijke overgang hebben, slaat het Klisjeemannetje de spijker op de kop. Wat je eet, drinkt en rookt maakt op middelbare leeftijd het verschil tussen een seksleven dat geleidelijk op een wat lager pitje komt te staan en een volledige andropauze die gepaard gaat met impotentie en het totaal wegvallen van het libido. Een volwassen man van driehoog van zijn brommer spuiten is voor mannen van middelbare leeftijd weliswaar geen vanzelfsprekendheid meer (noch wenselijk). Maar het geleidelijk doffer worden van de hormoonspiegel staat een bevredigend seksleven niet in de weg. Integendeel. Bij seks is haast doorgaans geen aanbeveling.

Pas als de testosteronwaardes onder een bepaald niveau duiken, treden er serieuze klachten op, zoals beschreven aan het begin van dit hoofdstuk. Het syndroom dat daaraan ten grondslag ligt wordt andropauze genoemd. Urologen, gespecialiseerd in aandoeningen van de urinewegen en de mannelijke geslachtsorganen, en endocrinologen spreken daarentegen liever van testosterondeficiëntie (tekort).

Dat bekt minder lekker, en de term zet een streep door de bij nader inzien wellicht wat al te gemakzuchtige analogie met de vrouwelijke overgang. Het is niet zozeer aan leeftijd gebonden, als wel aan leef*stijl*. Hoewel het met het vorderen der jaren vaker voorkomt, treedt het meestal op bij mannen die aan het metaboolsyndroom lijden. De combinatie van overgewicht, hoge bloeddruk en een voorstadium van diabetes 2, bij elkaar metaboolsyndroom genoemd, versnelt de afname van testosteron. Daarbij versterkt het zichzelf. Want bij een testosterontekort loopt de spiermassa terug, waardoor de vetmassa (relatief) toeneemt en je nog verder van huis bent. In het zogenoemde viscerale buikvet, het vet dat zich voor het blote oog onzichtbaar tussen de darmen ophoopt, zit een enzym dat testosteron omzet in het vrouwelijke hormoon oestradiol. En dat veroorzaakt menopauzale klachten én de eerder genoemde *man boobs*.

Hoge bloeddruk wordt voor het belangrijkste gedeelte door genetische aanleg veroorzaakt. Bij negen van de tien patiënten wordt geen acute oorzaak gevonden. In elk geval speelt veroudering van de bloedvaten een rol, waardoor uiteindelijk de helft van alle vijfenzestigplussers ermee te maken krijgt. Onderzoekers van de universiteit van Maastricht hebben aanwijzingen gevonden dat een bepaald eiwit een negatieve rol zou spelen bij de vernauwing van bloedvaten. Op termijn zou dat tot een behandeling kunnen leiden. Maar vooralsnog moeten we het doen met de constatering dat hypertensie, zoals het ook wel wordt genoemd, een kwestie van pech is. Maar de gevolgen ervan zijn te beïnvloeden door ons gedrag. Roken. Alcohol. Te veel zout. Te weinig lichaamsbeweging.

De effecten daarvan worden geïntensiveerd door overgewicht en ouderdomssuiker, die op hun beurt weer veroorzaakt worden door een aantal factoren uit de eerste opsomming. En die uiteindelijk dus ook de andropauze inluiden. Waarvan we dus al hadden geconstateerd dat die de lichaamssamenstelling op negatieve wijze beïnvloedt. En hoe slechter de balans tussen spieren en vet, hoe sneller je te veel eet. Want spieren verbruiken energie (calorieën), terwijl vetcellen die alleen opslaan. Testosterondeficiëntie veroorzaakt daarbij lusteloosheid en depressie, waardoor de motivatie om buiten een rondje te gaan hardlopen tot onder het nulpunt terugloopt. Dat bewegen moeilijk wordt naarmate je vetmassa toeneemt, maakt het er bepaald niet gemakkelijker op. Het is een vicieuze cirkel. Met desastreuze gevolgen voor de gezondheid en de kwaliteit van het leven.

De Zwitser-Kroatische Nobelprijswinnaar Leopold Ružička – op een blauwe maandag nog even hoogleraar organische chemie aan de universiteit van Utrecht – is in de jaren dertig van de vorige eeuw de eerste biochemicus die uit cholesterol testosteron weet te isoleren (cholesterol, nog zo'n onterecht gedemoniseerd stofje, is in het lichaam de belangrijkste bouwsteen van testosteron). Het bezorgt Ružička direct de status van rockster onder de scheikundigen. Vakgenoten over de hele wereld zijn ervan overtuigd dat testosteron de sleutel is die de eeuwige jeugd zal ontsluiten (althans, bij de man). Ružička zelf heeft andere prioriteiten: homoseksuelen 'genezen'. Het idee daarachter is dat een tekort aan mannelijke hormonen homoseksualiteit zou veroorzaken. Een curieuze opvatting, zeker voor een chemicus die zich daarvoor met groot succes toelegde op het synthetiseren van natuurlijke geurstoffen voor damesparfums.

Eerder zagen we dat psychiatrische en ontwikkelingsgestoorde patiënten in Amerika als proefkonijn dienden bij een ingrijpende studie naar het effect van testosteron op mannelijke kaalheid. In dezelfde periode voerde psychiater Hyman Barahal testosteronexperimenten uit op homoseksuele, psychotische patiënten in een psychiatrische kliniek in New York, hopende hen van hun 'aandoening' te verlossen. Na afloop van het experiment moest Barahal ietwat teleurgesteld concluderen dat zijn patiënten weliswaar zichtbaardere secundaire geslachtskenmerken (o.a. lichaamsbeharing) hadden ontwikkeld, maar dat ze daar beslist niet minder homoseksueel van waren geworden. Integendeel. Hun seksuele oriëntatie was onveranderd. En omdat het toegediende testosteron het libido van de proefkonijnen had opgekrikt, werd er bij hen een *toename* van 'homoseksuele activiteiten' geconstateerd. Je zou kunnen zeggen dat het mannelijke hormoon hen nog homoseksueler maakte. Daaruit deduceerde Barahal ietwat voorbarig en geheel ten onrechte dat homoseksualiteit een psychiatrische oorzaak zou hebben. Nog een tragische noot: de testosteronexperimenten van Hyman Barahal, een joodse Amerikaan van Russische komaf, werden tijdens WOII voortgezet door de nazi's, die er concentratiekampgevangenen voor gebruikten.

Andere wetenschappers ontdekken dat testosteron het libido ook bij heteroseksuele mannen een flinke oppepper geeft. Het lijkt in voorkomende gevallen zelfs impotentie te genezen. Daarbij blijkt het effect te hebben op lichaamssamenstelling. Testosteron helpt bij de aanmaak van spieren en bij het weg-'smelten' van vet. De *Lean Body Mass* (LBM), ofwel het vetvrije lichaamsgewicht neemt bij gebruik toe.

Onder mannen van middelbare leeftijd zou het om voornoemde redenen dan ook populairder dan Viagra moeten zijn. Ware het niet dat testosteron*suppletie* (toediening) vooral lijkt te werken bij mannen die het zelf bijna niet meer aanmaken. Het effect bij oudere heren met een natuurlijke, gezonde hormoonafname is veel minder duidelijk. Daarbij zijn de bijwerkingen op lange termijn nog niet voldoende in kaart gebracht. In de bijsluiter voor testosterongels wordt in ieder geval gewaarschuwd voor een verhoogd risico op zowel goedaardige prostaatvergroting als prostaatkanker en complicaties bij hart-, lever- en nieraandoeningen.

Bij grote overdosering staakt het lichaam na verloop van tijd de natuurlijke aanmaak van testosteron. Bij bodybuilders die te veel van de anabole steroïden (synthetische testosteronvarianten) snoepen om snel meer spiermassa te kweken, verschrompelen de ballen en treden er symptomen op die vergelijkbaar zijn met de andropauze. Geen zin in seks, depressies, lusteloosheid, broze botten et cetera.

Meer bewegen wordt bij erectieproblemen – officieel gedefinieerd als 'het voortdurend of terugkerend onvermogen een erectie die voldoende is voor seksuele activiteit te behouden' – dan ook als een veel effectievere remedie gezien. Sterker: uit wetenschappelijk onderzoek blijkt dat het de *enige* maatregel is die bijdraagt aan het verhelpen/voorkomen van erectiestoornissen. De medische onderbouwing is daarbij simpel: bewegen houdt de bloedvaten soepel en zorgt zo voor een betere circulatie, wat van cruciaal belang is voor een goeie, harde erectie. Problemen onder de gordel worden dan ook beschouwd als de kanarie in de kolenmijn voor hart- en vaatziekten; een duidelijk signaal dat er mogelijk veel meer mis is. 'Een goed seksleven is een uitstekende graadmeter voor een gezond lichaam,' aldus uroloog Herman Leliefeld. 'Niet alleen omdat het iets zegt over de kwaliteit van je bloedvaten, maar ook omdat het een aanwijzing is dat je hormonale situatie oké is. Daarnaast is het uiteraard belangrijk voor de kwaliteit van het leven.'

Dr. Herman Leliefeld is gespecialiseerd in de diagnose en behandeling van erectiestoornissen. In 1986 was hij een van de oprichters van de Nederlandse Vereniging voor Impotentie Onderzoek, dat later opging in de Nederlandse Wetenschappelijke Vereniging voor Seksuologie. Hij was verbonden aan het Laurentius-ziekenhuis in Roermond en het Sint Antonius in Nieuwegein. Na zijn pensioen was hij nog zeven jaar werkzaam bij de Andros mannenkliniek, waar hij sindsdien als adviseur aan is verbonden. En nog altijd maakt hij zich hard (ja, haha) voor de *andrologie*, het medisch specialisme dat zich specifiek op mannenkwalen richt en dus de tegenhanger van de gynaecologie genoemd kan worden. Het is een verwaarloosd vakgebied, aldus Leliefeld. Omdat het op het snijvlak van meerdere disciplines ligt, waardoor het voor veel artsen een blinde vlek is. Hierdoor eigenen maar weinig artsen zich het specifieke onderwerp toe.

'Die andrologie is een geneeskundige niche die aan heel veel facetten raakt. Urologie. Endocrinologie (hormonen). Fertiliteit (vruchtbaarheid). Diabetes. Obesitas. Hart- en vaatziekten. Maar het vereist ook speciale kennis. Daardoor wordt het door bijna niemand opgepakt. De meeste artsen zeggen: 'Het is mijn pakkie-an niet.' Neem urologen. Dat zijn ook chirurgen, en die zitten vaak in kleine vakgroepen waardoor niemand eigenlijk de tijd heeft om zich erin te verdiepen. Binnen de urologie is het vaak alleen bij grotere vakgroepen mogelijk een of twee urologen vrij te maken om zich specifiek met andrologie bezig te houden. Ik heb er al bij heel veel collega's op aangedrongen om zich er nou eens in te verdiepen. Ik heb meermaals bariatrische chirurgen (in obesitas gespecialiseerde artsen die o.a. *gastric bypasses* uitvoeren) gevraagd nou eens onderzoek te doen onder de mannelijke patiënten die van die zware maagoperaties hebben ondergaan. Maar die collega's zeggen: "Het is goed met je, wij bemoeien ons er niet mee, wij gaan door met opereren."

De patiënten zelf zijn er ook debet aan. Veel mannen accepteren hun problemen omdat ze denken dat die bij de leeftijd horen. Dat geldt voor erectiestoornissen, maar ook voor plasklachten. Ach ja, redeneren ze dan, ik word nou eenmaal een dagje ouder. Terwijl er misschien wel wat aan te doen is, waardoor de kwaliteit van leven veel hoger wordt.

Ernstiger is dat mannen die zo rond hun vijftigste een evident testosterontekort hebben niet serieus worden genomen. Laatst ook weer zo'n geval: een Amsterdamse advocaat die in verschillende ziekenhuizen is geweest en overal te horen kreeg: "Met die flauwekul bemoeien we ons niet." Terwijl patiënten er verschrikkelijk onder lijden. Ik heb mannen behandeld die huilden van blijdschap omdat ze na een zoektocht van vele jaren eindelijk weer een normaal leven hadden.

Gewoonlijk daalt het testosteron met 0,5 tot 1,4 procent per jaar. Dat maakte eigenlijk niet zoveel uit, daar de meeste mannen voldoende reserve hebben om tot hun zeventigste niet in een gebreksfase te komen. Soms gaat het wat sneller, om wat voor reden dan ook. Maar dat is in de regel niet echt een probleem. Dat wordt het wel bij bepaalde risicogroepen. Mannen die aan obesitas en/of diabetes lijden zijn de belangrijkste. Bij hen daalt het testosteron veel sneller dan je op basis van hun leeftijd mag verwachten.

Het lichaamsvet is eigenlijk het grootste orgaan dat we hebben. Groter nog dan de lever, omdat het overal zit. En het viscerale vet, dat tussen de darmen wordt opgeslagen, is daarbij een hormonaal orgaan. Daar zit een enzym in dat testosteron omzet naar oestrogeen. Dat lijdt ertoe dat je vervrouwelijkt. Maar het zendt ook een signaal naar de hypofyse, een klier in het hoofd die een belangrijke rol speelt bij de regulatie van hormonen. Dat signaal zegt: "Er is voldoende testosteron, het hoeft niet meer te worden aangemaakt."

Het is negatieve feedback. Hoe dikker je wordt, hoe meer oestrogeen je produceert, hoe groter de rem, via de hypofyse, op de testikels om testosteron te produceren. Dan krijg je geleidelijk aan vrouwelijke vormen. Bij mannen met gemetastaseerde (uitgezaaide) prostaatkanker worden om de pijn te verlichten de testikels soms verwijderd, of patiënten worden met hormonen chemisch gecastreerd. Dan zie je acuut gebeuren wat bij oudere mannen heel gradueel plaats heeft: ze feminiseren. Ze krijgen evident een grotere buikomvang, borstvorming en ook karakterologisch veranderen ze. Daarnaast ontwikkelen ze suikerziekte en botontkalking.

Vaak wordt het te laat onderkend. Omdat testosteron in het hele lichaam actief is, veroorzaakt een tekort een scala aan klachten. Wat het voor artsen weer ingewikkeld maakt. Die kunnen gemakkelijk op het verkeerde been worden gezet. Als je met vermoeidheidsklachten naar de huisarts gaat, krijg je meestal te horen dat je rustig aan moet doen en stress dient te vermijden. En als een patiënt zegt: "Ik heb verminderde erecties, geen erotische fantasieen meer en beduidend minder geslachtsgemeenschap." Dan is dat superkenmerkend voor een testosterongebrek, maar een huisarts zal geneigd zijn zo'n patiënt Viagra voor te schrijven of door te verwijzen naar een seksuoloog of uroloog. Zou de arts daarentegen de testosteronwaarden controleren en constateren dat die twee bij twee meetmomenten te laag uitpakken, dan is het meteen bingo. Dan heb je de bron meteen te pakken.

Als je daar heel lang mee wacht kan het ernstige gevolgen hebben. Er is in dat geval een verhoogde kans op hart- en vaatziekten. Mannen met een laag testosteron hebben een hogere sterftekans. Testosteron zorgt ervoor dat je bloedvaten soepel en wijd blijven, waardoor je minder kans hebt op verkalking. Als je er tijdig bij bent kun je er diabetes mee voorkomen.

Bij Andros doen we meteen ook een cardiologische check-up, omdat mannen met een erectiestoornis een veel grotere kans op hart- en vaatziekten hebben. Het heeft een voorspellende waarde. Vaak manifesteert een erectiestoornis zich twee tot vijf jaar voor het tot een hartinfarct komt. Logisch ook, want de bloedvaten in de penis zijn de dunste in ons lichaam, vergelijkbaar met die van de ogen, dan komen de *coronaire arteriën* (kransslagaderen), dan de halsslagader en ten slotte de benen. Als iemand dan stug door blijft roken, krijgt hij eerst een erectiestoornis, dan een hartinfarct, gevolgd door een beroerte waarna uiteindelijk de doorbloeding van de benen in gevaar komt, soms met amputatie tot gevolg. Zo is de cirkel rond.

Al met al is het een relatief kleine groep mannen die zich laat behandelen. Maar omdat obesitas een epidemische omvang krijgt, neemt hun aantal wel snel toe. Van alle mannen die door zwaarlijvigheid diabetes ontwikkelen, heeft 50 procent een te laag testosterongehalte.

Het eerste advies dat we patiënten geven is: pas je leefstijl aan. Dat is cruciaal. Als je wat meer op gewicht bent gaat je bloeddruk al wat naar beneden, net als je suiker. Dan kun je medicijnen gaan afbouwen, die ook allemaal bijwerkingen hebben. Bijvoorbeeld een verhoogde eetlust. Ik ben er dan ook sterk voorstander van die leefstijlverbetering als eerste aan te bevelen. Anders wordt het wel erg gemakkelijk. Dan zegt iedereen: "Ik eet en drink vrolijk verder en de testosteron doet de rest". Maar zo werkt het niet.'

DE PROSTAATCLUB

Een aantal van mijn oude muziekvrienden heeft zich verenigd in een groepsapp. Daarin worden tips voor concerten of festivals uitgewisseld en zo nu en dan doet iemand een oproep om gezamenlijk een biertje te gaan drinken. Zo'n voorstel wordt doorgaans met luid gejuich onthaald (voor zover je op WhatsApp luid kunt juichen, natuurlijk). Maar hoe dichter de datum van onze afspraak nadert, hoe meer afzeggingen er binnen beginnen te eh... druppelen. Want werk. Kinderen. Mantelzorg. Of een van de vele andere verplichtingen waar je als man van zekere leeftijd nou eenmaal aan ten prooi valt. De wens om ouderwets uit te gaan is er nog wel. Alleen gaat het allemaal niet meer zo gemakkelijk.

De naam van onze groepsapp: De prostaatclub.

Het is een naam die door zelfspot is ingegeven. Wij zijn geen van allen de jongsten meer, en wat symboliseert de mannelijke vergankelijkheid beter dan dat mysterieuze, walnootvormige orgaantje dat zich in het duister achter de anus en onder de blaas schuilhoudt. Waar de klier – want dat is het – voor dient, is een weetje dat maar weinig jonge mannen uit het blote hoofd kunnen oplepelen. Pas als de prostaat begint op te spelen, begint-ie zichtbaar te worden. Althans, in overdrachtelijke zin. Want hij zit natuurlijk op een plek waar de zon niet schijnt. Daarom is het vooral een zwaard van Damocles dat dreigend boven ons hoofd hangt. We associëren het met gênante ouwemannenklachten zonder te weten wat het is, waar het voor dient en wat er mee kan misgaan. Alsof de prostaat niets anders is dan een soort kraanleertje dat op enig moment versleten raakt, waarna het grote druppelen, lekken, sijpelen en vloeien kan beginnen.

Daarom eerst een korte beginnerscursus prostaatkunde.

De prostaat, ook wel voorstanderklier genoemd, is een bescheiden orgaan dat vlak onder de blaas in de buikholte zit. De urinebuis en de zaadleiders lopen er dwars doorheen. Als mannen klaarkomen krijgen zij, als het goed is, een zaadlozing. Dat is een wat misleidende naam, want maar 1 tot 3 procent van het ejaculaat (in de volksmond: het kwakje) bestaat uit zaadcellen. De rest is zaadvocht, een vloeistof waarin de spermatozoïden meeliften. Pas als zaadcellen en -vocht samenkomen, spreekt men dan ook van sperma. Het zaadvocht wordt aangemaakt door de prostaat en opgeslagen in de zaadblaasjes, twee dunwandige holtes die tegen de prostaat aan liggen. Bij een orgasme stuwen de bekkenbodemspieren rond de penis het sperma met kracht door de urinebuis naar buiten. En het zaadvocht is verrijkt met allerlei hulpstoffen die een succesvolle voortplanting moeten vergemakkelijken, waaronder – geinig weetje – *fructose*. Inderdaad: vruchtensuiker. Dat zou aanleiding kunnen zijn voor een snedige milkshakegrap, maar misschien kunnen we die beter achterwege laten.

Dat ondergewaardeerde en zelfs gedemoniseerde kliertje is dus ongemerkt onze beste vriend. Voordat het begint op te spelen, meestal vanaf een jaar of vijftig, hebben we er zeker 35 jaar plezier van gehad. Zonder prostaat zou klaarkomen een futloze aangelegenheid zijn, waardoor niemand nog seks zou hebben en de menselijke soort op zou houden te bestaan. Daarmee zou je het het belangrijkste mannelijke orgaan kunnen noemen. De prostaat is geen kraanleertje. Nee, zónder prostaat is de penis niets anders dan een kraantje om urine af te voeren. Daarbij kunnen homoseksuele en avontuurlijke heteroseksuele mannen getuigen dat de prostaat van zichzelf een gevoelig seksueel orgaan is, dat – ik meld het er volledigheidshalve maar even bij – anaal gestimuleerd kan worden.

Kortom: hoog tijd voor rehabilitatie.

Maar goed, tegenover al het plezier dat de prostaat een man kan verschaffen, staat met het vorderen der jaren dus ook een hoop (potentieel) ongemak. In het ergste geval zelfs met dodelijk afloop.

De gênante, relatief onschuldige ellende begint met de vergroting van de prostaat. De directe oorzaak is niet helemaal duidelijk. In elk geval is het leeftijdgerelateerd en speelt de omzetting van testosteron naar DHT (dihydrostestosteron) een rol. De prostaat wordt minder soepel en zet uit, waardoor de urinebuis, die er zoals we gezien hebben doorheen loopt, wordt afgeknepen. Dat resulteert in de gevreesde plasklachten. Waar je als twintiger nog het glazuur van de pot plaste, resteert er 35 jaar later een miezerig straaltje. Een vergrote prostaat kan het gevoel geven dat de blaas nooit helemaal leeg is en eindeloos 'nadruppelen' veroorzaken. Ongemakkelijk, maar eenvoudig te behandelen met dezelfde middelen die worden gebruikt om mannelijke kaalhoofdigheid tot staan te brengen.

Maar ook bij prostaatbehandelingen is het gebruik van DHT-remmers als finasteride en dustasteride niet onomstreden. Uroloog Leliefeld: 'Het helpt ontegenzeggelijk bij het verkleinen van de prostaat. Maar bij de behandeling met finasteride wordt vaak vergeten dat DHT op allerlei organen een heel duidelijk effect heeft. Seksuele disfunctie ligt bij gebruik op de loer. Je penis kan er kleiner van worden. Je kunt erectie- en libidostoornissen krijgen. Zelfs depressies. Ik schrijf het niet meer voor. Hooguit aan mannen van boven de 65 die grondig zijn voorgelicht over de eventuele bijwerkingen. Ik krijg patiënten van die leeftijd op mijn spreekuur die zeggen: "Nou, ik heb er volop van genoten hoor, ik vind het niet erg om er afscheid van te moeten nemen. Het is mooi geweest." Ik ben zelf van mening dat 65 nog een beetje jong is om al afscheid van je seksuele leven te nemen. Maar als arts ga ik niet in dat potje roeren: als een patiënt daar content mee is, dan ga ik geen therapieën voorschrijven. Tegelijkertijd is het een fabeltje dat mannen van boven de 70 geen geslachtsgemeenschap meer hebben. Het neemt met de jaren af. Maar zeker 40 tot 50 procent krijgt nog gewoon erecties en heeft nog seks.'

De symptomen die optreden bij een goedaardige prostaatvergroting, zijn ongeveer dezelfde als die bij prostaat*kanker*. En dat is bij mannen de meest voorkomende oncologische aandoening. Sterker: als je maar oud genoeg wordt, kom je vanzelf een keer aan de beurt. Tachtig procent van alle tachtigjarigen heeft prostaatkanker. In de ranglijst van doodsoorzaken bij vijfenzestigplussers staat het op de tiende plaats. Bij mannen vanaf 45 jaar is het, na huidkanker, de meeste frequente vorm van kanker. Zo'n 5 procent van alle mannen zal er op termijn aan overlijden.

Maar paradoxaal genoeg kun je er ook heel oud mee worden. Er zijn namelijk twee vormen van prostaatkanker. Een agressieve, snelgroeiende variant die al binnen een paar jaar terminaal kan zijn. En een goedmoedige schildpadvariant die je vaak meeneemt naar je graf zónder eraan te sterven. Vaak wordt de ziekte voordien niet eens opgemerkt. Prostaatkanker wordt regelmatig pas gediagnosticeerd nadat een man op hoge leeftijd aan een ándere kwaal is overleden. Terwijl een behandeling aan prostaatkanker zeer ingrijpend is en complicaties kan hebben die een enorme wissel op het levensgeluk trekken. Tot enkele jaren terug werd prostaatkanker, zowel de agressieve als de goedmoedige variant, met operaties en/of bestraling behandeld. Vooral de operatieve verwijdering van tumorweefsel had ernstige bijeffecten. Ruim 70 procent van alle mannen die op de operatietafel terechtkwamen, hield daar blijvende impotentie aan over. Nog eens 10 procent werd incontinent. De prostaat, klein als hij is, ligt ingeklemd tussen allerlei gevoelige organen, en een verkeerde zenuw is zo geraakt. Leliefeld: 'Bij de prostaat loopt een nauwe vaatzenuwbundel naar de penis, en als de prostaat wordt verwijderd dan sneuvelt die vaak. En als die prostaat iets buiten zijn grenzen is gegroeid, gaat die zenuw zeker mee. Met impotentie tot gevolg. Hoe vroeger mannen voor diagnose komen, hoe beter je die bundels kunt sparen. Maar het valt niet altijd mee.'

Als impotentie de prijs is die je moet betalen om een vroege dood te voorkomen, is dat al erg genoeg. Maar als het het resultaat is van een behandeling voor een aandoening waar je nooit ziek van wordt, is het ronduit rampzalig.

Tegenwoordig gaat de medische stand dan ook iets omzichtiger te werk. Bij ongeveer de helft van alle prostaatkankerpatiënten wordt niet langer direct ingegrepen. In plaats daarvan wordt het verloop van de aandoening nauwlettend in de gaten gehouden. *Active surveillance*, wordt dat genoemd. Met als doel pas tot behandeling over te gaan als de ziekte een levensbedreigend karakter krijgt. In ernstige gevallen wordt de prostaat in z'n geheel verwijderd of middels chemische castratie onklaar gemaakt. Door het bijna volledig wegvallen van testosteron treedt er in dat geval acute impotentie op.

Prostaataandoeningen, waaronder -kanker, kunnen zichtbaar worden gemaakt door de waarden van een bepaald eiwit in het bloed te meten. Dit Prostaat Specifiek Antigeen (PSA) wordt ook door een gezonde prostaat aangemaakt, maar bij problemen neemt de hoeveelheid PSA doorgaans toe. Doorslaggevend is zo'n test niet, maar een betrouwbare indicatie is het wel. Zij het vooral van de trage, rustige variant. Wat de vraag rechtvaardigt of je het eigenlijk wel moet willen weten als je aan een vorm van kanker lijdt die eigenlijk geen voelbare symptomen heeft en waar je dus heel oud mee kunt worden. Het idee dat je met kanker leeft is voor iedere patiënt psychologisch een zware dobber die alle facetten van het leven beïnvloedt. Anderzijds kan een PSA-test ook zorgen wegnemen. Wie onder een bepaalde waarde test, kan ervan uitgaan dat hij de daaropvolgende tien jaar géén prostaatkanker zal ontwikkelen.

To test or not to test, that's the question.
Herman Leliefeld: 'Om te beginnen moet ik zeggen dat zowel de Nederlandse Vereniging voor Urologie als het Huisartsen Genootschap tégen screening zijn. Want daar heb je het eigenlijk over. Het gaat om meer dan die PSA-test alleen. Maar screenen is een vies woord in Nederland; wij zijn hier doorgaans erg gekant tegen screening. Er wordt beweerd dat de winst te gering is. Maar de Duitse urologenvereniging is sterk vóór. En ik heb het idee dat de opvattingen erover hier ook wat aan het kantelen zijn. Want er is wel wat aan de hand hoor. Jaarlijks sterven er drieduizend Nederlandse mannen aan prostaatkanker.

De melanoom (huidkanker) is de meest frequente kankervorm, maar goed te behandelen. Daarna komen respectievelijk borst- en longkanker. Vervolgens prostaat- en darmkanker. En nou komt het: op borst- en darmkanker wordt actief gescreend. Maar op prostaatkanker niet, terwijl dat vaker voorkomt dan darmkanker.

Kijk, het is natuurlijk waar dat vrijwel alle mannen op een zeker moment prostaatkanker krijgen. Maar wat mij betreft is dat geen reden om te zeggen: doe er maar niets aan, je moet er gewoon maar mee leven. Er spelen allerlei factoren mee die belangrijk zijn bij die afweging: leeftijd, PSA-waarden, voorgeschiedenis. Als het in de familie voorkomt moet je echt opletten. En zwarte mannen hebben bijvoorbeeld ook een verhoogde kans.

Enfin, dan doe je onderzoek met de vinger, het beroemde rectaal toucher, om te kijken of je wat voelt. Daarna een PSA-test en een echo van de prostaat. Daarna beslis je of je tot een MRI overgaat. Dat is enkele jaren geleden uitgevonden door professor Barentsz van het Raboudumc. Met die MRI kunnen we prostaatkanker in vijf graden onderscheiden. Graad een en twee zijn latent en dus ongevaarlijk, drie is dubieus en vereist *active surveillance*, terwijl graad vier en vijf echt foute boel zijn. Dat is de grote winst. Ik zeg nu vaak: de kwaden moeten onder de goeden lijden. Terwijl we gewoon subtieler te werk moeten gaan. Screenen betekent niet automatisch dat je meteen het scalpel tevoorschijn haalt.

'Illustratief het verhaal van Rob Trip, de nieuwslezer. Die liet zijn PSA-waarden al een paar jaar preventief meten, en toen daar ineens een verhoogde waarde uitkwam heeft hij, ondanks de terughoudendheid van zijn huisarts, geëist dat hij meteen op prostaatkanker zou worden onderzocht. Alleen daarom kon hij nog net op tijd genezend worden geopereerd. En ik ken inmiddels veel van dat soort verhalen. Terwijl sterven aan prostaatkanker echt een ellendige, pijnlijke dood is.'

Prostatitis

Dokter Frank: Uitgerekend net nadat ik naar Qatar was verhuisd, kreeg ik op een avond een stekende pijn in mijn onderbuik, die gepaard ging met een voortdurende aandrang om te plassen (wat overigens ook pijn deed). In eerste instantie dacht ik aan een blaasontsteking. En als arts sla je dan aan het doe-het-zelven. Ik onderzocht mijn eigen urine op tekenen van ontsteking, maar vond niks. De klachten hielden niettemin aan. Vooral op het werk was het lastig dat ik voortdurend naar de wc moest rennen. 's Avonds werd ik ook ziek. Ik kreeg koorts en voor het eerst van mijn leven ging ik de volgende dag niet werken. Een collega, internist, adviseerde om heel veel te drinken, bij voorkeur 'aangezuurde dranken'. Het kostte inmiddels moeite om mijn plas op te houden, dus ik moest nu echt sprinten om op tijd bij de wc te zijn. De klachten bleven onveranderd, dus ik ben maar aan de antibiotica gegaan. Dat leek aanvankelijk te werken. Maar na vijf dagen was de kuur afgelopen en kwamen de klachten direct terug. Drie kuren verder ging ik op verlof in Nederland bij mijn huisarts langs. Die vond het allemaal lang duren en dacht al aan *prostatitis,* maar adviseerde toch het nog even aan te zien.

Terug in Qatar ging ik na zes weken tobben – ja, zelfs artsen lijden aan uitstelgedrag – toch maar naar de uroloog, die de mogelijkheid van prostatitis bevestigde. Na een rectaal toucher (voor een arts altijd nuttig om ook eens aan de andere kant te staan) en een PSA-test, kon ik met een recept voor nog drie weken antibiotica weer vertrekken. Na negen weken was ik terug, inmiddels ten einde raad. Een collega was ervan overtuigd dat het prostatitis moest zijn en dat ik onmiddellijk met antibiotica moest stoppen. Hij gaf me een homeopathisch middel tegen prostaatvergroting. Daar begon ik met de nodige scepsis aan. Als allopatisch arts heb ik geen ervaring met homeopathie. Maar verrek, na drie dagen ebden de klachten weg, om nooit meer terug te komen. Saillant detail tot slot: in dezelfde periode had mijn broer ook prostatitis. Toeval, of toch een genetisch bepaalde gevoeligheid?

SEKS: BLAUWE PILLEN OP HET NACHTKASTJE

Toen ik zeventien was speelde ik met mijn toenmalige punkbandje in een gekraakte school. Zoals wel vaker het geval was, bleven we na afloop slapen. De volgende ochtend zwierf ik met een behoorlijke kater door het gebouw op zoek naar koffie, toen ik achter de geopende deur van een van de klaslokalen twee krakers voor een klein tv'tje zag zitten, waarop ze een nogal gruizig ogende pornofilm bekeken. Het liet ze tamelijk onaangedaan, vermoedelijk omdat ze er een ontbijtjointje bij hadden opgestoken. Maar bij mij kwam het als een vuistslag aan. Het was voor het eerst dat ik bewegende pornografie zag. Voor de duidelijkheid: we hebben het over de late jaren tachtig. Porno werd alleen in seksshops en geselecteerde benzinestations verkocht. Soms vonden we in het bos of in vuilnisbakken 'beduimelde' seksboekjes, waarin expliciete porno was afgebeeld. Maar nooit eerder had ik twee mensen daadwerkelijk seks zien hebben.

Het is wat gênant om het zo op te schrijven. Het wekt de suggestie dat het het meest opwindende is dat ik ooit op seksueel gebied meemaakte. Dat zou nogal sneu zijn, en bovendien onrecht doen aan de vrouwen in mijn leven. Desondanks staat de anekdote in mijn geheugen gegrift en kan ik alle details nog terughalen. Het ochtendlicht dat door de grote ramen van het klaslokaal naarbinnen viel, twee pluizige gasten in kleermakerszit voor die draagbare kleuren-tv, de roze vleesschotel die erop werd geserveerd. Maar vooral het gevoel van – de lezer vergeve mij de directheid – totale geilheid die mij op dat moment overviel. Het moet de even onverwachte als onbekende visuele prikkel zijn geweest die de hormonen op tilt deed slaan. De prille seksuele ervaringen die ik tot dan toe had opgedaan, werden gekleurd door onervarenheid en schroom. Seks was een wederzijdse verkenning van nog onbekende grenzen. Of om *Star Trek* te parafraseren: *We boldy went where no man's went before*. Maar dat pornoduo op tv had alle schroom al lang geleden van zich afgeworpen en ging er onbekommerd tegenaan. Beneveld door opwinding ging ik naast de krakers zitten, waarna ik niet meer op durfde te staan, bevreesd als ik was dat iedereen aan mijn broek kon zien dat de film mij niet onberoerd liet. Een treffende metafoor voor het puberleven, al zeg ik het zelf.

Een kleine veertig jaar later is mijn seksleven een stuk bevredigender dan toen, dank u wel, en er liggen nog altijd geen blauwe pillen op mijn nachtkastje. Op seksueel gebied is er geen reden tot klagen. Niettemin vraag ik mij wel eens af waar dat vermogen om van het ene moment op het andere overspoeld te worden door opwinding toch is gebleven. En of er onvermijdelijk een moment komt waarop seks helemaal geen rol meer in je leven speelt.

Het is niet een heel gekke gedachte. Seks, hoe prettig ook, heeft in eerste instantie geen recreatieve functie. Het primaire doel is voortplanting. Dat we het prettig vinden is een evolutionair ontwikkelde prikkel, net als honger of dorst, die ervoor moet zorgdragen dat we 'het' ook daadwerkelijk doen. Pas in de jaren zestig, toen anticonceptie, de pil in het bijzonder, voor het grote publiek beschikbaar kwam, konden we het ons veroorloven een en ander van elkaar te scheiden. Maar dat die prikkel afneemt als je een leeftijd bereikt waarop voortplanting niet meer aan de orde is, lijkt logisch. Mannen kunnen zich met een beetje geluk weliswaar tot aan het einde van hun leven succesvol voortplanten, maar tenzij je Mick Jagger of Julio Iglesias senior heet, wordt de kans dat je daar ook in slaagt met het vorderen der jaren steeds kleiner. Jonge, vruchtbare vrouwen vallen in de regel nou eenmaal op jonge, viriele mannen. En geef ze eens ongelijk.

Toch lijkt die koppeling niet op te gaan. Er zijn vrouwen die na de menopauze de handdoek in de ring gooien. Maar er zijn er ook die na hun vruchtbare leven juist méér zin in seks krijgen, juist omdat de zorgen over eventuele zwangerschappen, anticonceptie en ongesteldheid voorgoed verleden tijd zijn. In het gesneuvelde VPRO-programma *Mondo* zei de van oorsprong Tunesische Kaouthar Darmoni, directeur van kennisinstituut Atria, over de vrouwen in haar geboorteland: 'Daar wáchten ze op de menopauze. Dan hoeven ze geen voorbehoedmiddelen, kunnen ze meer niet zwanger worden. Bij vrouwen gaat het testosteron na de menopauze omhoog, waardoor ze meer zin in seks krijgen. Het grootste probleem daarbij zijn de heren: *they don't keep up with it*. Daar hebben ze een mooi systeem op gevonden: vrouwen worden seksueel doodverklaard, alsof ze in een erotisch coma liggen, alleen omdat mannen geen erectie meer kunnen krijgen. Het is een mánnelijk probleem.'

De werkelijkheid ligt vermoedelijk iets genuanceerder, want bij een deel van ouder wordende vrouwen gaat de overgang gepaard met lichamelijke klachten die erin resulteren dat seks minder of zelfs helemaal niet meer als prettig wordt ervaren. Een aantal van hen kampt na de menopauze met een slechter doorbloede vagina, vergelijkbaar met impotentie, of vaginale droogte. Dat gaat vanzelf. Daar hebben ze geen man voor nodig.

Desondanks krijgt Darmoni in zekere zin bijval van de vooraanstaande seksuoloog, huisarts en hoofdredacteur van het *Tijdschrift voor Seksuologie* dr. Peter Leusink: 'Ik zie het in mijn spreekkamer. Op middelbare leeftijd worden mannen tobberig. Vaak loopt de relatie niet meer zo soepel, en de seks ook niet meer zo. Dan komen ze bij mij met de vraag: "Ligt het aan mijn bloeddruk, dokter, dat de seks niet meer gaat? Of aan de medicijnen? En oh ja, kunt u misschien mijn PSA nog opmeten, want ik heb moeite met plassen, dus waarschijnlijk is er ook iets met mijn prostaat." Je komt van het ene verhaal in het andere. Anders dan vrouwen zoeken mannen niet zo snel hulp. Ze gaan klachten stapelen. Áls ze dan komen, rolt alles er in een keer uit.'

Serieuze erectie- en libidoproblemen zijn, zoals we hebben gezien, het resultaat van een dramatisch gedaalde testosteronproductie, die gepaard gaat, en in de meeste gevallen wordt *verergerd,* door gerelateerde medische klachten. De rol van testosteron is weliswaar nog niet volledig doorgrond, want er zijn mannen die ondanks een lage testosteronspiegel in bed toch hun mannetje staan. Maar alles wat in het penopauzehoofdstuk ter sprake is gekomen –'leeggelopen' bijballen, overgewicht, gebrek aan beweging et cetera – is moordend voor het seksleven. Daarbij kan het dus ook een alarmsignaal zijn dat op hart- en vaatziekten kan wijzen.

Toch kunnen ook gezonde mannen met het verstrijken der jaren te maken krijgen met een zekere futloosheid in bed. Zelfs als het testosteronniveau niet dramatisch keldert, neemt het iedere jaar toch wat verder af, waardoor je niet meer zo snel oververhit raakt als op je zeventiende. En misschien is dat maar goed ook. Oversekste pubers zijn al erg genoeg, maar oversekste kerels van middelbare leeftijd zijn ondraaglijk. Het grootste probleem daarbij is dat mannen zich onvoldoende bewust zijn van die veranderingen en zich veel meer zorgen gaan maken dan strikt noodzakelijk. En zorgen over de eigen bedprestaties, dat hoef ik geen man uit te leggen, zijn de beste voorspeller van tegenvallende bedprestaties. Het is een selffulfilling prophecy.

Peter Leusing: 'Vaak hebben mannen zichzelf al gediagnosticeerd als ze bij mij komen: ik bén impotent, ik héb prostaatkanker. Terwijl dat helemaal niet zo hoeft te zijn. Wat betreft impotentie: als mannen wat ouder worden, hebben ze wel eens dat de erectie niet meer zo hard wordt of niet zolang stijf blijft als vroeger. Maar dat wil niet zeggen dat ze impotent zijn. Ik spreek zelf liever van erectiezwakte. Nou ja, dan héb je een keer een erectiezwakte. Dat gebeurt iedereen wel eens. Kijk, vroeger was je afhankelijk van visuele prikkels: het mooie lichaam van je partner, porno op internet, of weet ik veel. Dan werd je wat sneller opgewonden. Maar als je ouder wordt ben je afhankelijk van andere prikkels. Dan moet je penis meer gestimuleerd worden met de hand of mond. Daar moet je dan iets voor doen. Het hele idee van spontane seks, dat het vanzelf komt, dat moet op de schop En als dat eenmaal lukt en je die erectiezwakte weet te relativeren, dan hebben ze er uiteindelijk wel weer oren naar.

Je moet mannen wel serieus nemen. Kijk, ik heb de mazzel dat ik met mijn 55 jaar zelf wat ouder ben. Ik kan me voorstellen dat het toch een stuk lastiger is als je je verhaal moet doen aan een vrouwelijke huisarts van 32 die een consult van tien minuten heeft ingeboekt. Je moet er tijd voor uittrekken. Je gaat wat onderzoek doen, meet de bloeddruk en het cholesterol. Dan gaan we het over het gewicht hebben en komen we vanzelf uit bij testosteron. Als je mannen daarin meeneemt blijkt het vaak toch allemaal mee te vallen en kun je dat ándere verhaal vertellen. Die seksualiteit verandert gewoon. Dat is een gegeven en heeft niet per se een lichamelijke oorzaak. Het vereist wel een andere mindset voor hoe je met seks omgaat.

Voordat mannen met hun klachten naar de huisarts gaan, hebben ze zelf al heel veel geprobeerd, geloof me. Ze hebben op internet al van alles gelezen en oplossingen gezocht. Ik vind dat prima, maar wil wel weten: welke pagina's heb je dan bezocht. Dan hebben ze bijvoorbeeld online Kamgara (een Viagra-achtig erectiemiddel) gekocht. Daarvan weet je nooit of het echt is, of de werkzame stof er ook echt in zit. Ik moet eerlijk zeggen: in 70 procent van de gevallen is het flauwekul. Ik snap die zoektocht wel, ga dat ook niet veroordelen. Maar ik leg ze wel uit: "Je bent alleen maar bezig met of hij het doet of niet. Hij *moet* stijf worden. Het *moet* lukken. Ik *moet* haar een orgasme kunnen geven." Ik zeg dan: hou nou eens op met dat presteren. Kijk nou eerst eens wat verder. Vind je haar nog leuk? Hebben jullie plezier met elkaar? Zoenen jullie nog? Hebben jullie tijd voor elkaar? Kun je haar klaar maken? En hoe dan? Zij komt klaar door stimulatie van de clitoris. En als jouw vrouw ook van middelbare leeftijd is, duurt het misschien langer dan vroeger voor ze vochtig is. Ook zij heeft meer tijd nodig.

Kijk, het is ook faalangst, hè. Zo'n man denkt dat hij als dertigjarige moet presteren. En als dat niet lukt, is hij bang dat hij in haar ogen tekortschiet. Maar dat spreekt hij natuurlijk niet uit. Hij gaat alleen harder zijn best doen. Met onvermijdelijk averechts effect. Als je denkt: oh jee, als-ie maar niet slap wordt, ben je al weg. Dat is niet opwindend.

Seks werkt door prikkels. Je moet ontspannen zijn en die opwinding voelen. Een erectie is een uiting van die opwinding. Die is er niet zomaar. Je moet eerst geil worden. Als je zestien bent gaat dat onmiddellijk samen, maar als je ouder bent verdwijnt die connectie. Of dat puur met testosteron heeft te maken is een discussie waar we nog lang niet uit zijn. Je testosteron gaat ook omhoog áls je seks hebt. Dus het wordt een kip-of-ei-verhaal: komt het allemaal wat trager op gang omdat je testosteron te laag is, of daalt je testosteron omdat je geen seks meer hebt? Het is ook niet zo dat het allemaal vanzelf gaat met een snufje extra testosteron. Natuurlijk moet je zorgen dat het op peil blijft. Dus mannen: val af en ga bewegen, zorg dat je dat buikje niet krijgt, want als je testosteron te laag is kun je porno kijken wat je wilt, enzovoort. Niettemin zul je toch die prikkel nodig hebben en je moet het nog steeds gezellig en intiem maken met je partner.

Dat is ook de reden waarom ik geen voorstander ben van het zomaar voorschrijven van Viagra. Ik vind dat bij die pil een praatje hoort. Dat je de moeite moet doen om te vragen hoe het thuis gaat en je de tijd neemt om uit te leggen hoe zo'n pil nou werkt. Je wordt er niet geil van, wat veel mannen denken. Het is niet zo dat als je die pil slikt je na een halfuur een stijve krijgt, zo van: ik ben er klaar voor schat, zullen we? Het versterkt alleen een al ontstane erectie, dus je hebt wel prikkels en stimulatie nodig. Je zult nog steeds op zoek moeten naar hoe je elkaar opwindt. Als je dán een erectie krijgt, wordt-ie harder en houdt-ie langer aan.

Dat de seksuele behoeften van partners uit de pas lopen is een van de meest voorkomende problemen. Maar dat zie je al bij dertigers. De clou is vaak dat de man eerder geil wordt dan de vrouw, omdat hij veel meer reageert op visuele prikkels. Hij krijgt onmiddellijk een erectie en denkt: oh, daar moet ik iets mee! Maar op het moment dat hij daar werk van gaat maken, begínt zij pas. Het is in eerste instantie meer een afstemmingsverhaal.

Op latere leeftijd komt daar bij dat het bij de vrouw ook allemaal wat trager wordt. Het vochtig worden van de vagina komt door het zwellen van de clitoris. Dat is eigenlijk hetzelfde orgaan als de penis. Het is een zwellichaam, en na de overgang heeft dat wat langer de tijd nodig. Dan krijg je dat hij bang is zijn erectie te verliezen en daarom onmiddellijk wil neuken, terwijl zij nog niet vochtig genoeg is. Ook dat is een afstemmingsverhaal. Dan zegt zij: je moet mij nog even helpen; vingeren of likken. Hij is dan bang dat-ie niet stijf blijft en dan komt er gedoe en moet er gepraat worden. Dat is nooit goed tijdens seks. Dat moet je ervóór of erna doen, maar nooit tijdens. Dan raak je gefrustreerd.

Zo ontstaat er een vicieuze cirkel, waarbij de man er vaak de brui aan geeft. Dan wordt hij faalangstig en neemt geen initiatief meer. Vrouwen van oudere generaties waren dat sowieso al niet gewend, dus dan komt de klad erin. En voor seks geldt: *use it or lose it*.

Het probleem is dat seks bij langdurige partners vaak een script is, een vorm van evenwicht die je moet zien te behouden. Mensen denken dat alles moet blijven zoals het was. Maar als het lichaam ouder wordt, moet de seks mee veranderen. Als je ouder wordt, is het vanzelfsprekend dat je allerlei aanpassingen doet. We gaan anders sporten, veranderen onze eetgewoonten, alleen bij seks gaan we ervan uit dat alles bij het oude blijft. Het lichaam van een zestienjarige reageert nu eenmaal anders dan dat van een tachtigjarige. Dat is fysiologie. Dat is de natuur. Die gevoeligheid voor visuele prikkels dooft gewoon uit. Daarom staan er ook zoveel filmpjes op Pornhub: je wilt steeds op zoek naar nieuwe prikkels. Je hoort mij ook nooit zeggen dat alles psychisch of relationeel is. Het grijpt altijd in elkaar.

Een collega van mij, Bert-Jan de Boer, heeft een groot onderzoek gedaan naar de verhouding tussen lichamelijke, psychische en sociale oorzaken van erectiele disfunctie. De conclusie was dat het gelijkelijk in drieën verdeeld is. Echt somatisch is de man met prostaatkanker. Daar wordt bij het verwijderen van de prostaat een zenuw doorgesneden die een erectie mogelijk maakt. Dat is gewoon een slechtnieuwsgesprek. Maar je hebt ook mannen die een hartinfarct hebben gehad en die wat druk op de borst voelen tijdens het vrijen. Dan zegt zijn partner: laten we er maar mee ophouden, want wie weet krijg je weer een infarct. Zo'n man krijgt dan last van faalangst. Terwijl mannen die een infarct hebben gehad, rustig weer kunnen vrijen.

Uiteindelijk zijn veel oorzaken toch met elkaar verweven. Kijk, als ik zo'n metabole man op het spreekuur krijg, dan weet ik eigenlijk al dat de seks er niet vanaf knalt. Zij baalt ervan dat hij overgewicht heeft, hij baalt van haar. Dan zoek je niet meer naar plezier met elkaar. Als zo'n man bij mij komt zeg ik: oké, we kunnen nu testosteron prikken, misschien is dat een oorzaak. Maar als ik je nu suppletie geef, terwijl jullie allebei op de bank blijven hangen, dan gebeurt er natuurlijk niks. Je moet er wel wat van maken.

Kijk, als je als zeventigjarige nog seks wilt hebben, dan kan dat. Maar je moet er wel iets voor doen. Beweging is daarbij ook van levensbelang. Dat is een van de weinige dingen die een erectieprobleem echt verbeteren. Dat doembeeld van die teruglopende testosteron kom je nog heel veel tegen. Maar als je gezonde proefpersonen uit een onderzoeksgroep haalt, zie je dat het testosteronniveau van mannen met overgewicht en metaboolsyndroom inderdaad dramatisch zakt, terwijl die gezonde mannen tot hun tachtigste een mooie vlakke lijn laten zien.'

Mocht het bovenstaande nu de indruk wekken dat het op middelbare leeftijd onvermijdelijk tobben wordt in bed: uit onderzoek van de Rutgersstichting uit 2017 blijkt dat 'ouderen' er nog wel pap van lusten. Van de vijfenvijftig- tot zeventigjarigen bleek – jawel! – 69 *procent* in het halfjaar voorafgaand aan het onderzoek seks te hebben gehad. Ongeveer een kwart van de zeventigplussers verklaarde nog minstens een keer per week de liefde te bedrijven.

Een heerlijke ouwe dag, net wat u zegt.

BEWEGEN, OF DE PANDEMIE VAN HET ZITTEN

Lyndon B. Johnson, de politicus die in 1963 na de moord op John F. Kennedy president van de Verenigde Staten werd, groeide op in een dunbevolkt, achtergebleven deel van Texas. Omdat de boerderijen er zover uit elkaar lagen, vonden de elektriciteitsmaatschappijen het de moeite niet lonen de bewoners op het lichtnet aan te sluiten. Deze agrarische families, toch al niet de rijksten, bleven tot in de jaren dertig van de vorige eeuw verstoken van elektriciteit. Aan het prille begin van Johnsons politieke carrière is hij degene die daar verandering in brengt.

Auteur Robert A. Caro beschrijft in zijn monumentale, vierdelige LBJ-biografie *The Years of Lyndon Johnson* hoe bikkelhard het Texaanse plattelandsleven zonder elektriciteit was, in het bijzonder voor de vrouwen. Op wasdag, bijvoorbeeld, ging het vuile goed eerst in een tobbe met kokend water, waar het met lange, houten stelen uit werd gehengeld, om met de hand op het wasbord schoon te worden geschrobd. De was werd vervolgens handmatig uitwrongen en opgehangen, waarna het werd gestreken met zware ijzers, die op het fornuis werden verhit. De vrouwen moesten steeds heen en weer lopen om een nieuw strijkijzer van het vuur te halen. Daarbij moest het brandhout waarmee het fornuis gaande werd gehouden, voortdurend worden aangevuld. En ook het water moest van buiten komen. Als je geluk had kon je de emmers vullen aan de pomp op het erf, anders moest je naar de rivier. Omdat die regelmatig uit zijn oever trad, lag de boerderij altijd op enige afstand van het water. Een afstand die op de terugweg met twee klotsende emmers aan het juk op de schouders moest worden afgelegd. Voor, tijdens en na de was moesten er nog drie maaltijden worden bereid, waarna steeds de vaat wachtte. En uiteraard moest de *homestead* ook netjes aan kant worden gehouden. Als de vrouw des huizes na zonsondergang bij het zwakke schijnsel van de olielamp in haar schommelstoel een damestijdschrift doorbladerde, kon zij daarin lezen over de moderne wonderen der techniek. De wasmachine! De stofzuiger! Het elektrische strijkijzer! De koelkast! Hoeveel werk zij zich daarmee zou kunnen besparen. Het was een droom die, dankzij afgevaardigde Johnson, weldra ook voor haar zou uitkomen.

Het is lastig om exact te berekenen hoeveel calorieën een Texaanse boerin uit Johnsons elektriciteitsloze district op wasdag zou verbranden. Maar dat zij tussen de middag met een gerust hart een extra boterhammetje had kunnen eten en er voor haar geen dwingende reden was om op zaterdagochtend nog een bootcamp in het park mee te pakken, lijdt geen twijfel. Johnsons biograaf beschrijft het harde plattelandsleven zo gedetailleerd omdat het toen al uitzonderlijk begon te worden. Vanaf de eeuwwisseling werden in Amerika en de rest van de westerse wereld steeds meer dagelijkse taken geautomatiseerd en die welvaart kwam voor steeds meer gewone burgers beschikbaar. Niet alleen in het huishouden, ook daarbuiten werd het werk in toenemende mate door machines verricht of verlicht. De boer die tot dan toe de ploeg achter het paard of de os had gespannen, kon nu op de trekker stappen om de vette klei om te woelen. Er kwamen melkmachines en koelcellen. Dankzij Henry Ford en zijn T-model kwam de automobiel voor de gewone man onder handbereik. Waar men voorheen de benenwagen nam (of in Nederland: de fiets) werd het nu gewoon om zelfs voor het kleinste afstandje even in de auto te springen. Benzine kostte vrijwel niets en gemak diende de mens.

Ruim een eeuw later vinden we het volstrekt vanzelfsprekend dat apparaten ons zoveel mogelijk werk uit handen nemen. Maar met terugwerkende kracht was het een ongekende omwenteling in de geschiedenis van de mensheid. Hoewel we al veel langer konden terugvallen op bijvoorbeeld windmolens en waterkracht om graan te malen of bomen tot planken te verzagen, moest de mens het eeuwenlang van zijn spieren hebben. Het hele leven was een aaneenschakeling van fysieke inspanningen. De energie die een mens moest leveren om de dag door te komen, was vele malen groter dan nu het geval is. Uiteraard was je plek op de maatschappelijke ladder daarbij een doorslaggevende factor. De mijnwerker verstookte meer calorieën dan de magistraat, die veel lichamelijke arbeid uitbesteedde aan zijn personeel. Maar de economie en de maatschappij draaiden op spierkracht. Beweging hield ons in beweging.

Niet geheel toevallig dient zich in de jaren dertig van de vorige eeuw een nieuwe rage aan in de grote steden van Europa en de VS: diëten. Tot dan toe is altijd aangenomen dat je figuur een gegeven is. Zoiets als de kleur van je haar of de vorm van je neus. Maar ineens ondernemen vrouwen van alles om gewicht te verliezen. Commentatoren vragen zich vertwijfeld af waar die hype ineens vandaan komt. Is het de laatste mode uit Parijs die, in tegenstelling tot de corsetjurken uit de Victoriaanse tijd, een recht, jongensachtig figuur voorschrijft? Vraagt de toetreding van vrouwen op de arbeidsmarkt, die na de Eerste Wereldoorlog een vlucht neemt, om een ander silhouet? Is het een vrouwbeeld dat door de filmsterren in Hollywood wordt opgedrongen?

Het zijn suggesties die allemaal in overweging worden genomen. Maar al in 1934 legt een Amerikaanse arts, Morris Fishbein, in het weekblad *The Saturday Evening Post* de vinger op de zere plek.

'Tot 1900 was lopen in de meeste gevallen de geëigende vorm van transport voor de mens. Toen kwam de automobiel. Vandaag de dag is er in dit land voor elke vijf personen één auto beschikbaar en het wandelen begint een vergeten kunstvorm te worden. Lopen was altijd de vorm van lichaamsbeweging die primair verantwoordelijk was om overtollige calorieën te verbranden. Met de geleidelijke verdringing van het wandelen en de opkomst van machines in de industrie, wordt de energie die wij uit voedsel halen steeds minder noodzakelijk, waardoor men er steeds vaker toe neigt een slank figuur te behouden door minder voedsel te consumeren. De persoon die niets aan lichaamsbeweging doet en een dieet aanhoudt dat rond 1900 gewoon was, zal aankomen als een prijsvarken uit Ohio dat voor een wedstrijd wordt vetgemest.'

Dokter Fishbein constateert vervolgens, met nauwelijks verholen leedvermaak, dat alleen wat extra lichaamsbeweging door middel van wandelen, tennis of golf onvoldoende is om blijvend gewicht te verliezen. Na een intensief potje American football (een sport die niet door vrouwen werd beoefend) kon een speler weliswaar tweeenhalf tot vijf kilo lichter zijn dan vóór de wedstrijd, maar dat was voornamelijk te wijten aan vochtverlies dat in de loop van de dag weer zou worden aangevuld. 'Toen vrouwen erachter kwamen dat overmatige lichaamsoefening alleen niet in blijvend gewichtsverlies resulteerde, begonnen ze te experimenteren met eigenaardige diëten,' aldus de goede dokter.

Op het eerste gezicht is het misschien wat vreemd om in een boek over en voor mannen zo nadrukkelijk stil te staan bij de beslommeringen van vrouwen die een eeuw geleden leefden. Ware het niet dat de introductie van huishoudelijke apparaten en de enorme hoeveelheid werk die ze uit handen namen, het duidelijkst illustreren hoe groot de invloed van de consumptiemaatschappij op onze lichamelijke energiehuishouding was. Geëmancipeerd als wij eenentwintigste-eeuwse mannen inmiddels zijn, kunnen ook wij ons uit ervaring voorstellen hoe zwaar het leven van een huisvrouw aan het begin van de twintigste eeuw was. Het werk op het land en in de fabrieken, ook geen kattenpis, werd eveneens minder intensief met de komst van elektriciteit en machines. Maar de stofzuiger was de eerste belangrijke schakel in een keten van technologische ontwikkelingen die tot doel heeft onze inspanningen tot een minimum te beperken. In 1926 werd in het Haagse filiaal van de Bijenkorf de eerste roltrap (*escalier roulant*) geïnstalleerd. Liften waren toen al gemeengoed. Slechts 5 procent van de huishoudens had de beschikking over een auto. Dat aantal is in honderd jaar tijd behoorlijk opgelopen: ruim de helft van alle Nederlanders, kinderen, invaliden en hoogbejaarden meegerekend, heeft de beschikking over een eigen auto. De mechanische handgrasmaaier, uitgevonden in 1827, verving de arbeid van zes mannen met zeisen en sikkels. Een eeuw later werd de eerste rijdende motormaaier gepresenteerd. En inmiddels wordt menig gazonnetje gemaaid door een robot die zelfstandig baantjes trekt over het gras. Voorgesneden brood werd pas in de jaren zestig van de vorige eeuw gemeengoed, daarvoor hanteerde moeder het broodmes. Onze eigen moeders beschikten een jaar of veertig geleden niet alleen over een elektrisch mes om het vlees mee te snijden, maar zelfs over een *brei*machine (ah, dat waren nog eens tijden!).

Enfin, het is eenvoudig een opsomming te maken van (huishoudelijke) apparaten en het werk dat ze ons in de loop der decennia uit handen hebben genomen. De komst van het internet heeft de gemakseconomie een nóg grotere impuls gegeven. We hoeven de deur niet meer uit om een brief te posten, vrienden te ontmoeten of meisjes te versieren. Voor porno hoeven we niet meer naar de videotheek of de seksbioscoop. De afstandsbediening, uitgevonden om ons de moeite te besparen naar de televisie de lopen en een knopje in te drukken, wordt overbodig door spraakgestuurde tv-schermen. We laten de online bestelde boodschapjes aan de deur bezorgen, net als onze kleding en alle andere spullen die we nodig (denken te) hebben. Als we haast hebben kunnen we de pakjesbezorger nog dezelfde dag laten langskomen. Kan hij meteen de retouren meenemen.

Als Fikkie een blokje om moet, komt de hondenuitlaatservice voorrijden. De fiets, dat vervoermiddel waar wij Nederlanders van oudsher zo trots op waren, is van de troon gestoten door de elektrische Solex, beter bekend als de e-bike. Volgens branchevereniging Bovag is de e-bike met voorsprong het meest verkochte type fiets. Er wordt beweerd dat e-bikes gezond en klimaatvriendelijk zijn, terwijl het gros van de elektriciteit die ervoor nodig is nog altijd met fossiele energie wordt opgewekt en we er per saldo *minder* door bewegen.

Ja, zelfs om te *sporten* hoeven we niet meer uit onze luie stoel te komen. Het Internationaal Olympisch Comité boog zich al in 2017 over de vraag of e-games, het in professioneel competitieverband spelen van computerspelletjes, als sport moet worden beschouwd. Het antwoord luidde: ja. Alleen omdat de gewelddadige natuur van de meeste games onverenigbaar zou zijn met de geest van de Olympische beweging, zijn e-sports nog geen Olympische discipline. Intussen spelen professionele gamers, *ethleten*, goed bekeken internationale toernooien voor prijzengeld dat in de miljoenen loopt.

METen is weten

Dokter Frank: 'De energie die een mens met verschillende activiteiten gebruikt, wordt gemeten in MET: *Metabolic Equivalent of Task*. Dat wordt berekend aan de hand van de hoeveelheid zuurstof die je gedurende een minuut nodig hebt tijdens een bepaalde handeling. 1 MET staat gelijk aan 3,5 ml zuurstof per minuut. Het is de hoeveelheid die je verstookt als je stilzit, het zogenoemde rustmetabolisme. En aan de hand daarvan kun je de waarden van allerlei andere activiteiten eenvoudig berekenen. Joggen op een tempo van 8 kilometer per uur bijvoorbeeld kost zo'n 25 ml zuurstof per minuut.

Uiteraard is dat van allerlei variabelen afhankelijk. Lengte, gewicht, leeftijd, loopsnelheid. Het is een grove maat. Maar gemiddeld komt het daarop neer. Dat getal deel je vervolgens door 3,5 om de totale inspanningswaarde te berekenen. In dit geval kom je dan op 7,1 MET uit. Dus met hardlopen verbrand je zeven keer zoveel calorieën als met zitten.

'Die MET-waarde is ook superhandig om in te schalen waar iemand fysiek (nog) toe in staat is. Ik begin dan met een inspanningstest, waaraan ik aflees hoeveel energie iemand op korte duur kan leveren. Daar komt dan een getal uit. Bijvoorbeeld: 30 ml zuurstof per minuut. Dat is dan zijn maximale vermogen. Snel de trap op rennen kost 8 MET. En 8 x 3,5 is 28 ml zuurstof. Dus dat moet deze cliënt nog kunnen doen.

In 2016 verscheen er in het tijdschrift *British Medical Journal* een staatje waarin de inspanningswaarden van een actieve pensionado werden berekend. Dat zag er als volgt uit:

Energieverbruik per dag gemeten

Traplopen: 10 minuten
Stofzuigen: 15 minuten
Tuinieren: 20 minuten
Hardlopen: 20 minuten
Wandelen/fietsen: 25 minuten

Met anderhalf uur matig intensief tot intensief bewegen per dag, kom je in totaal tot 3000 MET per week.

Maar voor veel werkende mensen met jonge kinderen zal het onderstaande activiteitenstaatje realistischer zijn:

Kinderen 's ochtends op de fiets naar school brengen: 20 minuten
Na de kantoorlunch met collega's een stukje wandelen: 15 minuten
's Avonds de hond uitlaten: 10 minuten

Op basis van 45 minuten matig intensief bewegen kom je tot zo'n 1200 MET per week.

Vergelijken we dat met de intensieve wasdag van die arme Texaanse boerin uit de Johnson-biografie, dan kunnen we de volgende berekening maken:

Water/brandhout halen: 30 minuten
Wassen/drogen/strijken/vouwen: 180 minuten
Bereiding drie maaltijden: 80 minuten
Driemaal afwas: 30 minuten
Andere huishoudelijke taken: 60 minuten

Het is, met de natte vinger, een vermoedelijk conservatieve inschatting. Maar zelfs op basis daarvan komen we tot 380 minuten matig intensief bewegen per dag. Omgerekend zo'n 13.000 MET per week. Ruim *tien keer* zoveel als de kantoorslaaf van hierboven.

Uiteraard zijn het allemaal arbitraire voorbeelden. Ook honderd jaar geleden waren er personen die nauwelijks bewogen. En hoewel weinigen nog zo hard zullen werken als een agrarische huisvrouw op een elektriciteitsloze boerderij in de jaren twintig van de vorige eeuw, moeten er in bedrijfstakken als de bouw of het tuinonderhoud ook vandaag de dag nog bikkels actief zijn die wekelijks 13.000 MET verstoken. Maar steeds meer mensen brengen hun dag zittend achter een computerscherm door. Als we daarmee klaar zijn, gaan we thuis op de bank voor het tv-scherm zitten. Tussendoor checken we de hele dag door het scherm van onze smartphones. Meestal ook zittend. Daartussen moet een substantiële groep zitten die de 600 MET ternauwernood aantikt, omdat ze geen hondje hebben, de kinderen met de auto naar school brengen en de lunch achter hun bureau nuttigen. We kunnen van onszelf allemaal wel een inschatting maken hoe actief we zijn. Bovenstaande voorbeelden illustreren dan ook de bandbreedte van de bewegingscrisis.

Rested Metabolic Rate (RMR): niks doen en tóch calorieën verbranden

Zelfs in totale rust, bijvoorbeeld als we slapen, verstookt het lichaam nog behoorlijke hoeveelheden energie. Tenslotte moet het hart blijven kloppen en ook de ademhaling mag niet stokken. Ook op cel- en hormonaal niveau zijn er allerlei processen die constant actief zijn en dus brandstof behoeven. Je zou het rustmetabolisme dan ook de waakvlam van het lichaam kunnen noemen. Het is de minimale hoeveelheid energie die je dagelijks nodig hebt om de noodzakelijke functies van het lichaam ongehinderd door te laten gaan.

De vergelijking met de waakvlam suggereert alleen dat je in rust een bescheiden hoeveelheid calorieën verbruikt. Terwijl het tegendeel waar is: juist omdat het lichaam volcontinu actief is, ook als je geen vin verroert, gaat 60 tot 80 procent van alle energie daaraan op. Ongeveer 10 procent is daarnaast noodzakelijk voor het verteren en verwerken van voedingsstoffen. Lichamelijke activiteit is gemiddeld goed voor hooguit 15 tot 30 procent van het totale energieverbruik (als je een Tour de France-etappe fietst, liggen die verhoudingen natuurlijk anders). Dus eigenlijk wordt die waakvlam brandend gehouden door een gestaag doordieselende generator.

TOTAAL DAGELIJKS ENERGIEVERBRUIK

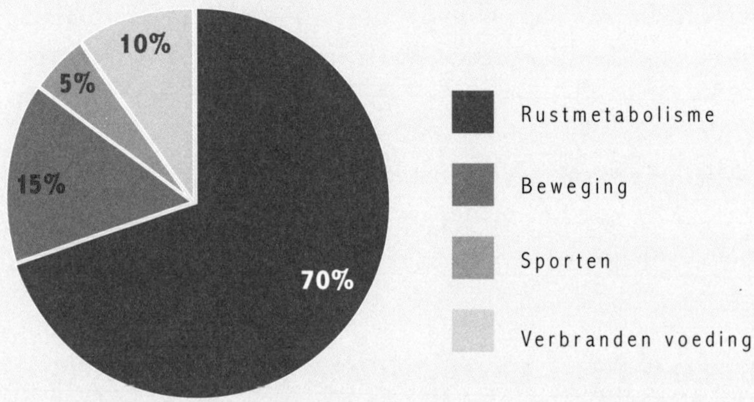

Om effectief af te kunnen vallen, of in het geval van krachtsporters: áán te kunnen komen, moet je weten wat je *Rested Metabolic Rate* is. Nou loopt er geen energiemetertje in je hoofd dat het verbruik tot op drie decimalen nauwkeurig bijhoudt. Nee, ons verbruik wordt gemonitord door hormonale signalen die oplichten als het tijd is om brandstof in te nemen (honger) en als we voldoende binnen hebben (verzadiging). Een effectief, zij het niet bijster nauwkeurig systeem. Toch is het mogelijk onze RMR met relatieve accuratesse te berekenen.

De Amerikaanse wetenschappers James Arthur Harris en Francis Gano Benedict deden ruim honderd jaar geleden een baanbrekende biometrische studie naar het menselijk rustmetabolisme (biometrie betekent in dit geval: de meetbare eigenschappen van levende wezens). Harris en Benedict schreven een formule die, in iets aangepaste vorm, nog altijd wordt gebruikt:

Rustmetabolisme = 88,362 + (13,397 x gewicht in kg) + 4,799 x lengte in cm) – (5,677 x leeftijd in jaren)

Laten we een volstrekt willekeurige, maar ietsjes te zware man als voorbeeld nemen. Hij is 56 jaar oud (maar ziet er beslist jonger uit), is 1,77 m lang en weegt 84 kilo. Dan ziet de formule er als volgt uit:

88,362 + (13,397 x 84 = 1125,3) + (4,799 x 177 = 849,4) – (5,677 x 56 = 317,9) = **1745 kcal**

Als de man in kwestie zich dagelijks tot dat exacte aantal calorieën beperkt, kan hij het klokje rond in bed blijven liggen zonder aan te komen. Theoretisch zou hij zelfs een beetje af kunnen vallen als hij zijn lichaamsbeweging beperkt tot het hanteren van de afstandsbediening.

Voor actievere personen zijn er aanvullende rekenmethoden om uit te vogelen hoeveel *onderhoudscalorieën* je nodig hebt. Daarvoor hebben Harris en Benedict de PAL-factor verzonnen (PAL = *Physical Activity Level*). Om je energiebehoefte te berekenen moet je het resultaat van de formule – in dit geval dus 1745 kcal – vermenigvuldigen met de PAL-factor die aansluit bij je dagelijkse inspanningsniveau. Die categorieën zijn niet heel strak afgebakend, maar komen grofweg op het volgende neer:

1. Geen of weinig lichaamsbeweging, vergelijkbaar met de bedlegerige, zappende proefpersoon van hierboven: **factor 1,2**
2. Een zittende kantoorbaan, forenzen met de auto en geen actieve vrijetijdsbesteding in het weekend: **factor 1,375**
3. Kantoorbaan, gecombineerd met matig-intensieve activiteiten: fietsen naar het station, wandelingetje tussen de middag, hond uitlaten, tuinieren et cetera: **factor 1,55**
4. Zware, fysieke arbeid of dagelijkse sportieve inspanningen: **factor 1,725**

5. Zeer intensieve inspanning, bijvoorbeeld topsport of marathontraining: **factor 1,9**

Als de man uit ons voorbeeld zijn bed uitkomt om dagelijks te gaan hardlopen, bijvoorbeeld omdat hij voor het einde van dit boek van zijn bierbuikje af wil, valt hij in de vierde categorie. In dat geval geldt: 1745 kcal x 1,725 = **3010 kcal**. Dat is te zeggen: wil hij echt van dat buikje af, dan zal hij *minder* moeten eten dan zijn onderhoudscalorieën. Want zolang hij hardloopt zijn die 3010 kcal per dag exact genoeg om aan zijn energiebehoefte te voldoen.

De formule moet als niet als een keihard cijfer worden gezien, eerder als richtlijn. Want er zijn allerlei lastig calculeerbare, complexe factoren op van invloed. Lichaamssamenstelling (spieren/vet), klimaat/seizoen, gender, gezondheid, conditie, hormonen: goeddeels elementen die alleen vanwege hun grillige, veranderlijke natuur nauwelijks zijn te becijferen. Om inzicht te krijgen in je energiebalans – het verschil tussen die calorieën die je via voeding tot je neemt en de calorieën die je verbrandt – is het van cruciaal belang je Rested Metabolic Rate te kennen.

Het is allemaal reuzecomfortabel en verleidelijk. Waarom moeite doen als het gemakkelijk kan? Tenslotte is de mens van nature liever lui dan moe. En niemand wil terug naar de tijd dat we de was deden in een tobbe kokend water of het gras maaiden met een sikkeltje. Maar als je een inschatting maakt van alle calorieën die de westerse mens in de loop van een eeuw aan apparaten en de dienstensector heeft uitbesteed, is het een wonder dat we niet allemaal als Yabba the Hut aan bed zijn gekluisterd.

Inactiviteit, gebrek aan beweging, heeft in de VS en Europa pandemische vormen aangenomen. Sinds corona is de term pandemie, een mondiale epidemie, weer gemeengoed geworden. Maar al in 2012, zeven jaar voor de Covid-uitbraak, werd de term 'pandemie van inactiviteit' in het gezaghebbende medisch-academische tijdschrift *The Lancet* door wetenschappers gelanceerd om de ernst van de bewegingsarmoede aan te kaarten. Volgens de opstellers van het artikel wordt 6 tot 10 procent van alle niet-besmettelijke ziekten veroorzaakt door een gebrek aan lichaamsbeweging. Wereldwijd zou dit jaarlijks resulteren in 5,3 tot 5,7 *miljoen* vermijdbare doden. De laatste tijd hoor je vaak dat zitten het nieuwe roken is. Dat is niet zomaar een pakkende overdrijving die het vooral goed doet in de media, maar een feit: er sterven inmiddels meer mensen aan de gevolgen van een zittend bestaan dan aan de effecten van het roken.

Erik Scherder, hoogleraar neuropsychologie aan de Vrije Universiteit, geliefd *DWDD*-professor en onvermoeibaar voorvechter van het bewegen zegt: 'De ene pandemie lokt de tweede uit. Dat zagen we met corona. Door te zitten gaat het immuunsysteem onderuit, waardoor je bevattelijker bent voor allerlei aandoeningen, waaronder Covid-19. Je zag dat de patiënten die daaraan overleden goeddeels tot de groep behoorde die leed aan ziektes die gerelateerd worden aan een gebrek aan beweging: diabetes type 2, hoge bloeddruk, hart- en vaatziekten, noem maar op. Gebrek aan beweging is pandemie nummer één.'

Scherder verwijst enthousiast naar een op dat moment kakelvers onderzoek van twee Spaanse wetenschappers (Jiménez-Pavón et al.), verbonden aan de universiteit van Cadiz, waaruit blijkt dat lichaamsbeweging ook helpt om de *gevolgen* van corona te bestrijden, vooral bij ouderen. Het virus zou wel eens het breekijzer kunnen zijn om (het gebrek aan) beweging maatschappelijk nu eens serieus aan te kaarten. 'Die *wake-up call* moet er echt komen. We moeten opstaan uit die stoel!'

De voor- en nadelen van verschillende sporten

Wandelen

Zeer laagdrempelig
Laag blessurerisico
Sociaal
Gezond
Goedkoop

Blessures

Met name onderbeensklachten
Achillespees
Voetzoolpees-irritatie
Lopersknie
Huid/blaren voeten

Hardlopen

Gemiddeld blessurerisico
Hoge belasting voor hart, longen, gewrichten en spieren
Gezond, traint uithoudingsvermogen en snelheid
Goedkoop

Blessures

Met name onderbeensklachten
Scheenbeenvlies-irritatie
Achillespees-irritatie
Voetzoolpees-irritatie
Spierlogebeknelling
Lopers- en springersknie

Fietsen/wielrennen

Laag blessurerisico
Intensieve belasting voor hart en longen
Gezond, traint uithoudingsvermogen en beenspieren
Kosten hoog door aanschaf fiets

Blessures

Knie(pees)klachten

Botbreuken, sleutelbeen, pols

Fitness/Cross Fit

Total body training

Gezond voor hart en longen, spieren, pezen en gewrichten

Gemiddeld blessurerisico

Kosten abonnement

Fitnessblessures

Schouderspieren en pezen

Bovenarmspieren en pezen

Kniepezen

Cross Fit-blessures

Idem fitness, maar ook hardloopblessures

Balsporten

Sociaal

Combinatie van kracht, snelheid en uithoudingsvermogen

Meestal leeftijdgerelateerd (6-40 jaar)

Hoog blessurerisico

Blessures

Sporten zoals handbal/volleybal/tennis/voetbal

Onderscheiden in contact- en non-contactblessures

Botbreuken

Schoudergewricht, spieren/pezen schouder/elleboog en pols

Spieren en pezen van de onderbenen

Liesblessures

Verzwikkingen van knie en enkels

Hardloopblessures

WAAROM IS BEWEGEN EIGENLIJK GEZOND?

Wie zich op zondagmorgen in de buitenlucht begeeft of op een willekeurig moment van de dag naar de sportschool gaat, zou kunnen concluderen dat mannen van middelbare leeftijd een interne prikkel voelen om (weer) actief te worden. In het park en het bos zie je zwoegende kerels hijgend voorbijrennen, bij het oversteken van de weg moet je oppassen dat je niet van je sokken wordt gereden door waaiers aan amateurwielrenners en in het krachthonk concurreren ouwe bokken met jonge hertjes om een schaars plekje bij het *squat rack*.

Zoals wel vaker bij mannen van een zekere leeftijd wordt er vaak geringschattend over gedaan. Ach ja, die veertigplussers met hun bolle buikjes in fluorescerend lycra, hunkerend naar hun verloren jeugd. In *American Beauty*, de nog altijd beeldschone speelfilm uit 1999, zien we hoe Lester Burnham (Kevin Spacey), gebogen onder de last van zijn midlifecrisis in de schuur gaat bodybuilden om indruk te maken op een zestienjarig meisje. Hoe sneu wil je het hebben? Maar ja, zo gaat dat met mannen van een zekere leeftijd. Die doen even krampachtige als tot mislukken gedoemde pogingen om zich de ouderdom van het lijf te houden. Een deerniswekkende vorm van zelfbedrog, typerend voor middelbare mannen.

Eén probleem: het is niet waar. Misschien blijft het oog wat sneller hangen aan een vervaarlijk opbollend wielertricotje. Maar in dat geval is er sprake van selectieve perceptie. Mannen die de veertig zijn gepasseerd sporten niet vaker. Sterker: hoe ouder ze worden, hoe *minder* ze aan sport doen.

Hoe vaak sporten/bewegen we?

Het Mulier-instituut (een onderzoeksinstelling gericht op sport) hield in 2016 een enquête naar de vrijetijdsbesteding van Nederlanders. Daaruit bleek dat 8,8 miljoen landgenoten, ruim de helft van de bevolking, minstens een keer per week sport. Individuele sporten, zoals hardlopen en fitness, zijn daarbij favoriet. Daarbij geldt: hoe ouder, hoe individueler. Van alle sporters tussen de 20 en 49 jaar, sport 41 procent in z'n uppie. Bij de vijfenzestigplussers loopt dat op tot 46 procent.

Fitness en duursporten als fietsen, hardlopen en skeeleren zitten in de lift. Dat gaat ten koste van het aantal deelnemers aan veld- en zaalsporten als voetbal, hockey en basketbal. Ook het aantal zwemmers neemt af.

TOP 3 SPORTEN

LEEFTIJD	1		2		3	
4 – 8	Voetbal	20%	Zwemmen	16%	Turnen	8%
8 – 12	Voetbal	26%	Hockey	8%	Tennis	7%
12 – 18	Voetbal	22%	Fitness/conditie	13%	Hockey	6%
18 – 25	Fitness/conditie	33%	Voetbal	12%	Hardlopen	11%
25 – 35	Fitness/conditie	27%	Hardlopen	16%	Voetbal	7%
35 – 45	Fitness/conditie	23%	Hardlopen	17%	Tennis	5%
45 – 55	Fitness/conditie	23%	Hardlopen	14%	Fietsen	7%
55 – 67	Fitness/conditie	23%	Wandelen	12%	Fietsen	11%
67 – 81	Fitness/conditie	20%	Wandelen	12%	Fietsen	12%

VOETBAL · ZWEMMEN · TURNEN · HOCKEY · TENNIS · FITNESS/CONDITIE · HARDLOPEN · FIETSEN · WANDELEN

Bronvermelding: Gezondheids/leefstijl enquete CBS, 2017

In de leeftijdscategorie 35 tot 45 jaar zegt 59 procent minstens een keer per week te sporten. Toch haalt maar de helft de bewegingsrichtlijnen (zie voor specificatie verderop in de hoofdstuk). Deze groep zit gemiddeld 9,3 uur per dag.

Van de vijfenveertig- tot vijfenvijftigjarigen sport 55 procent wekelijks. Hun top drie favoriete sporten bestaat in aflopende volgorde uit fitness, hardlopen en fietsen. Alle drie zogenaamd flexibele activiteiten, nog maar 18 procent is lid van een sportvereniging. In deze categorie voldoet 46 procent aan de bewegingsrichtlijnen. En zitten doen ze net zoveel als de jonkies.

In de leeftijdsfase van 55 tot 67 jaar daalt het aantal wekelijkse sporters naar 51 procent. Naast fitness en fietsen duikt wandelen in deze categorie als favoriete tak van lichamelijke oefening op. Het percentage dat aan de bewegingsrichtlijnen voldoet neemt wonderlijk genoeg iets toe tot 47 procent, terwijl het aantal uren dat op de billen wordt doorgebracht daalt tot 8,8 per dag.

Gemiddeld kun je vaststellen dat deelname aan verenigingssporten met het vorderen der jaren afneemt, evenals de intensiteit. Jongvolwassenen tot een jaar of veertig sporten relatief veel ten opzichte van ouderen, maar geven het vaakst aan dat ze te druk zijn met werk, gezin of sociale verplichtingen om aan sporten toe te komen. Een derde van hen is vaak te moe om te sporten. Het is ook de categorie die zich daarbij het vaakst door smoesjes als het weer laat belemmeren. Op latere leeftijd zijn het vaker fysieke oorzaken die mensen bij het sporten in de weg zitten: blessures

PERCENTAGE DAT WEKELIJKS SPORT EN/OF BEWEEGT

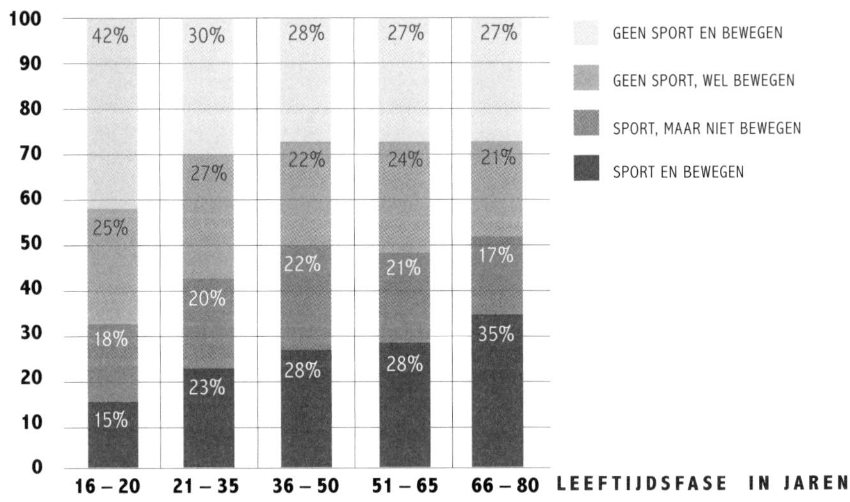

Bronvermelding: nationaal sportonderzoek, 2016

of ziekten. Tegelijkertijd sporten ouderen vaker op aanraden van hun huisarts of fysiotherapeut. Gezond blijven is voor hen ook het belangrijkste motief om iets te doen. Voor de jongste sportbeoefenaars is de wens om fitter, gespierder, leniger of slanker te worden vaak de belangrijkste motivatie. Maar hoe ouder ze worden, hoe minder dat een rol speelt.

(Bronnen: Mulier-instituut, CBS, Kenniscentrum Sport)

Erik Scherder: 'Ik kan niet zeggen dat ik studies zie waaruit naar voren komt dat middelbare mannen geneigd zijn het sporten op te pakken. Je ziet eerder dat ze na de drukste levensperiode, zo tussen het dertigste en negenendertigste levensjaar, zeggen: "Zo, ik heb mijn omgeving voldoende uitgedaagd. Ik heb een vaste relatie, een carrière, kinderen. Voorlopig is het wel even mooi zo."

Kijk, vanuit evolutionair perspectief is de mens tot luiheid geneigd. Onze voorouders waren jager-verzamelaars. Als die een hert hadden gevangen en zich daaraan tegoed hadden gedaan, deden ze het daarna een tijdje rustig aan. Ze wisten tenslotte niet of ze de dag erna opnieuw een hert konden bemachtigen. Perioden van overvloed en schaarste wisselden elkaar af en noodgedwongen moest je je energie niet verspillen.

Dat telt natuurlijk niet meer. Op iedere straathoek bevindt zich een supermarkt, tot de nok met voedsel gevuld. Maar ons centraal zenuwstelsel is niet met die ontwikkeling mee-geëvolueerd. Dat geeft geen prikkels af om meer te bewegen. Onze hersenen zijn nog steeds op schaarste ingericht. Neem onze voorkeur voor vet en suiker. Op de tong hebben we daar speciale smaakpapillen voor, die een sterk contact hebben met de *insula* (een deel van het brein dat zintuiglijke prikkels verwerkt). Dat gebied reageert enorm belonend op suiker en vet. Het stimuleert de afgifte van dopamine. Suiker en vet zijn natuurlijk enorme energiebronnen en vanuit evolutionair perspectief bijzonder nuttig. Je slaat al die extra calorieën op, waarna je in momenten van schaarste op dat speklaagje kunt terugvallen. Meer dan één studie laat zien dat het beloningseffect voor de opslag van suiker en vet in onze hersenen nog altijd actief is.'

Kort door de bocht zou je dus moeten constateren dat het de evolutie is die ons dik en lui heeft gemaakt. Ons brein geeft voortdurend signalen af die zeggen: 'Ah joh, ga lekker ontspannen zitten. Of beter: ga liggen! Neem een lekkere cheeseburger. Schenk jezelf een extra groot glas frisdrank in. En die zak stroopwafels mag best leeg. Tast toe! Het is goed voor je.' Het is alsof we de hele dag door een prehistorische personal trainer worden toegesproken die ons met veel overredingskracht stimuleert om slecht te eten en zo weinig mogelijk te bewegen.

Het is een voorbeeld, misschien wel het belangrijkste, van wat

hoogleraar evolutionaire psychologie Mark van Vugt een *mismatch* noemt.

Evolutie is het proces waarbij een soort zich door middel van natuurlijke selectie aan een veranderende omgeving aanpast. Individuen die over genetische eigenschappen beschikken die voordeel bieden binnen een bepaalde, natuurlijke omgeving, planten zich succesvoller voort dan anderen. Ze beschikken over meer voedsel, kunnen zich beter tegen vijanden verdedigen, gaan minder snel dood en zijn aantrekkelijker voor het andere geslacht. Deze Darwiniaanse lustobjecten, de bofkonten, hebben dus vaker seks, waardoor ze meer nakomelingen krijgen en de genetische eigenschap die ze succesvol maakt wordt versterkt. De verre voorouders van de giraf hadden vermoedelijk een nekje dat maar een klein beetje langer was dan dat van soortgenoten. Maar omdat ze daar toch voordeel van hadden en ze zich daardoor wisten voort te planten, kon dat nekje uitgroeien tot de imponerende giraffenhals die we vandaag de dag kennen.

Dat zo'n evolutionair proces per definitie traag verloopt, ligt voor de hand. Daarbij is het een doorlopend proces zonder einddoel. Een species is nooit 'af'. Maar bij acute veranderingen in de omgeving kan het voorkomen dat voorheen gunstige erfelijke eigenschappen plotseling nadelig blijken. Soms kan het zelfs fataal zijn, getuige de wijze waarop de eens zo machtige dinosauriërs aan hun einde kwamen. Inmiddels is vast komen te staan dat de inslag van een enorme meteoriet in Mexico, zo'n 65 miljoen jaar geleden, de meeste dino's de kop kostte. Zoogdieren konden zich sneller aanpassen aan de plotseling radicaal veranderde omgeving, waardoor zij het wél overleefden.

De oorsprong van de pandemie van inactiviteit is, zoals we eerder zagen, zo'n honderd jaar oud: een nanoseconde op de evolutionaire klok. Na miljoenen jaren waarin het bestaan van de homo sapiens en zijn voorouders gedomineerd werd door de dagelijkse strijd om overleving, was er ineens voedsel in overvloed en hoefden we alleen nog minimale inspanningen te leveren om dat te bemachtigen. Als gezegd kan het evolutionaire proces die razendsnelle veranderingen niet bijbenen, waardoor ons lichaam, het brein voorop, nog altijd op de premoderne samenleving is 'geprogrammeerd'. Wij lopen op verouderde software die ernstige systeemfouten veroorzaakt. De bewegingsarmoede waarin dat resulteert, maakt ons voortijdig oud en uiteindelijk ziek.

BELEMMERINGEN OM TE SPORTEN PER LEVENSFASE

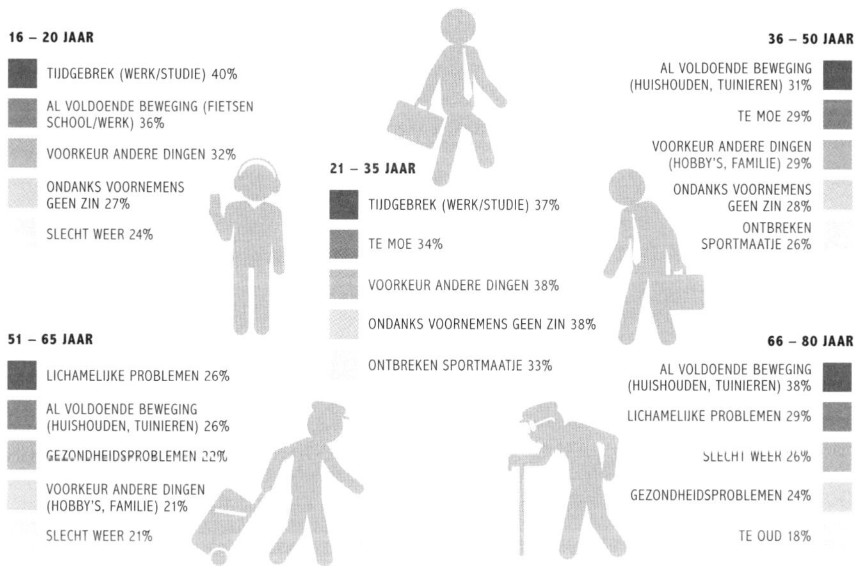

Bronvermelding: nationaal sportonderzoek, 2016

Dat bewegen gezond is 'voor lichaam en geest' horen we al jaren. Vaak nemen we het ter kennisgeving aan. Zolang we zelf geen klachten hebben, is het ver van ons (ziek)bed.

Erik Scherder illustreert dat psychologische facet met een voorbeeld uit de praktijk:

'Kort geleden zat ik bij BNR in een radio-uitzending. Er belde een luisteraar in, die zei: "Erik, leg mij nou eens uit: ik ben gestopt met roken en dat kostte me geen enkele moeite. Nou wil ik ook stoppen met drinken, maar gek genoeg lukt me dat niet. Hoe kan dat?" Ik vroeg die luisteraar waarom hij met roken was gestopt. Nou, dat was duidelijk. Hij had COPD, een ernstige longaandoening. Hij moest wel! Het was prioriteit nummer één. Ik vroeg hem of hij die urgentie ook bij het stoppen met drinken voelde. Waarop hij antwoordde: "Ach, nou ja, een glaasje kan zo nu en dan toch geen kwaad, toch?" Ik zei: "Dan gaat het je niet lukken, vriend. Pas als je een leverkwaal blijkt te hebben, dan stop je er wel mee." Hij zei: "Wel verdomd, ja. Het heeft voor mij ook helemaal niet het belang dat roken had. Daarom lukt het niet!"

Gedragsverandering is het allermoeilijkste, hè. Er zijn studies naar gedaan en het blijkt dat bewustwording de belangrijkste factor is. Er zijn er meer. Maar dat is nummer één.'

Het eerdergenoemde medisch-wetenschappelijke tijdschrift *The Lancet* publiceerde in 2013 de resultaten van een metastudie naar de relatie tussen gezondheid en bewegen (voor de niet-academici: in een metastudie worden de resultaten van eerdere onderzoeken naar hetzelfde onderwerp op een hoop geveegd en geanalyseerd). Daaruit viel op te maken dat er harde, oorzakelijke verbanden bestaan tussen inactiviteit en borstkanker, darmkanker, diabetes, ischemische hartziekte en beroerte (ischemie: onvoldoende doorbloeding).

Bewegen heeft een gunstige invloed op hoge bloeddruk, overgewicht, slechte cholesterolwaarden en verlaagde insulineresistentie (prediabetes). Allemaal klachten waarvan we steeds te horen krijgen dat ze aan leeftijd gerelateerd zijn. Want leeftijd komt met gebreken, toch? Terwijl in werkelijkheid leef*stijl* van veel grotere invloed is dan leeftijd. 'Ouderdomskwaaltjes' als hypertensie (hoge bloeddruk), overgewicht en prediabetes zijn in feite vooraankondigingen van veel ernstiger, mogelijk zelfs dodelijke ziekten. En het goede nieuws is dat we de kans daarop dramatisch kunnen verkleinen door uit die luie stoel overeind te komen en veel meer te bewegen.

Misschien ten overvloede, maar het is belangrijk te benadrukken dat niemand 'schuld' heeft aan zijn/haar overgewicht en/of ongezondheid. Er zijn allerlei biologische, evolutionaire factoren die onze vrije wil saboteren. We zagen al dat er in het brein een personal trainer in een berenvel actief is die ons aanspoort ongezond te leven. Verder spelen genen een belangrijke rol bij de individuele gevoeligheid voor bijvoorbeeld hoge bloeddruk. Een ontregelde hormoonhuishouding verstoort de balans tussen honger- en verzadigingsprikkels. Dat effect treedt al op na een nachtje slecht slapen. Maar bij sommigen is de boel permanent ontregeld. Er zijn psychologische factoren die mensen tot (over)eten aanzetten. Er zijn sociologische variabelen, armoede voorop, die ongezond maken. Vet en suiker, maar ook alcohol en tabak, prikkelen het beloningssysteem in het brein. Er komt dopamine vrij, het 'gelukshormoon' dat bijvoorbeeld ook bij seks een belangrijke rol speelt. Als het dagelijks leven door stress wordt gedomineerd, omdat de schulden zich ophopen en je elk moment een nieuwe deurwaarder moet vrezen, is het logisch om verlichting te zoeken in een shotje dopamine uit iets lekkers. Erik Scherder zegt daarover:

'Als je vanwege je sociaaleconomische situatie weinig lol in je leven hebt, er weinig bevrediging uit haalt, dan is het fijn om vet en suikerrijk te eten. Het is prettig, haalbaar, geeft direct bevrediging en kost niet veel. In de hersenen zie je dat het dopaminesysteem er supergoed op reageert.'

Daarbij is het ook nog eens zo dat de vrije markt, ons kapitalistische systeem, onder een hoedje speelt met de prehistorische personal trainer die ons 24 uur per dag begeleidt. Voortdurend worden we aangesproken op ons instinctieve verlangen naar calorierijk voedsel en lichamelijk comfort. In de supermarkten liggen de lekkerste (en ongezondste) hapjes op ooghoogte. Vlak voor de kassa staat nog een rek met chocoladerepen en koekjes, voor de allerlaatste impulsaankoop. Op de trein- en benzinestations vinden we vitrines vol geurige, vette snacks. In de stad treffen we om de paar honderd meter een Amerikaanse fastfoodketen met lonkende aanbiedingen. Nergens krijg je zoveel (lege) calorieën voor zo weinig geld! Overal waar we komen, klotst de belofte van een lekker shotje dopamine tegen de plinten. Terwijl de mogelijkheid om al die energie in activiteit om te zetten – tenslotte is het daarvoor bedoeld – steeds minder vanzelfsprekend wordt. Er is gemotoriseerd vervoer van deur tot deur, er zijn liften, roltrappen en wachtkamers met comfortabele stoelen.

Het is dan ook een misvatting te denken dat onze energiebalans, het verschil tussen wat we consumeren en wat we met activiteit verbruiken, uitsluitend het resultaat is van een vrije keuze. Natuurlijk zijn we geen speelbal op de golven die evolutie en de markt opwerpen. We hebben er wel degelijk invloed op. Maar de krachten waartegen we ons moeten wapenen om gezond te blijven zijn gigantisch. En niet iedereen is daartoe in staat.

Samen met een aantal grote namen uit de professionele sportwereld, onder wie de voetbalcoaches Louis van Gaal, Guus Hiddink en Sarina Wiegman, verenigd in de Sportraad, heeft Erik Scherder bij de overheid aan de bel getrokken om de pandemie van inactiviteit op de politieke agenda te krijgen. Aanvankelijk ging dat moeizaam, werden ze doorverwezen naar het ministerie van Volksgezondheid, Welzijn en Sport. Terwijl álle departementen – Financiën en Onderwijs voorop – moeten meedoen om het verschil te kunnen maken. Maar dankzij corona en het bijkomende besef dat conditie van enorme invloed is op het immuunsysteem, is de overheid inmiddels van de urgentie doordrongen en zijn er allerlei plannen in de maak om de bevolking te stimuleren in beweging te komen.

Scherder: ‘Er moet vanuit de overheid veel gebeuren, dat is duidelijk. Er wordt dan ook over iconische maatregelen gesproken. Maar ik ben ervan overtuigd dat het alleen zin heeft als het van *bottom up* tot *top down* gaat. Waarom word ik door die lieve mevrouw van de receptie meteen naar de lift verwezen en niet naar het trappenhuis? "Wilt u daar even wachten? Gaat u zitten, u wordt zo opgehaald." Ik reis altijd met de trein. En als je ziet hoeveel moeite mensen doen om een zitplaats te bemachtigen! Dan denk ik: ja verdomme, waarom stá je niet op dat kleine stukje tussen Amsterdam en Utrecht. Maar nee hoor, zitten zullen ze. Daarom is het van groot belang dat ook de omgeving meewerkt. Bijvoorbeeld doordat liften niet toegankelijk zijn, behalve als je een beperking hebt. In dat geval krijg je een pasje. De rest doet het gewoon met de trap. Verder moeten we bij het wakker worden allemaal denken: oké, er is niets belangrijker, ik ga nú bewegen.'

HOEVEEL MOET JE BEWEGEN OM EEN BEETJE GEZOND TE BLIJVEN?

Vraag je schoonmoeder, de buurman of zomaar een toevallige passant hoeveel stappen je op een dag moet zetten om gezond te blijven, en de kans is groot dat ze op stellige toon '10.000' antwoorden. Dat aantal wordt in veel populaire tijdschriften al jaren als ijkpunt voor een gezonde levensstijl gebruikt. Vooral sinds we allemaal een smartphone bij ons dragen die iedere stap nauwgezet registreert, is het tienduizendstappenplan de onbetwiste route naar een lang en gezond leven. Dat wordt met zo weinig slagen om de arm beweerd en zo vaak herhaald dat er wel een groot opgezette, recente (meta-)studie aan ten grondslag moet liggen.

Maar niets is minder waar.

In de jaren zestig van de vorige eeuw was wandelen een populaire vrijetijdsbesteding in Japan. Het bedrijf Yamasa Tokei Keiki, gespecialiseerd in sportbenodigdheden, haakte in 1965 handig op die wandelmanie in door een zogenoemde pedometer op de markt te brengen. Dat is geen apparaatje waarmee je in een oogopslag kunt vaststellen in hoeverre iemand op kinderen valt, maar een stappenteller – *pedes* is Latijn voor 'voeten', vandaar – die de merknaam *Manpo-Kei* meekreeg. Vrij vertaald betekent dat 'tienduizendstappenmeter'. In de reclamecampagne voor de Manpo-Kei werden de vele Japanse wandelclubs aangespoord om elke dag (ten minste) 10.000 passen te zetten.

Waarom dat aantal een halve eeuw later in de hele wereld als maat der dingen wordt gezien, is naar het zich laat aanzien een direct uitvloeisel van de opmars van smartphones, sporthorloges en *wearables* als FitBit. We hebben allemaal permanent een digitale Manpo-Kei op zak of om de pols, die onze stappen nauwgezet bijhoudt.

Hoe Yamasa Tokei Keiki – het bedrijf bestaat nog steeds – tot het exacte aantal van 10.000 passen kwam, is in de loop van vijf decennia een tikkeltje op de achtergrond geraakt. Maar als richtlijn is het helemaal zo slecht nog niet. Op basis van een gemiddelde paslengte leg je in 10.000 stappen een kleine zeven kilometer af. Als je een beetje doorstapt doe je daar een minuut of zeventig over. Het is een mooi rond getal, dat met een afstand correspondeert die uitdagend maar haalbaar is. Temeer omdat we dagelijks zo'n 5000 stappen in en om het huis zetten; in de keuken of de badkamer, naar de brievenbus, op het station, op de trap. Ook dat is uiteraard niet voor iedereen hetzelfde. Maar gemiddeld halen we de helft van die 10.000 stappen zonder er extra moeite voor te doen. Tel er een halfuurtje wandelen bij op, aan één stuk of verdeeld over meerdere dagdelen, en je hebt de bewegingsnorm al in *the pocket*. Want wetenschappers zijn het erover eens dat die 10.000 stappen een prima richtlijn voor voldoende beweging vormen.

In het academische tijdschrift *British Journal of Sports Medicine* formuleert bewegingswetenschapper Catrine Tudor-Locke een activiteitsindex op basis van het aantal stappen dat een gezond, volwassen individu dagelijks zet.

5000 stappen of minder geldt daarin als een 'sedentair' (zittend) bestaan.

5000 tot 7500 stappen wordt 'laag actief' genoemd, omdat het binnen de marge van dagelijkse activiteit valt.

Een aantal van 7500 tot 10.000 stappen maakt aannemelijk dat je er extra moeite voor doet, door middel van sport, of dat je een fysiek beroep hebt. In dat geval val je in de categorie 'redelijk actief'.

Vanaf 10.000 stappen mag je jezelf van mevrouw Tudor-Locke 'actief' noemen, terwijl je 'hoog actief' bent zodra de stappenteller dagelijks meer dan 12.000 passen aangeeft.

Individuen uit de eerste, sedentaire, categorie hebben een verhoogd risico op overgewicht, hoge bloeddruk, hart- en vaatziekten, diabetes en alle bijkomstige complicaties. Maar dat risico neemt significant af bij een wandelingetje van dertig minuten per dag, mits er stevig wordt dóórgelopen. Een beetje is onvoldoende. De pas moet erin, zodat de hartslag wat omhoog gaat en je iets zwaarder ademt dan gewoonlijk.

Dat is wat onder 'matig-intensief bewegen' wordt verstaan. Activiteiten als tuinieren, huishoudelijk werk of seks (!) vallen er ook onder. En die dertig minuten matig-intensief bewegen mag je gedurende de hele dag bij elkaar sprokkelen. Als het aan het einde van de dag maar in 10.000 stappen resulteert.

Dat aantal is op zichzelf niet zo belangrijk, maar als indicatie voor dagelijkse, lichamelijke inspanning is het heel bruikbaar.

Het is een relatief kleine aanpassing die al na korte tijd meetbare resultaten laat zien. Het remt gewichtstoename, zorgt voor verbeterde bloedwaarden (lees: minder cholesterol) en verlaagt de bloeddruk. Die effecten worden al gerapporteerd vanaf 2500 extra stappen per dag. Waarbij voor de volledigheid moet worden aangetekend dat de individuele verschillen in dagelijkse beweging zo groot zijn, dat niet objectief te becijferen valt wat 'extra' dan precies betekent. Maar eigenlijk komt het erop neer dat je ook zonder zweten, ademnood of spierpijn met een geringe toename in lichaamsbeweging al veel gezondheidswinst kunt boeken.

Als je het écht goed wilt doen, is er desondanks meer nodig. Sowieso geldt tot op zekere hoogte het adagium 'hoe meer hoe beter'. Veruit de meeste gezondheidswinst wordt geboekt door dagelijkse bankhangers – de sedentaire categorie – die om wat voor reden dan ook plotseling in beweging komt. Maar met uitzondering van de echte topatleten, die hun lichaam zo zwaar belasten dat blessures en een toegenomen kans op hartkwalen de gezondheidswinst tenietdoen, geldt dat een tandje erbij altijd gezondheidswinst oplevert.

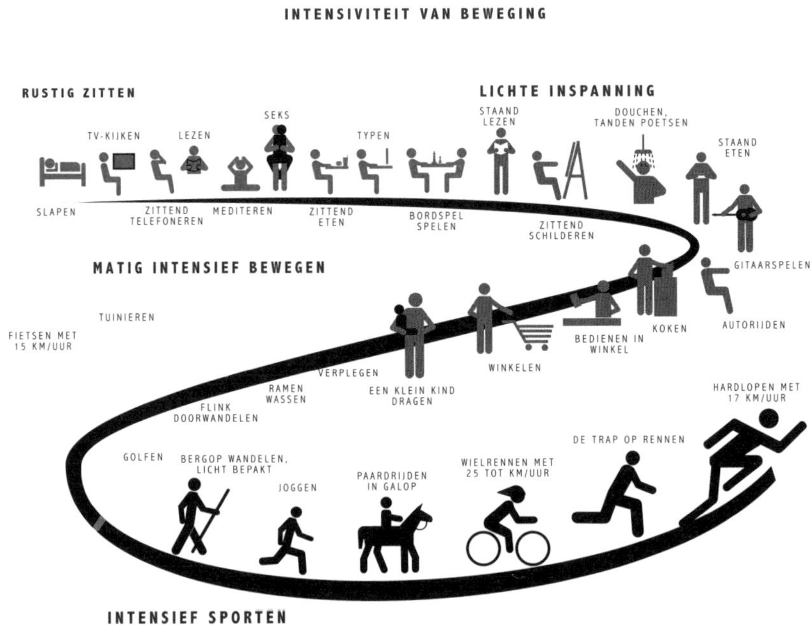

Bronvermelding: Gezondheids/leefstijl enquete CBS, 2017

De Gezondheidsraad, het adviesorgaan dat tot taak heeft regering en parlement 'voor te lichten over de stand der wetenschap ten aanzien van vraagstukken op het gebied van de volksgezondheid en het gezondheids(zorg)onderzoek', kwam in 2017 met nieuwe Beweegrichtlijnen. Daarin wordt gezonde volwassenen aanbevolen wekelijks minstens 150 minuten (matig) intensief te bewegen. Ook hier geldt weer dat je alles bij elkaar op mag tellen om tot die norm te komen: stofzuigen, naar de glasbak lopen, de hond uitlaten. Alleen zegt de Gezondheidsraad dat intensiever bewegen, bijvoorbeeld door middel van sport, extra gezondheidswinst oplevert. Daarbij raadt het adviesorgaan aan om minstens twee keer per week 'spier- en botversterkende activiteiten' te ontplooien – krachtsport dus – bij ouderen gecombineerd met 'balansoefeningen'.

Die nadruk op spieren/botten is relatief nieuw. Voorheen meenden de geleerden dat hart/long-conditie –'cardio' – zaligmakend was voor het behoud van de gezondheid. Krachtsport gold heel lang als het domein van hanige ijdeltuiten en criminelen, ook wel 'sportschooltypes' genoemd. Serieuze atleten ontkwamen er niet aan om het er *bij* te doen. Maar alleen uit gezondheidsmotieven ging je niet vrijwillig in de ijzers hangen. Het is een idee waarop men de afgelopen jaren steeds nadrukkelijker is teruggekomen. Vooral met het klimmen der jaren zijn krachtoefeningen van levensbelang.

Automatische spierafbraak is een natuurlijk proces dat vanaf een jaar of dertig op gang komt. Vanaf dat moment verliezen we jaarlijks ongemerkt zo'n 1 procent aan spiervezels. Dat lijkt te overzien, maar het komt er dus op neer dat je op je vijftigste 20 procent van je kracht kwijt bent. En als het je ineens niet meer lukt om de deksel van de jampot los te draaien, terwijl je verwachtingsvol door vrouw en kinderen wordt aangekeken, is dat een enorme dreun voor het mannelijk ego (een vriend, bepaald geen macho, vertelde mij deze anekdote, nog altijd lichtelijk beteuterd).

Maar spierverlies heeft ernstiger gevolgen. Om te beginnen op het metabole vlak. Het menselijk lichaam bestaat grofweg uit drie grote componenten: botten, spieren en vet. De beenderen vormen de harde wapening van het lijf, en hoewel ze in de loop der jaren brozer kunnen worden zijn ze, eenmaal volgroeid, vrijwel onveranderlijk.

Het spierstelsel daarentegen is een levend organisme dat slinkt als het onvoldoende wordt geprikkeld maar evengoed tot op hoge leeftijd nog tot groei kan worden gestimuleerd. Luc van Loon, hoogleraar bewegingswetenschappen aan de universiteit van Maastricht, begint al zijn publiekslezingen met de stelling dat iedereen een compleet ander mens is dan twee maanden eerder, omdat het lichaam voortdurend spierweefsel afbreekt en weer opbouwt. Dat proces verloopt in zo'n hoog tempo – dagelijks wordt 1 à 2 procent van het spierweefsel vervangen – dat je na een maand of twee volledig nieuwe spieren hebt.

Maar de totale hoeveelheid spiermassa hoeft niet dezelfde te zijn als twee maanden eerder. Als je de periode hebt benut door iedere dag hard in de sportschool te trainen, zal het spiervolume zijn toegenomen. Ben je daarentegen vanwege ziekte (of verregaande luiheid) al die tijd aan bed gekluisterd geweest, zul je zien dat heel veel spierweefsel als sneeuw voor de zon is weggesmolten. En spieren verliezen gaat aanmerkelijk sneller dan spieren kweken. Iedereen die wel eens een gipsbeen heeft gehad, kan daarvan getuigen. Aanvankelijk zit het gips zo strak om het been dat een jeukend plekje krabben met behulp van een breinaald al een behoorlijke opgave is. Na een week is er nochtans een zee van ruimte. Niet omdat het gips is gaan lubberen, maar omdat de (spier)omvang van het been dramatisch is geslonken.

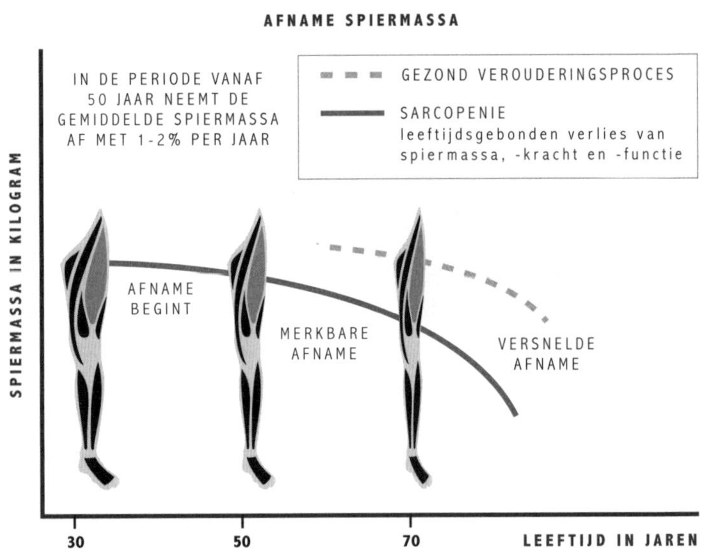

Bronvermelding: Friesland/Campina institute

Ook de hoeveelheid vet die een mens met zich meetorst, kan van maand tot maand verschillen. In januari hebben veel mensen de mond vol van de kerstkilo's die ze willen kwijtraken om in de zomer met hun *beach body* te kunnen pronken.

De gemakkelijkste manier om gewicht te verliezen is de methode die een alinea eerder al werd aangestipt. Je hoeft daarbij geen zwaar dieet te volgen, hoewel het helpt om eiwitten zoveel mogelijk te beperken, en sporten is zelfs taboe omdat het averechts werkt. Bij dit gepatenteerde Goossens/Van Hellemondt-afvalprogramma moet je een of twee maanden lang zo min mogelijk bewegen, bij voorkeur door in bed te blijven. Als je na voltooiing van het programma op de weegschaal gaat staan (vermoedelijk heb je daar dan enige ondersteuning bij nodig) zul je gegarandeerd vele kilo's lichter zijn. Ons niet-bewegingsprogramma is bewezen effectiever dan welk dieet dan ook.

Er zit alleen een dikke pofadder onder het gras. Met de Goossens/Van Hellmondt-methode verlies je weliswaar een enorme hoeveelheid gewicht, je wordt er alleen geen grammetje vet lichter van. Het gewichtsverlies is volledig aan afname van spiermassa te wijten, terwijl het percentage lichaamsvet gelijk is gebleven of zelfs is toegenomen. Spieren zijn zwaarder dan vet, dus zelfs als er in centimeters omvang evenveel spiermassa verloren gaat als er aan vet bijkomt, zul je onder de streep minder zwaar zijn dan voorheen. Desondanks is die beach body verder weg dan ooit.

Lichaamsgewicht an sich zegt dan ook niet zo veel. Het getal dat de weegschaal aangeeft kan, zoals we hebben gezien, zelfs misleidend zijn. Want als je met de Goossens/Van Hellmondt-methode gewicht hebt verloren, ben je er beslist niet gezonder op geworden. Het heeft de lichaams*samenstelling* – de verhouding tussen spieren en vet – verder uit balans gebracht. Zelfs als je kilo's hebt verloren, ben je procentueel dikker geworden: het percentage vet, afgezet tegen het percentage spieren, is groter geworden.

Andersom kan het natuurlijk ook. Na een periode van intensieve krachtsport kun je kilo's zijn aangekomen. En hoewel fitness alleen niet de doeltreffendste manier is om vet te verliezen, kun je zelfs bij een gelijk gebleven gewicht stellen dat je procentueel dunner bent geworden omdat je je lichaamssamenstelling in gunstige richting hebt veranderd.

Anders dan regelmatig wordt beweerd is het onmogelijk om vet in spieren om te zetten. Het kan alleen als energie worden verbrand (vooruit: je kunt ook met een dikke, holle naald in je spek laten peuren om het vet af te laten zuigen, een bloederig proces dat liposuctie wordt genoemd), desondanks zou je van relatief communicerende vaten kunnen spreken. Hoe meer spieren, hoe minder vet. En vice versa.

We zagen al eerder dat spieren energie nodig hebben om te functioneren. Ze worden hoofdzakelijk gevoed met koolhydraten (suikers) en onderhouden met eiwitten. Lichaamsvet is daarentegen een onderhoudsarm orgaan. Vetcellen vervullen weliswaar een cruciale rol in onze hormoonhuishouding – ze zijn de postbodes die op alle belangrijke adressen in ons lichaam boodschappen bezorgen – maar ze verbruiken niet veel energie. Sterker: de meest in het oog springende functie van vetcellen is dat ze energie opslaan. Vet ís energie. Je wordt dan ook niet alleen relatief dikker als je spiermassa verliest, maar ook *objectief*. Dat is te zeggen: als je dezelfde hoeveelheid calorieën tot je blijft nemen. Tenslotte verbruiken minder spieren minder energie en wordt de overtollige energie weer als vet opgeslagen.

Er wordt vaak beweerd dat het metabolisme met het ouder worden 'vertraagt'. De stofwisseling (een ander woord voor metabolisme) is het biochemische proces dat voeding tot organische bouwstenen afbreekt, waarna de onbruikbare reststoffen weer worden afgevoerd. Hoewel er veel meer bij komt kijken, is de omzetting van calorieën uit voedsel naar cellulaire brandstof het belangrijkste onderdeel van dat proces. Met 'vertraagde stofwisseling' wordt meestal bedoeld dat je ineens minder calorieën nodig zou hebben om alle lichamelijke processen gaande te houden. Alsof het lichaam een motor is die zichzelf steeds zuiniger afstelt en op een zeker moment nog maar een fractie van de energie verbruikt die het eerder nodig had.

Nou is het metabolisme een complex proces dat door allerlei factoren wordt beïnvloed. Maar de veronderstelling dat het ouder wordende lichaam bij gelijke inspanning steeds minder brandstof nodig heeft, moeten we naar het rijk der fabelen verwijzen. Helaas, zou je bijna zeggen. Want het ontneemt ons het excuus 'ach ja, ik word nu eenmaal een dagje ouder' als verklaring voor het uitdijende lijf.

Het zogenaamde ouderdomsmetabolisme wordt niet veroorzaakt door een genetisch ingebakken principe dat de energiebehoefte sluipenderwijs verlaagt waardoor je onherroepelijk aankomt. Nee, het is het *gevolg* van een oplopend gebrek aan lichaamsbeweging en/of krachttraining die in spierverlies resulteert. Daardoor verandert de lichaamssamenstelling: de vetvrije massa neemt af, terwijl het zwembandje om het middel steeds prominenter wordt. En omdat spieren energie gebruiken, terwijl vetcellen, als een biologische accu, energie uitsluitend opslaan, versterkt het proces zichzelf.

Bij spierverlies neemt het percentage lichaamsvet automatisch toe, waardoor de vetvrije massa logischerwijs afneemt.

Vergelijk het met oude kaas. Die begint zijn leven vanzelfsprekend als jonge kaas, maar is na een jaar of drie op de plank zo'n 10 procent vetter geworden. Dat is niet omdat de kaasboer met een injectienaald vet heeft ingespoten: de absolute hoeveelheid vet is in die ligtijd niet veranderd. Maar omdat de kaas tijdens het rijpingsproces vocht verliest, wordt het totale volume kleiner, waardoor de gelijk gebleven hoeveelheid vet procentueel groter wordt.

En zo werkt het bij de mens dus ook. Bij gebrek aan voldoende prikkeling slinken onze spieren, waardoor ons vetpercentage toeneemt en daarmee ook de *Rested Metabolic Rate*, in goed Nederlands ook wel het rustmetabolisme geheten (zie kader).

Hoogleraar Luc van Loon: 'Ik durf niet te zeggen dat er helemaal geen sprake is van verouderingsmetabolisme, want bij topsporters zie je gewoon dat de prestaties teruglopen met het ouder worden. Maar wat we wel kunnen zeggen is dat fysieke activiteit en lichaamssamenstelling belangrijker zijn dan leeftijd.'

Kort gezegd: we worden niet dik omdat we oud worden, we worden oud omdat we dik worden.

Buiten het metabole voordeel heeft krachttraining ook positieve effecten op het zogenoemde 'steun- en bewegingsapparaat'. Het zorgt voor een verhoogde botdichtheid, wat je op latere leeftijd minder kwetsbaar maakt voor valpartijen en de kans op gewrichtsklachten als artrose of osteoartrose verkleint. Daarbij verstevigt het je *core*, grofweg het korset van buik- en rugspieren. Lage rugpijn, een kwaal waaraan volgens onderzoek van het RIVM ruim twee miljoen Nederlanders lijden, is voornamelijk het gevolg van spierafbraak in het onderlichaam, en te voorkomen of te verhelpen met spierversterkende oefeningen.

Er is dus alle reden om twee à drie keer per week het krachthonk in te duiken. Voor sommigen kan de overstap van bankhangen naar bankdrukken intimiderend zijn. Het vooruitzicht om je met je midlifelijf tussen de afgetrainde, twintig jaar jongere *hard body's* te begeven, kan een demotiverend effect hebben. Evenals het idee dat iedere man in de sportschool de fysiek van Arnold Schwarzenegger of Arie Boomsma heeft.

In praktijk is er niet zoveel aanleiding voor die drempelvrees. De meeste sportscholen hebben een heel divers ledenbestand, zowel qua leeftijd als niveau. Bij mijn sportschool zie ik schooljongens, studenten, mannen en vrouwen van middelbare leeftijd en zelfs pensionado's. De allergrootste held is een tachtiger, een oud-Olym-

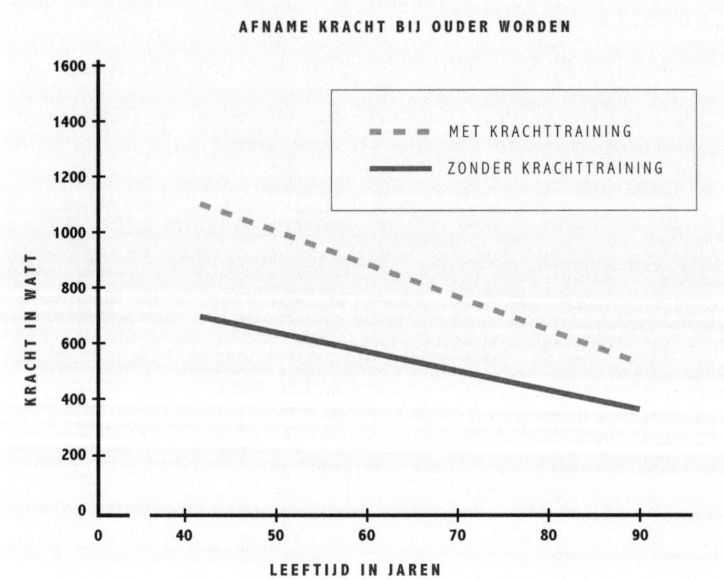

Bronvermelding: J. Faulkner, 2008

pisch atleet die voor Italië als bobsleeër uitkwam en ondanks zijn longfibrose met een zuurstoftas om zijn nek komt trainen.

Het loont de moeite Google-reviews te bekijken om van tevoren een inschatting te kunnen maken of de sfeer en clientèle van een sportschool bij je passen. Het is raadzaam er een te kiezen die dichtbij ligt. Dat lijkt een open deur – vooruit: het *is* een open deur! – maar het is zaak om vooraf zoveel mogelijk obstakels te omzeilen. Als je een halfuur moet rijden om er te komen en vervolgens tien minuten bezig bent om een parkeerplaats te vinden, is de kans groot dat je geen puf meer hebt voor je goed en wel begonnen bent.

Fitnessinstellingen doen uitstekende zaken met types die in januari een langlopend abonnement afsluiten om na twee keer trainen niet meer op te komen dagen. Dat is natuurlijk voor het belangrijkste gedeelte het resultaat van een gebrek aan motivatie, maar je moet het jezelf niet moeilijker maken dan strikt noodzakelijk.

Verder is het, zeker op leeftijd, belangrijk om goede begeleiding te hebben. Krachtsport is geen turnen, het vraagt niet om enorme technische vaardigheden, maar zowel met het oog op de effectiviteit als om het risico op blessures te minimaliseren, is een (personal) trainer zeker in het begin geen overbodige luxe. De budgetfitnessketens, die bijna geen begeleidend personeel in dienst hebben, zijn voor beginnende krachtsporters dan ook niet aan te bevelen. Een goed alternatief zijn de zogenaamde *body-weight* programma's, (online) krachttrainingen die je thuis kunt uitvoeren en waarbij je alleen je eigen lichaamsgewicht gebruikt.

HOEVEEL MOETEN WE BEWEGEN: THE SEQUEL

Om ellendige, premature verouderingskwalen tegen te gaan, moeten we in het dagelijks leven dus meer wandelen, traplopen, fietsen, tuinieren of – vooruit, waarom ook niet – seks hebben. Als de activiteit maar matig intensief is. De 10.000 passen op een dag vormen daarbij een graadmeter (hoewel je er bij die seks dan weer niks aan hebt, maar dat terzijde). Verder moeten we onze spieren met enige regelmaat belasten om ervoor te zorgen dat we ze niet verliezen. Toch zijn we er daar nog niet mee. Er is een derde factor die minstens zo belangrijk is.

Sportwetenschappers spreken van *Cardio Respiratoire Fitness* (CRF), waarbij *cardio* voor 'hart' staat en *respiratoir* voor het 'ademhalingssysteem'. Het is wat wij leken onder 'conditie' verstaan: het vermogen om over een (wat) langere periode een intensieve activiteit uit te voeren. Hardlopen (joggen), wielrennen, baantjes trekken, touwtjepringen of iedere andere activiteit die ervoor zorgt dat de hartslag boven het niveau komt dat er nog een gesprek mogelijk is. Hijgen en zweten, daar komt het op neer.

Cardio, zoals het door sporters wordt afgekort, heeft een aantal cruciale gezondheidseffecten. Door middel van duur- of intervaltraining worden hart en longen sterker. De longen worden geprikkeld om meer zuurstof op te nemen en de hartspier wordt sterker door al die extra belasting. Met als gevolg dat de gemiddelde hartslag, ook in rust, daalt.

Begin jaren zeventig startten Deense wetenschappers een groot opgezet onderzoek naar de samenhang tussen hartslag, gezondheid en levensverwachting. Ruim driehonderdduizend mannen moesten aan het begin van het onderzoek vragen over hun gezondheid en levensstijl beantwoorden. Deden ze aan sport, rookten ze, dronken ze? Et cetera. Daarna werden ze aan een fietstest onderworpen om hun algehele conditie vast te stellen.

Vijftien jaar later werden diezelfde mannen opnieuw onderzocht, onder andere door hun hartslag in rust te meten. In 2001, dertig jaar na de eerste tests, werd het Deense bevolkingsregister geraadpleegd om te zien hoeveel van de testmannen nog in leven waren. Ongeveer 40 procent van hen had het tijdelijke inmiddels voor het eeuwige verruild, en toen de onderzoekdata ernaast werden gelegd, bleek er een duidelijk verband te bestaan tussen de gemiddelde rusthartslag en de levensverwachting. Hoe hoger de hartslag hoe groter de kans om eerder te overlijden. De onderzoekers noemden het 'een onafhankelijke risicofactor'. Het zou de kans op een vroege dood kunnen verdrievoudigen.

Wat is een normale (rust)hartslag

De rusthartslag is het aantal slagen per minuut na minstens vijf minuten zonder activiteit, bijvoorbeeld als je op de bank televisie kijkt of, zoals nu, een boek leest. Daarbij wordt een ritme van tussen de zestig en honderd hartslagen normaal gevonden. Bij professionele duuratleten (wielrenners, schaatsers, marathonlopers) kan de rusthartslag dalen tot wel veertig slagen per minuut. Tijdens de *nacht*rust vertraagt de hartslag nog meer.

Boven een bepaald aantal slagen kan het hart zich niet meer volledig met bloed vullen. Dat is de maximale hartslag. De hoogte daarvan wordt door de leeftijd beïnvloed. Als uitgangspunt wordt daarbij de formule 220 - leeftijd aangehouden. De geschatte maximale hartslag van een man van veertig is 220 - 40 = 180. Bij een getrainde sprinter van die leeftijd ligt het maximum ongetwijfeld hoger, en voor 'gewone' mensen wordt een marge van -15 gehanteerd. De formule moet dan ook worden gezien als richtlijn.

Bij het meten van conditie geldt de snelheid waarmee het hartritme na inspanning daalt als een belangrijke indicatie. Vooral de eerste rustminuut is daarbij van belang. Als na het beëindigen van een stevig rondje hardlopen de puls in de eerste minuut met vijftien tot twintig slagen zakt, ben je, zoals men zegt, goed bezig. Smarthorloges en andere wearables meten deze waarden vanzelf.

Maar met een ouderwets klokje met een secondewijzer en een vinger aan de pols (of de halsslagader) kom je ook een eind.

Cardio Respiratoire Fitness zorgt verder dat de bloedvaten jeugdig en soepel blijven. Daar zie je natuurlijk niets van, maar het vaatstelsel transporteert zuurstofrijk bloed naar alle spieren en organen. Het opjagen van het hartritme, waardoor er veel zuurstof door het bloed wordt rondgepompt, komt het hele lichaam dan ook ten goede. Het verlaagt de bloeddruk en daarmee het risico op hart- en vaatziekten. Daarbij zorgt het voor een verbetering van het zogenoemde 'lipidespectrum', ook wel bloedvetten genoemd.

Cholesterol, een begrip dat doorgaans alleen als waarschuwing wordt gebruikt – 'denk aan je cholesterol, Henk!' – is een van die lipiden. Het is een vetachtige substantie die een belangrijke functie heeft bij de vorming van cellen. We kunnen dus niet zónder, en eigenlijk zou je van een ten onrechte gedemoniseerde stof kunnen spreken. Ware het niet dat cholesterol in twee smaken komt, HDL en LDL. Het voert wat ver om op deze plaats de biochemische eigenschappen van beide varianten uit te pluizen. Het volstaat dat HDL als het 'goede' cholesterol wordt gezien, terwijl LDL in verband wordt gebracht met vervetting van de vaatwanden en daarmee een risicofactor voor onder andere hartinfarcten vormt. Regelmatig een rondje hardlopen, of een activiteit van vergelijkbare intensiteit, zorgt ervoor dat LDL-plaques worden weggespoeld, terwijl het de functionaliteit van het goede cholesterol bevordert.

Ook bij het voorkomen en zelfs behándelen van diabetes type 2, 'ouderdomssuiker', heeft intensief bewegen een zeer gunstig effect. Jezelf regelmatig een beetje afmatten verbetert de insulinegevoeligheid (insuline zorgt ervoor dat suikers in het bloed door spier- en vetcellen worden opgenomen; bij diabetes wordt er minder of helemaal geen insuline meer aangemaakt of reageren de cellen er niet meer op). Je bloedsuikerspiegel wordt minder hoog en je valt ervan af. Bij gebedsgenezingen zie je altijd hoe invaliden na handoplegging hun krukken met een dramatisch gebaar van zich afwerpen, om socpel als een jong veulen de bijeenkomst te verlaten. Bij diabetici die gaan sporten gebeurt – aantoonbaar! – iets soortgelijks. Sommige type 2-patiënten kunnen luttele weken nadat ze met bewegen zijn begonnen hun bloedsuiker verlagende medicijnen weggooien.

Halleluja!

HET BREIN: WITTE STOF TOT NADENKEN

Naast de talrijke fysieke gezondheidsvoordelen die het bewegen biedt, en de vertraging of zelfs omkering van verouderingsprocessen waarin die resulteren, heeft het ook positieve psychologische en neurologische effecten.

Van sporten word je gelukkiger. En slimmer. Dat klinkt als de heilsboodschap van een sportverdwaasde bekeerling. En eerlijk gezegd is dat ook wel een beetje zo. Maar het is waar, *bewezen* waar. Los van de sociale aspecten van sporten in groepsverband en bijvoorbeeld de natuurbeleving die je gratis bij wandelen, hardlopen en wielrennen krijgt, weten we dat intensief bewegen het beloningscentrum in de hersenen activeert. Dezelfde neurochemische stoffen die ervoor zorgen dat we zoet en vet eten onweerstaanbaar vinden, komen ook vrij als we een flink stuk hebben hardgelopen of gefietst. De zogenoemde '*runner's high*' (sorry wielrenners en andere duursporters: zo heet het nu eenmaal) levert een gratis shotje drugs, en het is nog gezond ook!

Professor Scherder: 'Als je flink doorsport komen er in het brein endorfines vrij. Dat zijn opiaten, net als morfine. En daarvan weten we dat het de scherpe randjes ervan afhaalt. Dankzij die endorfine kom je in een prettige sfeer terecht. En als endorfine die beloning is, dan zijn dopamines de verwachting. Samen met andere neurotransmitters zorgen die voor *arousal*, een vorm van opwinding die in de hersenstam ontstaat en er het verlangen activeert om nóg een keer te gaan sporten. Dat beloningssysteem, met die wisselwerking tussen endorfines en dopamines, werkt heel goed. Je voelt je er fitter door, alerter. Minder moe ook. Er zijn studies die laten zien dat als je overdag inactief bent, je 's avonds met vermoeidheid kampt. Tijdens de lockdown hadden mensen echt te lijden onder het feit dat ze minder bewogen. De coronakilo's vlogen eraan, we waren minder gemotiveerd, namen minder initiatieven. De mensen vroegen zich af: wat mankeert mij toch? Nou, vanuit het centraal zenuwstelsel is dat gemakkelijk uit te leggen. Vóór de lockdown vloog je tweemaal daags over de trappen van Utrecht Centraal en rende je nog even naar een kiosk om een cappuccino te halen. We waren toen beslist actiever. En overdag actief is 's avonds ook actief.'

Maar bewegen stimuleert niet alleen bepaalde hersenfuncties, zoals genoemde beloningsprikkels, maar ook het brein zelf.

De Ierse neurowetenschapper Shane O'Mara stelt in zijn wetenschappelijke ode aan het wandelen, het boek *Te Voet*, dat onze hersenen zich in de loop van de evolutie ontwikkeld hebben ten behoeve van het bewegen. 'Als je vastzit, onbeweeglijk op één plek, met je eten om je heen, waarvoor zou je dan een kostbaar brein nodig hebben?'

Onze hersenen stellen ons in staat informatie uit een steeds veranderende omgeving op te nemen en te verwerken, zodat we ons handelen erop kunnen aanpassen. Dat geldt natuurlijk voor alle zoogdieren. Maar het vermogen van de mens om lange afstanden te overbruggen heeft ervoor gezorgd dat wij ons over de hele aarde hebben verspreid en overal manieren hebben gevonden om te overleven.

O'Mara: 'Beweging is essentieel voor het opbouwen van onze kennis van de wereld om ons heen, en de beste vorm van beweging daarvoor is fysieke beweging; lopen is waarschijnlijk de beste beweging van allemaal, omdat met lopen het verstrijken van de tijd overeenkomt met het tempo dat we ons hebben ontwikkeld en waarin het oppikken van informatie uit de omgeving het gemakkelijkst plaatsvindt.'

Bewegen activeert allerlei neurale netwerken in de hersenschors, de centrale computer in ons brein die alle signalen van de zintuigen registreert en verwerkt, om vervolgens tot een handeling, bijvoorbeeld spreken of bewegen, te komen. Een van de functies van de schors is het filteren van al die informatie. Alles wat in een bepaalde situatie niet relevant is wordt weggefilterd. Alleen daardoor kunnen we de concentratie opbrengen om onze activiteiten geconcentreerd te volbrengen. Bij patiënten die aan een beschadigde hersenschors lijden werkt die filter niet meer (goed), waardoor alle prikkels even hard binnenkomen. Ze zijn overgevoelig voor licht, geluid, aanrakingen et cetera. Dat is een verschijnsel dat zowel bij alzheimer als bij hersenschuddingen optreedt.

Verder zorgt de schors voor zogenoemde *respons-inhibitie*. Het voorkomt dat wij ongehinderd door enige terughoudendheid, ongeremd op al onze impulsen reageren.

'Wij kunnen alleen functioneren als we de hele dag remmen,' verduidelijkt Erik Scherder. 'Zonder die rem zit ik bij iedere vrouw op schoot. Dat geldt niet alleen voor gedrag, maar ook voor de grote motorische circuits. Als ik een herseninfarct krijg, zie je dat die systemen ontremd raken, waardoor ik spastisch word. Ook de directe gevolgen van alcohol of drugs: allemaal ontremming, maar dan op emotioneel of functioneel gebied.'

Om die functies goed uit te kunnen voeren heeft de hersenschors regelmatige stimulatie nodig. En tijdens het sporten wordt het brein aanhoudend gebombardeerd met zintuiglijke, ruimtelijke prikkels. Je voelt de grond onder je voeten, de oneffenheden in het terrein, de regendruppels of het zonlicht op je huid, je hoort de wind en de vogels, maar bent ook alert op het geluid van verkeer. Bij balsporten maakt je brein voortdurend wiskundige berekeningen op basis van visuele informatie: wat is het traject van de bal, hoe hard moet je schoppen of slaan om hem te krijgen waar je hem hebben wilt, waar bevindt de tegenstander zich, en waar je medespelers. Na dat sprintje voel je de verzuring in je spieren, het hart dat tegen je borstkas beukt en je longen die om zuurstof schreeuwen. Al je zintuigen staan open, waardoor ook je hersenschors optimaal moet presteren om al die prikkels te verwerken. Je traint niet alleen je spieren, maar ook je brein. En de verwerking van ruimtelijke informatie is eveneens van belang bij cognitieve functies. Scherder: 'Je kunt niet rekenen zonder ruimtelijk te denken. En ook taal heeft ruimtelijke aspecten: het ene woord komt na het andere.

Bij cognitiestudies zie je dat atleten het op hun tachtigste beter doen dan niet-atleten. Nou kan het best zijn dat atleten in aanleg al andere hersenen hebben, en daarom voor de sport kiezen. Maar als je een groep inactieve mensen aan het sporten zet, zie je ook dat er enorme verschillen in het brein optreden.

Witte stof, dat in het brein de verschillende hersengebieden met elkaar verbindt, neemt vanaf je dertigste geleidelijk af. Daardoor worden cognitieve functies kwetsbaarder. Het gaat dan vooral om *fluïde intelligentie*: het probleemoplossend vermogen, nieuwe dingen ondernemen, dénken. Maar je ziet dat die witte stof supergoed reageert op beweging, omdat die de doorbloeding stimuleert. En hoe beter de doorbloeding, hoe beter de verbindingen.'

CONCLUSIE

Als de gezondheidseffecten van regelmatig bewegen in een medicijn konden worden verwerkt – de zogenoemde *polypil* – zou de farmaceut die er patent op aanvraagt de Nobelprijs voor geneeskunde krijgen. Zoals we hebben gezien heeft het een heilzame invloed op zo'n beetje alle onderdelen van het lichaam: botten, spieren, hart, longen, hersenen, ja zelfs op celniveau heeft het effect. Lichaamsbeweging is daarbij de enige manier om de ingrijpendste gevolgen van veroudering tegen te gaan. Toegegeven, als je kaal bent zullen je haren niet terug groeien zodra je elke dag een rondje door het park draaft. En transpiratie is bepaald geen doeltreffende antirimpelcrème. Maar los van de cosmetische verschijnselen zou je het ouder worden kunnen beschouwen als een syndroom: een verzameling van meer of minder ernstige kwalen, die bij elkaar de vitaliteit en de levensvreugde aantasten en uiteindelijk tot de dood zullen leiden. Nou kan niemand van ons Magere Hein voor blijven. Zelfs Usain Bolt zal het te zijner tijd tegen hem afleggen. Maar dat syndroom van veroudering kan wel degelijk worden vertraagd, zodat we ons in ieder geval niet oud hoeven te *voelen* gedurende de tijd die ons nog rest.

De polypil die dit allemaal bewerkstelligt is niet bitter, en nog gratis ook! Honderdvijftig minuten per week matig tot intensief bewegen, dat is alles wat de Gezondheidsraad voorschrijft. Iets meer dan twintig minuutjes per dag. Twee à drie keer per week krachtoefeningen en cardio. Voetballen met vrienden. Hardlopen op een kraakheldere winterochtend. Maar vooral: heel veel meer dagelijkse beweging. Nooit meer de roltrap of de lift. Op de fiets – zonder hulpmotortje! – naar de supermarkt. Lopend naar de glasbak. Klussen. Tuinieren. Schoonmaken. Een bureau zoeken waarachter je kunt staan. Omdat je je na je veertigste geen luiheid meer kunt permitteren.

Mijn zesentachtigjarige vader die op een enkel potje tennis na in zijn hele lange leven nooit heeft gesport en op wonderbaarlijke wijze toch slank is gebleven, hanteert een strikte scheiding tussen sporten en bewegen. Sporten is competitie. Al het andere lichaamsbeweging. Als ik na een stevige intervaltraining nog nahijgend tegen hem zeg dat ik heb gesport, antwoordt hij: 'Nee, je hebt bewógen.' Dat is nogal irritant. Maar diep in mijn hart moet ik hem gelijk geven. Ik speel nooit een wedstrijd. Meet mij nooit met een ander. Ben hooguit mijn *eigen* tegenstander. Misschien komt dat omdat ik zonder enige vorm van sport ben opgegroeid (zie: mijn vader) of dat ik met gym altijd als laatste werd gekozen. Ik weet uit eerste hand dus niets van het saamhorigheidsgevoel in de kantine na een gewonnen wedstrijd of van het collectieve verdriet na een verloren kampioenschap. Dát is sport, dat moet ik mijn vader nageven.

Maar *lichaamsoefening*, in de vorm van een uurtje stevig hardlopen, heeft zo z'n eigen voordelen. Je hoeft nooit op iemand te wachten. Het kan overal. En je keert er altijd voldaan van terug. 's Winters, als het koud, nat en donker is, stap ik 's ochtends niet altijd even vrolijk op mijn hardloopschoenen de drempel over. Maar eenmaal opgewarmd, in het eerste licht van de dag, ben ik altijd weer blij dat ik niet in bed ben blijven liggen. Het helpt als je een natuurliefhebber bent, als je kunt genieten van de mist die optrekt boven een weiland, of van de krokussen die hun kopjes boven de smeltende sneeuw uitsteken. Lopers ervaren de seizoenen met al hun zintuigen, en zelfs als je steeds dezelfde route aflegt, is-ie elke keer weer anders. Ze zeggen dat hardlopen een goede manier is om het hoofd 'leeg' te maken. Dat is een passende metafoor voor de zorgelijke gedachten die van je af vallen als je een stukje gaat rennen. Daarvoor in de plaats komen luchtige mijmeringen, creatieve invallen en oplossingen voor problemen waarvan je niet wist dat je ze had. Lopen maakt het hoofd niet leeg maar zet de ramen van je brein tegen elkaar open om er verkwikkend koele lucht doorheen te laten wervelen.

Ook krachttraining zou je als vorm van motorische meditatie kunnen zien. Want spannend is het natuurlijk niet, een stuk ijzer optillen en dat 3 x 10 keer herhalen. Maar voer die bewegingen zo geconcentreerd mogelijk uit, en het leidt tot een weldadige concentratie. Daarbij is het een heel rustgevende 'sport', omdat je zeker de helft van de tijd zit te niksen. Als je spieren na tien repetities zijn uitgeput, heb je tenslotte één of twee minuten nodig om te herstellen voor je weer verder kunt. Tijd waarin je een bladzijde uit een boek kunt lezen of op je telefoon een filmscène kunt bekijken. Mocht de sportschool dan ook nog over een sauna beschikken, zoals de mijne, dan kom je na een training als herboren buiten.

Dan maar géén sport.

HET BUIKJE (VAN BATMAN)

Buik. Bierspieren. Pens. Speklaag. Het *embonpoint*. Welke naam je er ook aan geeft, het blijft een ding. Na de terugtrekkende haargrens en het onvermijdelijke leesbrilletje is het buikje het meest zichtbare kenmerk van de middelbare leeftijd. Misschien wel het gênantste ook. Kale kerels kunnen sexy zijn, niet in het minst omdat veel vrouwen en homoseksuele mannen weten dat er een verband met testosteron is (al weten ze meestal niet dat de hoeveelheid testosteron daarbij geen rol speelt). En dat brilletje kun je op strategische momenten nog wegmoffelen.

Terwijl het buikje, die weke opeenhoping van welvaart, dat vlezige sediment van je onverzadigbare gulzigheid zich maar moeilijk laat wegmoffelen. Het bolt op onder je shirt, of dat nu strak zit of loshangt. Als je het echt bont hebt gemaakt golft het over de broeksband. Je kunt je buik inhouden tot je een ons weegt, zodra er een centimeters dikke laag vet op zit is er geen houden meer aan (vooruit: als je een *ons* weegt heb je helemaal geen vet en dus ook geen buik meer, maar de lezer begrijpt wat ik bedoel).

Het buikje – let op het veelzeggende verkleinwoord – maakt de man seksloos en ongevaarlijk. Zacht. Week. Aandoenlijk. In reclames zien we vrouwen zwijmelen bij de aanblik van een hevig transpirerende tuinman, glazenwasser of bouwvakker die zich van zijn T-shirt ontdoet om zijn drooggetrainde wasbordje prijs te geven. Er zijn jongens die er een lucratieve social media-carrière op nahouden door elke dag een filmpje van hun sixpack te maken. Rijke influencers die vol trots hun bollende buikje aan hun honderdduizenden volgers tonen moet je daarentegen met een lampje zoeken. En in de reclame wordt de buikige man meestal als een goedmoedige sukkel afgeschilderd – zie Frank Lammers in de Jumbo-commercials.

In sommige homoseksuele kringen wordt de enthousiast behaarde dikke man – de *bear* – weliswaar als sekssymbool gezien, en in 2015 maakte een negentienjarige studentenblogger furore met een post getiteld: '*Why girls love the dad bod*', waarin de lof van het prototypische middelbare mannenlichaam werd bezongen. De *dadbod* – vrij vertaald: het 'paplijf' – beschrijft de fysiek van een nog altijd krachtige, misschien zelfs getrainde man met een buikje dat een liefde voor pizza en bier verraadt. Desondanks geldt in de regel dat een gezonde kerel een platte buik hoort te hebben.

Dat laatste is niet zomaar een manier van spreken; we moeten het letterlijk nemen. Buik- of visceraal vet is in aanleg de bron van heel veel gezondheidsellende. Het hoopt zich niet alleen aan de buitenkant van het lichaam op, maar eveneens aan de binnenkant, tussen de organen. Omdat vet een cruciale functie in onze hormoonhuishouding heeft, vinden endocrinologen dat het een orgaan *is*. Het grootste dat we hebben, nota bene. Een gezond vetpercentage bedraagt zo'n 15 tot 20 procent van het lichaamsgewicht, en kan bij morbide obese mensen oplopen tot boven de 50 procent. Denk daarbij aan de arme zielen uit voyeuristische realityprogramma's die zo dik zijn dat ze zich niet meer voort kunnen bewegen en alleen nog op bed liggen.

Vet wordt gewoonlijk over het hele lichaam verdeeld. Er zitten vetcellen in je oorlel, op je tenen en op je schaambeen. Maar de overtollige energie wordt goeddeels centraal opgeslagen. Wáár is afhankelijk van geslacht, leeftijd en genen. Bij jonge vrouwen nestelt het zich doorgaans op de heupen en de benen, op latere leeftijd verplaatst het zich naar de taille en de buik. Bij jonge mannen verdeelt het vet zich min of meer gelijkmatig over het lichaam, terwijl het zich op latere leeftijd, onder invloed van een afnemende testosteronspiegel en andere hormonale verouderingseffecten, rond het middel concentreert. Vandaar de love handles en dat vermaledijde buikje.

Voor een beter begrip moeten we een onderscheid maken tussen verschillende buiktypen. Tenslotte is de ene pens de andere niet.

1. De droog-hangend-gereedschap-buik
Er zijn mannen die onder de douche hun eigen geslacht niet kunnen zien omdat het zicht daarop door hun buik wordt ontnomen. Met de nodige zelfspot wordt daar op feestjes vaak over gegrapt dat 'goed gereedschap onder een afdakje hangt'.

In werkelijkheid kan overgewicht van die omvang de functionaliteit van het 'gereedschap' behoorlijk in de weg zitten. Zoals we zagen in het hoofdstuk over testosteron kan met name buikvet een verwoestend effect hebben op het libido en het vermogen om een goede erectie te krijgen. Overgewicht versnelt de afname van testosteron, waardoor spierverlies optreedt en je nog sneller aankomt. Het is een zichzelf versnellende negatieve spiraal. 'Droog hangend gereedschap' is een serieus alarmsignaal.

2. Het hongeroedeem
Als jongen kon ik mijn buik als een ballon doen opbollen en weer intrekken tot mijn ribbenkast zichtbaar was. Dat eerste kan ik nog steeds. Onsmakelijke vergelijkingen met mensen die onder de vreselijkste omstandigheden voor hun leven moesten vechten, lagen vanzelfsprekend op de loer. Die zal ik hier niet herhalen, hoewel de typering 'hongeroedeem' al met dat voornemen in tegenspraak is. Het oedeem, een strakgespannen, bolle buik, wordt bij ernstige ondervoeding veroorzaakt door een ophoping van vocht. Niet aangespannen buikspieren kunnen optisch hetzelfde effect veroorzaken. Helemaal bij een laag vetpercentage. Slappe, ongetrainde buikspieren kunnen zelfs bij een gezond gewicht bol ogen. Buikspieroefeningen als sit-ups en crunches zijn weliswaar niet effectief bij het gericht aanpakken van buikvet – daarvoor moet je gewoon afvallen – maar voor het postuur kan het geen kwaad om de boel zo nu en dan eens flink aan te spannen.

3. Het paplijf

Een paar jaar geleden werd Ben Affleck (1972) in zijn zwembroek door een paparazzo gefotografeerd. De acteur die Batman speelt zag er zonder voorgevormd vleermuizenpak aanmerkelijk minder afgetraind uit. Affleck bleek een gewone sterveling te zijn met een lichaam dat menig man van middelbare leeftijd van zijn reflectie in de spiegel zal herkennen. Niet superdik, maar toch een paar pondjes te veel, vooral zichtbaar rond het middenrif. Een dadbod c.q. paplijf. Een kilo of tien te zwaar. Er golfde een tsunami van hoon over het internet. Veel vrouwen, gewend om te worden afgerekend op hun uiterlijk, zullen het als een vorm van rechtvaardigheid hebben ervaren: eindelijk werd er ook eens een vent *gebodyshamed*. Bij mannen zal een gevoel van troost de overhand hebben gehad. Als een Hollywoodster met een eigen gym in de schuur van de miljoenenvilla en een leger aan personal coaches om hem daar te begeleiden de strijd tegen de kilo's al verliest, dan hoeven wij ons al helemaal niet schuldig te voelen.

Wie wat extra bemoediging nodig heeft, kan zijn ogen online de kost geven. Actiester Vin Diesel, Leonardo DiCaprio, ja zelfs Jason Momoa (*Aquaman*, *Conan the Barbarian*, de Dothraki-koning in *Game of Thrones*): in hun zwembroek zien ze er allemaal geruststellend huisvaderig uit. Middelbare leeftijd is de grote gelijkmaker.

Nou hoef je vanuit gezondheidsperspectief helemaal niet over een wasbordje te beschikken. De *Health and Retirement Study*, een langdurig onderzoeksproject uitgevoerd door de universiteit van Michigan, heeft aangetoond dat mannen ouder dan 55 met een matig overgewicht een hogere levensverwachting hebben dan mannen met een 'normaal' gewicht. De mannen die aan ernstig overgewicht – (morbide) obesitas – leden, hadden weliswaar de laagste levensverwachting, maar een bescheiden speklaagje bleek bij het ouder worden tot voordeel te strekken. De verklaringen die daarvoor worden aangevoerd zijn onder andere dat vetkussentjes de gevolgen van een val kunnen verzachten en dat extra energie, in de vorm van vet, bij een langdurig ziekbed van pas kan komen. Daartegenover staat het verschijnsel dat TOFI wordt genoemd: *thin outside, fat inside*. Dat beschrijft personen die ondanks een BMI dat lager is dan 25 toch aan metaboolsyndroom lijden, omdat het lichaamsvet goeddeels rond de organen wordt opgeslagen.

Het vaststellen van het vetpercentage is, vooral als leek, een hachelijke zaak. Bij Bol.com of de Blokker kun je voor een paar tientjes een weegschaal kopen die 'een complete lichaamsanalyse uitvoert' en vetpercentage, spiermassa, BMI, botmassa, spierkwaliteit, buikvet, metabolische leeftijd en zelfs caloriebehoefte zou meten.

In deze wonderweegschalen zitten zogenoemde bio-impedantiemeters, die de elektrische weerstand van het lichaam registreren. Uit de natuurkundeles op de middelbare school weten we nog dat water elektriciteit uitstekend geleidt. Vet bevat, in tegenstelling tot spier-, orgaan- en zelfs botweefsel, nauwelijks water en heeft dus een hoge weerstand. Maar om tot een zekere betrouwbaarheid te komen, moet er op meerdere punten op het lichaam worden gemeten, en niet alleen op de voetzolen. Daarbij zijn er allerlei factoren die de nauwkeurigheid van de resultaten kunnen beïnvloeden. Bewegingswetenschapper prof. Peter Clarys, hoofd van de biometrie-afdeling van de universiteit van Brussel, becijferde dat de metingen van verschillende impedantieweegschalen tot wel 35 procent uiteen kunnen lopen.

Een alternatief is de huidplooimeting, waarbij je met een soort klemtang op verschillende punten de dikte van de huid en de daaronder liggende vetlaag vaststelt. De som van die metingen wordt in een formule tot een percentage omgerekend. Maar ook deze methode is gemankeerd. Ze gaat ervan uit dat bij ieder individu het vet in gelijke mate over het lichaam wordt verdeeld, terwijl dat behoorlijk kan verschillen. Ook maakt het nogal uit hoe stevig je de huidplooimeter aandrukt: hoe harder je knijpt, hoe minder vet je lijkt te hebben.

Nou is het voor de gemiddelde man ook niet echt van belang om exact te weten wat zijn vetpercentage is. Een vetmeting is geen Marslanding, het resultaat kan er gerust een paar procenten naast zitten zonder dat het meteen tot grote ongelukken leidt. Er zijn dan ook eenvoudiger methoden die niet zozeer het vetpercentage becijferen, als wel gewoon de omvang van de buik. Er zijn speciale BMI-meters (zie het kader over Body Mass Index) op de markt, maar het kan ook met een meetlint uit de naaidoos of zelfs met een rolmaat (al is dat koude staal zelfs op de beter geïsoleerde buik niet echt prettig).

BODY MASS INDEX NEDERLANDSE MAN

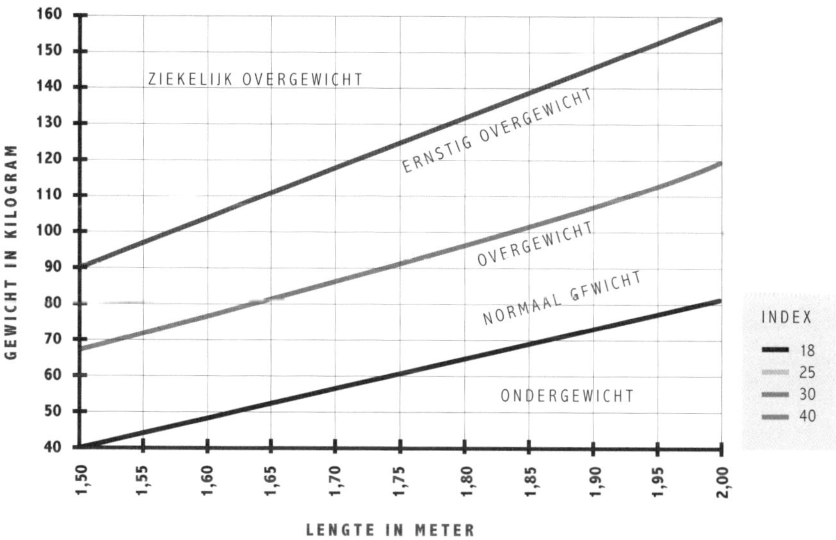

Bronvermelding: Wikipedia

Een gezonde mannenbuik meet in omtrek tussen de 79 en 94 centimeter. Als de rolmaat meer dan 102 centimeter aangeeft, zit je in de gevarenzone: dan is er sprake van obesitas, wat op de lange termijn een indicatie is voor chronische gezondheidsklachten. Daartussen is er sprake van matig, maar niet per se schadelijk overgewicht en kun je Batman en de Dothraki-koning een hand geven.

Onderzoekers van de Londense City University adviseren op basis van medische data die ruim twintig jaar bestrijken, dat de buikomtrek niet groter mag zijn dan de helft van je lengte. Als we een volstrekt willekeurige, niet al te lange man van 177 centimeter nemen (daar is-ie weer!), zou zijn buikomtrek maximaal 88,5 centimeter mogen meten. De studie toonde aan dat de gemiddelde levensverwachting exponentieel daalt met het toenemen van de buikomvang. Het is een kinderlijk eenvoudige methode, die voor zowel mannen als vrouwen opgaat, en meer zegt dan BMI (alleen).

Om tot een betrouwbaar resultaat te komen is het zaak te meten in het gebied tussen de onderste (zwevende) rib en de bovenkant van de heup. Het meetlint dient over de navel te lopen. En ja, je buik inhouden is toegestaan. Want we meten vet en geen slappe buikspieren.

BMI: BODY MASS INDEX

In vrijwel alle publicaties over een gezond gewicht wordt BMI genoemd als de primaire methode om objectief te bepalen of je te dik bent. BMI is de afkorting van *Body Mass Index*, ofwel: het gewicht in kilo's gedeeld door het kwadraat van de lengte in centimeters. Halen we de volkomen willekeurige, 84 kilo wegende man van 177 centimeter weer van stal, dan luidt de berekening als volgt: 84 / (1,77 x 1,77) = 26,8.

Te zwaar, volgens de tabellen! Want een BMI van 23 tot 25 geldt als gezond. Zak je daaronder, lijd je aan ondergewicht. Maar onze willekeurige proefpersoon weegt dus zeker zes kilo te veel.

Hoewel?

Body Mass Index zegt helemaal niets over lichaamssamenstelling, over de verhouding tussen vet en vetvrije massa. Terwijl het daar toch om gaat. Tegen spieren, zwaar als ze zijn, hebben wij geen bezwaar. Arnold Schwarzenegger zou op zijn hoogtijdagen als bodybuilder, in de eerste helft van de jaren zeventig, ruim 111 kilo hebben gewogen. Bij een lengte van 188 centimeter zou Arnie een BMI hebben gehad van, houd u vast, *31,4*. Dat valt in de categorie obees en zou bij de huisarts, op basis van alleen dat cijfer, alle alarmbellen doen afgaan.

Maar professionele, wedstrijd-'droge' bodybuilders hadden destijds een vetpercentage van zo'n 8 procent (tegenwoordig komen competitieve krachtsporters op het hoogste niveau niet boven de 5 procent uit). Arnie had dus een vetvrije massa van 92 procent en zou met dat vetpercentage, bij een normaal spiervolume, naar de diëtist zijn gestuurd. *Om aan te komen.* Anorexia-patiënten hebben geregeld een vetpercentage dat twee keer zo hoog is als dat van Schwarzenegger. Door zichzelf uit te hongeren hebben ze zoveel spieren verloren, dat de lichaamssamenstelling uit balans raakt en ze, hoewel uitgemergeld, *relatief* nog veel vet op de botten hebben.

Bewegingswetenschapper Luc van Loon formuleert het plastisch: 'Een aanzienlijke stijging van het BMI is zeker een teken aan de wand. Maar alleen met het behoud van een acceptabele Body Mass Index ben je er niet. Ik kan mijn hele leven dezelfde BMI behouden, terwijl ik tegelijkertijd obees aan het worden ben. Als ik mijn lengte behoud, maar veel spieren verlies terwijl ik een hoop vet kweek, dan kan ik een enorme pens krijgen maar blijf ik toch op hetzelfde gewicht. Een zogenaamd 'gezond BMI' is dus geen garantie voor een gezond gewicht. Het is alleen een richtlijn, een handvat voor het gemiddelde publiek om bij het bepalen van het gewicht een correctie voor lichaamslengte door te kunnen voeren. Het zegt dus niet per se iets over de lichaamssamenstelling.'

De gemiddelde BMI van Nederlandse mannen, onderverdeeld naar leeftijdscategorie

30-39 jaar: 25,2
40-49 jaar: 26,2
50-59 jaar: 26,5

Percentage ondergewicht, normaal gewicht, matig overgewicht en obesitas bij Nederlandse mannen, onderverdeeld naar leeftijdscategorie op basis van BMI

Leeftijd	< 18,5	18,5 - 25	25 - 30	30 >
30-39	0,7	51,9	39,8	7,6
40-49	0,2	38,4	48,7	12,7
50-59	0,2	35,8	50,4	13,6
60-70	0,3	32,2	50,9	16,6
Gemiddeld:				
30-70	0,4	39,7	47,4	12,5

(Bron: RIVM, 2018)

Onze volstrekt willekeurige proefpersoon, 56 dit jaar, zit dus nét drie procentpuntjes boven het gemiddelde in zijn leeftijdscategorie. Een tikkeltje aan de stevige kant, dat moet hij toegeven. Maar waar zijn Body Mass Index geen rekening mee houdt, is het feit dat hij al een paar jaar vrij intensief aan krachtsport doet. Hij deadlift 130 kilo, bankdrukt er 80 en op de legpress heeft hij de 180 weleens aangetikt. Dat harde werk heeft geresulteerd in een aanzienlijke spiermassa. En dat geeft de naald van de weegschaal een behoorlijke zwieper.

Hoewel de volstrekt willekeurige proefpersoon vastbesloten is voor het einde van dit boek helemaal van zijn – om met Luc van Loon te spreken – 'pens' verlost te zijn, geeft de buikmeting inmiddels het bemoedigende resultaat van 88 centimeter aan. Een halve centimeter *minder* dan het maximum van de Britse buik-versus-lengte-methode. Dat gaat de goede kant op. Het heeft er alle schijn van dat de proefpersoon zowaar een gezond gewicht heeft.

DE BLOKJESBUIK

De grootste vijand van het wasbord is het sixpack. Dat is te zeggen: het sixpack bier. Alcohol is met 7 kilocalorieën per gram maar net iets minder dikmakend dan vet, dat 9 kilocalorieën per gram levert. Daarbij hoeft alcohol niet door de maag verteerd te worden, omdat het direct vanuit de bloedbaan door de lever wordt verwerkt, die het in (buik)vet omzet. Daarnaast bevat een blikje bier van 330 ml ook nog eens 10 gram koolhydraten (4 kcal per gram), dus dat tikt lekker aan. Vooral als je daar nog een bitterballetje of een bakje gemengde nootjes bij weg knaagt.

Het wonderlijke is: onder die beruchte bierbuik kunnen keiharde *abs* schuilgaan. Een klein of zelfs stevig zwembandje staat het trainen van je buikspieren tenslotte niet in de weg. Als je te dik bent om sit-ups te doen, heb je wellicht een probleem. Maar met het matige overgewicht dat veel mannen van middelbare leeftijd eigen is, kun je een blokjesbuik als die van Cristiano Ronaldo trainen. Eén ding: je kunt die blokjes alleen niet zien.

'Buikspieren kweek je in de keuken,' zo luidt een veel gebezigde sportschoolwijsheid. Het is een waarheid als een koe. Want voor *zichtbare* buikspieren is een laag vetpercentage noodzakelijk. Het exacte percentage kan per individu verschillen. Maar gemiddeld ligt het voor mannen tussen de 10 en 15 procent. Een percentage dat lastig te bereiken, en nog moelijker te handhaven is. Temeer omdat het kweken van spieren behoorlijk wat calorieën vereist. Om aan de benodigde proteïnen te komen, de bouwstenen van spieren, gaan krachtsporters zich te buiten aan gigantische hoeveelheden kip, eieren en tonijn. Als je daarbovenop een paar biertjes en pizza lust, al was het alleen in het weekend, dan slaat de caloriebalans al snel naar de verkeerde kant door.

Gericht afvallen, gewicht verliezen op één specifieke plaats van het lichaam, is onmogelijk. Eindeloos repetitieve buikspieroefeningen doen in de hoop dat die blokjes een voor een tevoorschijn ploppen is dan ook zinloos. Een *full body* krachtsportprogramma, eventueel aangevuld met cardiotraining, zet op termijn meer zoden aan de dijk. Het zorgt voor een toename van de vetvrije massa en geeft de testosteronspiegel een zwieper, waardoor je sneller afvalt. Buikspieroefeningen maken daar vanzelfsprekend deel van uit en helpen, als gezegd, om de boel een beetje aangespannen te houden. Maar voor spierdefinitie – spieren die onder de huid zichtbaar zijn – is vooraleerst een laag vetpercentage noodzakelijk. Dat is een van de redenen waarom jonge jongens er na drie bezoekjes aan de sportschool al uitzien als Brad Pitt in *Thelma & Louise*: niet alleen giert het testosteron overvloedig door hun lijven, ook hebben ze nog zo weinig vet op de botten dat hun *gains* (= sportschools voor spiertoename) direct zichtbaar zijn. Wat onverlet laat dat het wasbord, de sixpack en/of de blokjesbuik voor mannen van middelbare leeftijd niet per definitie buiten bereik ligt. Het is een beetje afhankelijk van je genetische aanleg en zal vermoedelijk wat meer moeite kosten dan op je twintigste. Maar het is vooral het onderhoud dat een ijzeren discipline vraagt.

VOEDING: VET, EIWITTEN EN KOOLHYDRATEN

Daphne Deckers is bestsellerauteur, voormalig *Playboy*-model, echtgenote van Wimbledonkampioen Richard Krajicek en daarbij niet onverdienstelijk gelegenheidsactrice. Ze speelde in *All Stars* en was 'PR Lady' in de James Bond-film *Tomorrow Never Dies*. Maar werkelijk onvergetelijk is haar rol in een televisiecommercial voor het van oorsprong Spaanse lollymerk Chupa Chup (*chupar* is Spaans voor 'zuigen', het is maar dat u het weet). Daar speelt zij een verantwoordelijke moeder, die nauwlettend in de gaten houdt wat haar kinderen binnenkrijgen. 'Zomaar wat snoepen, dat doen we hier niet,' zegt mama Daphne, 'bij ons is het fruit! Daarom vinden ze Chupa Chups lekker. Dat komt door de toevoeging van écht vruchtvlees. En... d'r zit geen vet in. Dus als ze willen snoepen, mogen ze van mij Chupa Chupen. En ik neem er zelf ook een.' We zien hoe Daphne suggestief een lolly in haar mond neemt om er eens lekker aan te *chuparen*.

Een Chupa Chup is een suikerbol, die daarnaast glucosestroop (goeddeels óók suiker) en wat voedingszuren bevat. Dat echte vruchtvlees waar Daphne het over had, is een geconcentreerd fruitpapje waar alle vezels, vitaminen en mineralen uit zijn gekookt tot er, u raadt het al, uitsluitend suiker overblijft. Niet dat het überhaupt veel verschil maakt, want het fruitconcentraat vormt hooguit 3 procent van de bestanddelen.

Niettemin wekt Daph de suggestie dat vanwege al dat gezonde vruchtvlees kinderen er onbekommerd van kunnen snoepen. Temeer omdat er – nou ja, het is een wonder! – dus helemaal geen *vet* in die Chupa Chups zit!

Vet behoort met koolhydraten en proteïnen (eiwitten) tot de drie zogenoemde macronutriënten. Een mens kan niet zonder vet. Ons brein bestaat er voor 60 procent (!) uit. Ook onze celmembranen, de microscopische vliesjes die de bouwstenen van het menselijk lichaam omhullen, bestaan uit vetten. We zagen eerder al dat vet een belangrijke rol speelt bij het transport van hormonen. Zonder vet zouden we uit elkaar vallen. Vet is onze vriend!

Maar als we de voedingsindustrie moeten geloven, is het de baarlijke duivel. Het wordt ons al decennialang ingepeperd: vet is ongezond, en daarom moeten we het zoveel mogelijk uit ons leven bannen. We moeten magere melk drinken, de randjes van ons vlees snijden, margarine in plaats van boter smeren en uitsluitend aan vetvrije vruchtenlolly's sabbelen.

De oplettende lezer zal opmerken: 'Ja, hoor eens even, zélf doen jullie ook aan de demonisering van vet! Was het niet zo dat buikvet, visceraal vet in het bijzonder, de bron van alle middelbare gezondheidsellende is?' Waarop wij zullen antwoorden dat het overtollige calorieën zijn die, opgeslagen *als* vet voor problemen kunnen zorgen. Niet het spul zelf. Voor de energiebalans, het verschil tussen wat je inneemt en verbruikt, maakt het tenslotte geen verschil of calorieën uit vet, koolhydraten of eiwitten komen. Het lichaam kan dus zélf vet aanmaken (al kun je de zogenoemde essentiële vetzuren uitsluitend via voeding opnemen). Vet maakt niet vet. Te veel calorieën maken vet.

Hoe kan het dan dat vet in zo'n kwaad daglicht is komen te staan? Wij hebben toch voedingswetenschappers die inmiddels van alle voedingsmiddelen, macro- én micronutriënten wel hebben uitgezocht wat gezond is en wat niet? Tenslotte worden we dagelijks om de oren geslagen met wetenschappelijk onderbouwde gezondheidsclaims over vitaminen, mineralen, antioxidanten, proteïnen, en ja, omega*vetten*. Is voeding geen periodieke tafel: een rangschikking van scheikundige elementen, waarvan de exacte werking op het menselijk lichaam nauwgezet in kaart is gebracht?

Nou, ehm… nee. Dat ligt iets gecompliceerder.

Na de Tweede Wereldoorlog zag men in Amerika een scherpe toename van patiënten die aan hart- en vaatziekten leden. De oorzaak van die zorgelijke ontwikkeling werd al snel gevonden. Het eveneens toegenomen overgewicht van de Amerikanen was de boosdoener. En dat werd vervolgens toegeschreven aan het feit dat ze meer vlees en zuivel waren gaan eten. De verzadigde vetzuren in dat voedsel zorgden voor verhoogde cholesterolwaarden, waardoor de aderen dichtslibden, wat onvermijdelijk tot hartinfarcten zou leiden. Het was de tijd waarin eieren werden gezien als levensgevaarlijke cholesterolbommen. Eind jaren zeventig vaardigde het Amerikaanse congres een officieel advies uit waarin de bevolking stellig werd aangeraden in het vervolg mager vlees – bijvoorbeeld kip - en magere zuivelproducten te nuttigen.

De voedselindustrie sprong handig op dat advies in door zogenoemde *light*producten op de markt te brengen. De gevolgen daarvan zien we nog steeds in de schappen van onze eigen supermarkten: op tal van etiketten wordt ons toegeschreeuwd dat het product in kwestie maar een piepklein percentage of helemaal geen vet bevat.

Eén probleempje: vet geeft voedsel smaak. Haal het eruit en je houdt een flauwe hap over. Gelukkig had de voedingsindustrie daar een passende oplossing voor: het vet werd vervangen door suiker. Koolhydraten, de macronutriënt waartoe suiker behoort, leveren maar vier calorieën per gram tegen negen calorieën per gram voor vet. Een winst van vijf calorieën per gram! Door de ene macronutriënt door de andere te vervangen zouden we ons bij wijze van spreken slank kunnen eten. Eerder in dit boek herinnerde Olympisch schaatskampioen Mark Tuitert zich hoe zijn coach hem destijds opdroeg veel boterhammen met vruchtenhagel te eten en boter, melk en eieren te laten staan. Suiker (in vruchtenhagel zitten evenveel vruchten als in lolly's) als wetenschappelijk aanbevolen dieet voor topsporters. Dan moest het voor de gewone man toch ook reuzegezond zijn!

In praktijk bleek dat, om het eufemistisch uit te drukken, niet helemaal het geval. Uit onderzoek is gebleken dat consumenten procentueel weliswaar minder vet zijn gaan eten, maar dat komt voornamelijk omdat ze veel méér koolhydraten/suikers zijn gaan consumeren. In de meeste 'light'-producten nam het *totale* aantal calorieën niet dramatisch af na die vet-suiker-wisseltruc. Daarbij suggereerde dat light-etiket dat je er onbekommerd van kon eten. Want er zat geen vet in, en dus werd je er niet dik van.

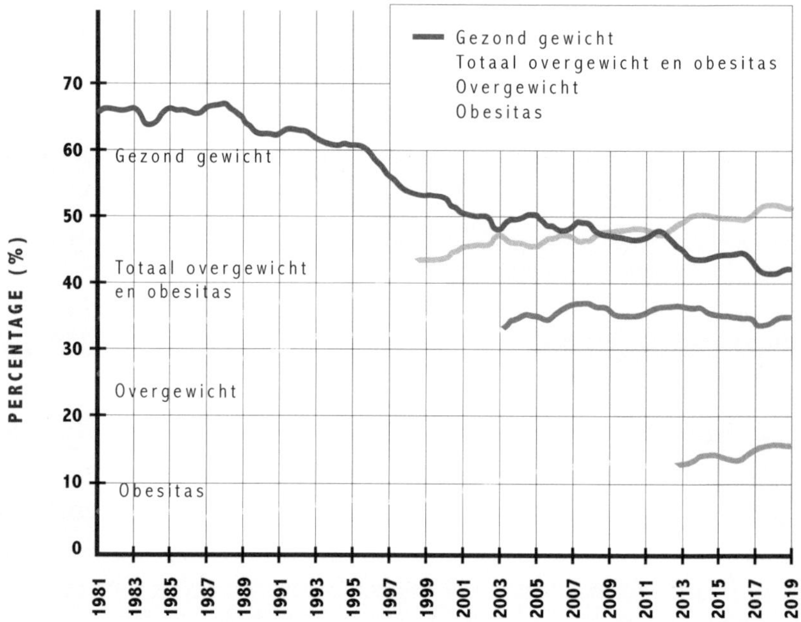

Bronvermelding: Gezondheids/leefstijl enquete CBS, 2017

Of dat de reden is dat Amerikanen, en in hun kielzog de rest van de westerse wereld, alleen maar dikker zijn geworden, is wetenschappelijk niet met zekerheid vast te stellen. Opmerkelijk is het in ieder geval wel. *Driekwart* van de volwassen Amerikanen lijdt inmiddels aan overgewicht, de helft is zelfs obees. In Nederland is ruim 50 procent van alle volwassenen te zwaar, terwijl 14 procent obesitas heeft.

En hoewel de schappen nog altijd vol staan met lightproducten, zijn de opvattingen over vet de afgelopen jaren dramatisch veranderd. Zo is het besef ingedaald dat het ene vet het andere niet is en dat je een onderscheid kunt maken tussen gezonde en ongezonde varianten. De verzadigde vetzuren uit zuivel en vlees blijken minder grote killers dan altijd werd aangenomen. Het bewijs dat onbewerkte verzadigde vetten uit dierlijke producten de gezondheid zouden schaden, lijkt bij nader inzien behoorlijk wankel. Daarbij wordt het regelmatig gelogenstraft door de praktijk.

In de reportagereeks *Ondersteboven van Afrika* doorkruist acteur/presentator Waldemar Torenstra per motor het Afrikaanse continent. In Soedan ontmoet hij een herdersstam, de Dinka, die te midden van een enorme kudde koeien leeft. De herders houden zichzelf in leven op een dieet van volle melk en rundvlees. Een van hen, een jongeman die na een studie in de grote stad in het herderskamp is teruggekeerd, zegt: 'Hoe langer je hier woont, hoe beter je bestand bent tegen ziektes.' En dat klopt: ondanks hun vetrijke dieet is geen van de herders te dik en komen hart- en vaatziekten er niet of nauwelijks voor. Dat geldt ook voor andere herdersvolken met eenzelfde voedingspatroon. Terwijl ze volgens de geldende opvattingen toch collectief op de hartbewaking moeten liggen.

Van andere vetten is inmiddels aangetoond dat ze een ronduit *positief* effect op de gezondheid hebben. Omega-vetzuren, beschikbaar in de varianten 3 en 6, zouden juist beschermen tegen hart- en vaatziekten. Ze komen voor in vette vis als zalm of haring en in schaaldieren. Maar ook het vet in noten en bijvoorbeeld avocado wordt als gezond aangemerkt. Wat onverlet laat dat het, juist *vanwege* dat vet, caloriebommen zijn.

Volgens de laatste inzichten geldt voornamelijk transvet als grote boosdoener, de industriële variant in het bijzonder. Het gaat dan om kunstmatig geharde, gehydrogeneerde vetten, die gebruikt worden in koekjes, snacks en zoutjes, maar ook in margarine. Transvet bestaat uit een plantaardige olie, gewonnen uit zonnebloemen-, lijn- dan wel koolzaad of de vruchten van palmbomen, die middels een chemische bewerking wordt gestold. Tenslotte blijft olie zelfs bij lagere temperaturen vloeibaar. Maar door de toevoeging van waterstofgas verandert de moleculaire verbinding van de olie, waardoor het op kamertemperatuur stevig blijft. Er zijn serieuze aanwijzingen dat dit transvet, in margarines dus gepresenteerd als verstandig alternatief voor roomboter, de grootste gezondheidsproblemen veroorzaakt. Al moet daarbij ook in ogenschouw worden genomen in welke *producten* ze worden gebruikt. Zouden donuts, diepvriespizza's of Hamka's-zoutjes echt veel gezonder worden zodra het transvet is vervangen?

Nu natuurlijk vet langzaam gerehabiliteerd wordt, is er een andere macronutriënt die als sluipmoordenaar wordt aangewezen. Koolhydraten, door zelfbenoemde gezondheidsgoeroes vaak aangeduid als *carbs*, afgeleid van het Engelse *carbohydrates*, zouden de werkelijke dikmakers zijn.

Nou zitten planten bomvol carbs.

Tomaten? Wortels? Appels? Sla? Als we het enorme percentage water gemakshalve even buiten beschouwing laten, zijn het niets dan carbs.

Koolhydraten vallen chemisch uiteen in suikers en zetmeel (dat in het lichaam ook in suiker wordt omgezet), en vormen, zoals we eerder zagen, de belangrijkste bron van energie voor onze cellen. De spieren en het brein hebben koolhydraten nodig om te kunnen functioneren. Niet voor niets doen sporters aan *carb loading*: het stapelen van koolhydraten in de aanloop naar een wedstrijd. Wielrenners eten veel pasta, afgewisseld met witte rijst, omdat het de snelste manier is om veel energie te verstouwen. Bij hen geldt: hoe *minder* vezels en voedingsstoffen hoe beter. Vezels stimuleren de darmen, en dat moet je niet hebben als je net aan het demarreren bent. En voedingsstoffen leveren geen energie.

Dus ja, pasta en rijst, maar ook brood en aardappelen behoren tot de veelkleurige familie van de koolhydraten. In dit geval van de zetmelige tak. Het is voeding waarbij we ons, anders dan bij appels of sla, kunnen voorstellen dat je er misschien dik van kunt worden. Tenslotte weten we allemaal hoe *vol* je kunt zitten – om het plastisch uit te drukken – van een flinke stapel boterhammen, een kom spaghetti of een bord dampende boerenkool.

Maar wielrenners staan bepaald niet bekend om hun forse postuur. En Nederlanders leefden eeuwenlang op weinig anders dan piepers en brood. Toch kwam overgewicht vroeger alleen bij uitzondering voor. Daar moeten we overigens niet al te nostalgisch over doen: grote delen van de bevolking kampten met ondervoeding en honger.

Maar in de jaren zeventig beginnen wij collectief steeds meer uit te dijen, terwijl de aardappelconsumptie in die periode alleen maar afnam. In de jaren zestig aten Nederlanders gemiddeld 130 kilo bintjes of eigenheimers per jaar, tegenwoordig hooguit 50 kilo. Desondanks is het aantal Nederlanders met overgewicht of obesitas in die periode omhooggeschoten.

Nog een voorbeeld. De top 5 van landen waar per hoofd van de bevolking de meeste rijst wordt geconsumeerd zijn in aflopende volgorde: Bangladesh, Laos, Cambodja, Vietnam en Indonesië. Niet echt naties die bekendstaan om hun dikke bevolking. En Italië, het land waar ze niet zelden twee keer per dag een bordje pasta naar binnen slurpen, behoort tot de Europese landen met het láágste gemiddelde BMI.

Zou het gewicht dan verband kunnen houden met een derde categorie carbs? Want snoep, frisdrank, gebak, zoutjes, suikerklontjes en Chupa Chup-lolly's: ook dat zijn dus allemaal carbs.

Voedingswetenschappers en diëtisten maken een onderscheid tussen langzame en snelle koolhydraten. De laatste worden vlot in het bloed opgenomen, waar ze een piek in de suikerspiegel veroorzaken. Die wordt gevolgd door een stoot insuline, waardoor de voedingsenergie door de spieren en het brein kan worden opgenomen. Wanneer er te veel insuline in omloop is, raken de cellen die de energie moeten opnemen verzadigd en wordt de overtollige energie in vetcellen opgeslagen.

Langzame of *complexe* koolhydraten worden geleidelijker in het bloed opgenomen en zorgen dus minder voor een piekbelasting van het metabolisme. Gesimplificeerd komt het erop neer dat een groot glas cola voor een snel shotje energie zorgt, terwijl een flinke stronk broccoli zijn energie veel trager afgeeft. Zowel cola al broccoli behoren tot de bonte familie der koolhydraten, maar de een is dus 'ongezonder' dan de ander. Waar dat in dit voorbeeld voor de hand ligt, zijn er andere voorbeelden denkbaar die veel minder logisch lijken. Zo behoren rauwe wortels tot de langzame carbs, terwijl gekookte wortels tot de snelle koolhydraten worden gerekend.

Alle koolhydraathoudende voedingsmiddelen kunnen worden gerangschikt op de zogenoemde Glycemische Index (GI). Glycemie is de maat waarmee de hoeveelheid in het bloed opgeloste glucose (suiker) wordt gemeten. En de rangorde op de GI geeft aan hoe snel een voedingsmiddel de bloedsuikerspiegel laat stijgen. Pure glucose staat met een GI van 100 per 50 gram koolhydraten bovenaan, terwijl kikkererwten met een GI van 10 de hekkensluiters zijn.

Het is best nuttig eens een blik te werpen op die Glycemische Index. Gewoon, om eens een indruk te krijgen. Maar een heel praktisch hulpmiddel is het niet. Zelfs als je in de supermarkt alle producten langs de glycemische meetlat legt, wat ongetwijfeld buitengewoon vermoeiend is, ben je er nog niet. Want zoals we bij die wortels hebben gezien beïnvloedt de bereidingswijze de positionering op de ranglijst. Daarbij is ook de absolute hoeveelheid koolhydraten die je consumeert van belang. Rozijnen hebben een relatief hoge Glycemische Index, maar tenzij je jarig bent en je moeder een gezonde traktatie meegeeft, eet je er zelden meer van dan hooguit een paar. Terwijl volkorenbrood relatief laag op de lijst staat. Maar als je zes boterhammen met pindakaas, eveneens laag op de GI, naar binnen stouwt, krijgt je bloedsuikerspiegel het toch harder te verduren dan met die rozijntjes.

Daarbij: zouden gekookte wortelen werkelijk ongezonder zijn dan rauwe?

Ik ben geen voedingswetenschapper of diëtist, dus ik heb onvoldoende kennis om die vraag te beantwoorden. De grap is alleen dat voedingswetenschappers, diëtisten en (vooral) eetgoeroes eveneens in het duister tasten. De wetenschap is weliswaar uitstekend in staat gebleken om alle biochemische componenten van voedsel in kaart te brengen en van veel van die bestanddelen kennen we de werking. We weten hoe koolhydraten in het lichaam tot eenvoudige glucosemoleculen worden omgezet, dat vitamine B1 de werking van het zenuwstelsel bevordert en vezels essentieel zijn voor de stoelgang. Alleen nemen we zelden een handje koolhydraten of een flinke hap vezels. We eten maaltijden met verschillende ingrediënten, die tezamen een waaier aan macro- en micronutriënten bevatten. In hoeverre die elkáár beïnvloeden is nauwelijks bekend. We weten bijvoorbeeld dat de samenstelling van het zogenoemde *microbioom*, de verschillende bacteriën in onze darmen, niet alleen cruciaal voor de gezondheid is, maar ook dat die anderhalve kilo wegende bacteriecocktail van individu tot individu verschilt.

Het lijkt dan ook voor de hand te liggen dat iedereen verschillende diëtaire behoeftes heeft. Wat gezond is voor de een, kan ongezond zijn voor de ander. Wij Nederlanders klokken gemakkelijk een half litertje melk weg en de Dinka-herders uit Soedan weten er ook wel raad mee, maar het overgrote deel van de wereldbevolking is lactose-intolerant en verdraagt dus geen melksuiker. Zo moeten er meer variabelen zijn, bij veel kleinere populaties. Alleen is het ongelofelijk lastig om dat wetenschappelijk te onderzoeken. Eerst moeten er grote populatiestudies worden verricht, waarbij gekeken wordt of een bepaalde aandoening theoretisch in verband kan worden gebracht met verschillen in voedingspatroon. Vervolgens moet men in een gecontroleerde setting verschillende groepen met elkaar gaan vergelijken. De ene groep krijgt bijvoorbeeld een halfjaar lang alleen gekookte worteltjes, de tweede alleen rauwe, terwijl de derde groep helemaal geen wortels eet. Omdat wetenschappers niet kunnen controleren wat grote groepen mensen over een langere periode tot zich nemen, zijn ze afhankelijk van wat die onderzoeksgroepen daar zélf over melden. Daarvan is bekend dat het notoir onbetrouwbare data oplevert. Verder eten de deelnemers aan die onderzoeksgroepen, afgezien van die wortels, allemaal wat anders, wat de uitkomst van het resultaat kan beïnvloeden. Als er al een significant verschil uitrolt, kan dat dan ook niet oorzakelijk aan die wortels worden toegeschreven. Bij producten of ingrediënten die schadelijker zijn dan wortels, bijvoorbeeld omdat ervan wordt vermoed dat ze kanker veroorzaken, kan zo'n interventiestudie helemaal niet worden uitgevoerd. Dat zou onethisch zijn.

Kortom, de voedingswetenschap heeft vooralsnog betrekkelijk weinig keiharde kennis opgeleverd. Desondanks, of misschien zelfs daaróm, wordt er heel veel beweerd, met een stelligheid die gewoonlijk weinig of geen wetenschappelijke basis heeft. Dat is van alle tijden. De meeste religies kennen bijvoorbeeld spijswetten. Meestal zijn die puur ritueel van aard. Maar soms wordt er eeuwenoude warenkennis mee overgedragen. Zo moest een tot het christendom bekeerde Inuit (Eskimo) van een zendeling de lever van een ijsbeer eten, wat zijn traditionele geloof verbood, om aan te tonen dat hij zijn oude religie werkelijk had afgezworen. De arme Inuit stierf kort daarna: ijsberenlever is giftig. Zijn verre voorouders wisten dat al en hebben die kennis als religieus gebod overgeleverd. Het verbod op ongeschubde vissen, zoals paling en steur, in de joodse spijswetten is daarentegen een puur theologische aangelegenheid.

Cornflakes zijn uitgevonden door de Amerikaanse arts John Harvey Kellogg, een vrome zevendedagsadventist die meende dat zondige activiteiten als masturbatie veroorzaakt werden door een dieet van dierlijke proteïnen. Wie de dag begon met een bordje maisvlokken zou in het vervolg met de handjes boven de dekens slapen. Je zou kunnen zeggen dat Kellogg deels verantwoordelijk is voor de obesitasepidemie in de VS, omdat veel Amerikanen met gesuikerde granen – *cereals* – ontbijten. Ware het niet dat dokter Kellogg ervan overtuigd was dat eten zo smakeloos mogelijk moest zijn en zijn cornflakes daarom ongezoet opdiende.

Een dikke eeuw later kun je geen tijdschrift openslaan of geen website bezoeken zonder over 'gezonde' voedingsadviezen te struikelen. 'Powerfoodie' Rens Kroes riep haar Instagramvolgers op tweemaal daags een glaasje kleiwater te drinken om het lichaam eens lekker te ontgiften. Een ooit verstandig opinietijdschrift als *HP/De Tijd* berichtte onlangs doodleuk dat 'suiker net zo verslavend als cocaïne is'. De damesbladen die decennialang gewaarschuwd hebben tegen de gevaren van vet, doen nu hetzelfde met koolhydraten. Een jaar of wat geleden werden we doodgegooid met nieuws over *superfoods* als quinoa, chiazaad en *kale* (dat laatste bleek gewoon Engels voor boerenkool te zijn), die je in een blender tot een *green smoothie* moest mixen, waarna je het eeuwige leven had. *NRC Handelsblad* waarschuwde in november nog tegen de gevaren van koolhydraten, om in januari doodleuk te schrijven: 'Meer koolhydraten op het menu? Dan eet je minder.'

Het is de moderne voedingsparadox. We spreken er meer over dan ooit tevoren, hebben de mond vol van ingewikkelde metabole processen, moleculaire nutriënten en drinken daar zo nu en dan een detoxend glaasje klei bij. Maar in vergelijking met onze voorouders die niks van voeding wisten, behalve wat ze lekker vonden, zijn we collectief alleen maar dikker en ongezonder geworden.

Hoe weet je wat wijsheid is? Op welke expert kun je vertrouwen? Waar is zijn/haar expertise eigenlijk op gebaseerd? Is vet nou wel of niet slecht? Word je van brood dik of eet je juist minder met koolhydraten op het menu? En hoe zit het met die glycemische worteltjes? Als er geen wetenschappelijke consensus is en de voedselindustrie gezondheidsclaims gebruikt om ongezonde producten in de markt te zetten, op wie kunnen we dan vertrouwen?

Misschien wel op onszelf. Omdat het eigenlijk een kwestie van gezond verstand is. Daphne Deckers kan praten als Brugman, maar onze eigen moeders waarschuwden al dat we niet te veel moesten snoepen. Of er al dan geen vet en vruchtpulp in dat snoep zat, maakte moeder niet uit. 'Anders neem je maar een appel,' hoor ik de mijne nog roepen. Een voedingsadvies waar niemand omheen kan. Transvetten komen voornamelijk voor in voedingsmiddelen waarvan iedereen eigenlijk al weet dat je ze niet voor je gezondheid eet. Snacks, gebak, koek, zoutjes. Zelfs als ze transvetten in chips vervangen door een ander vet, weet je dat je er vermoedelijk geen zak van leeg moet eten. Op het gevaar af als een ouwe lul te klinken (hoewel dat in een boek als dit vermoedelijk geen probleem is): in mijn jeugd serveerden de moeders op zaterdagmiddag een *bakje* paprikachips. Als je geluk had kreeg je er een *glaasje* cola bij. Daar is niet één kind dik van geworden. We weten allemaal wel dat vezelrijk volkorenbrood gezonder is dan casinowit. 'Eerst een hartige boterham, dan pas zoet,' roepen de moeders vanuit het verleden. En ook dat is nog altijd een prima advies.

Voedings- en bewegingswetenschapper Luc van Loon zegt daarover:

'Ik denk dat we voor een heel groot deel kunnen terugvallen op de dingen die je altijd al in je opvoeding hebt meegekregen. Zorg dat je veel beweegt en voor een gezonde, gevarieerde voeding die in balans is met je energiegebruik. Zo simpel is het. Maar ons activiteitenpatroon is steeds verder omlaag gegaan, omdat we de hele dag achter de computer, de Playstation of de tv zitten, terwijl we steeds gemakkelijker toegang hebben tot kwalitatief mindere voeding. Ja, die twee versterken elkaar natuurlijk.

Een van mijn voorbeelden is de voedingsdeskundige Jack LaLanne. Die had in de vijftiger jaren een programma op de Amerikaanse televisie. LaLanne droeg zo'n turnpakje als Adriaan van *Bassie en Adriaan*. De meeste huisvrouwen vonden hem wel aantrekkelijk,

en het was LaLannes bedoeling om hen fysiek actief te krijgen. En dat lukte hem. Het was een soort *Nederland Beweegt*, maar dan in zwart-wit voor de eerste mensen die een televisie hadden. Dan verscheen hij met een klok op tv om te illustreren dat je met inspanning de tand des tijds terug kon draaien. Of hij zei: "Als je naar de inhoud van iemands boodschappenkarretje kijkt, weet je meteen hoe gezond hij is." Of hij beweerde dat veroudering met verminderde doorbloeding heeft te maken. Eigenlijk alles wat hij zei, klopt zeventig jaar later nog steeds. We weten steeds meer, hebben steeds gedetailleerdere kennis. Maar in de kern is het nog altijd zo dat fysieke inspanning de basis is om alles gezond te houden, en dat voeding daarbij ondersteunend kan zijn. LaLanne zei, misschien een beetje vrouwonvriendelijk in deze tijd: "*Exercise is king, nutrition is queen. Put them together and you have a kingdom*" (inspanning is koning en voeding koningin, zet ze bij elkaar en je hebt een koninkrijk).'

Het belangrijkste obstakel dat in de weg staat bij het maken van gezonde voedingskeuzes, is de industrie die *on*gezonde producten als *gezond* camoufleert. Volle yoghurt met fruit is een verstandige keuze, maar magere fruityoghurt is weinig meer dan een suikerpapje. Licht tarwebrood, dus niet volkoren, wordt met geroosterde mout donker gemaakt om het gezonder te laten lijken. Mueslirepen zitten vol suiker en allerlei toevoegingen, maar worden als 'gezond tussendoortje' aan de man gebracht omdat er een paar vlokken volkorengraan aan zijn toegevoegd.

Medische claims op producten ('goed tegen kanker!') zijn bij wet verboden, maar de waarheid als een koe dat calcium bevorderlijk is voor de ontwikkeling van kinderbotjes mag je gerust op de verpakking van een flink gesuikerde koek zetten. Er zijn gummibeertjes met vitaminen op de markt, en andere die de haargroei zouden bevorderen: 'Zachte snoepjes met een zoete bessensmaak welke ingrediënten om het maximale uit je haar te halen bevatten.' Snoep er te veel van en je verliest het vermogen om een soepel lopende zin te formuleren.

Journalist Michael Pollan, auteur van meerdere bestsellers over voeding, adviseert om álle voedingsmiddelen die op de verpakking gezondheidsclaims doen te vermijden. Dat is een goed begin, maar bij veel producten wordt niets nadrukkelijk geclaimd, omdat je er al van uit mag gaan dat ze gezond zijn. Bij pastasauzen zien we op het etiket meestal glanzende vochtige tomaten en blaadjes basilicum staan. Onvermeld blijft de enorme hoeveelheid suiker die aan veel van die sauzen wordt toegevoegd. Nou is suiker géén cocaïne, wat *HP/De Tijd* verder ook beweert, maar het is haast onmogelijk om tot een goede energiebalans te komen als vrijwel alle bewerkte voedingsmiddelen verborgen suiker blijken te bevatten. Hoewel alle suiker, ongeacht de herkomst, uit dezelfde moleculen is opgebouwd, staat er regelmatig iets anders dan 'suiker' op het ingrediëntenetiket. Voor de volledigheid, of misschien wel om al die suiker te maskeren, gebruikt de voedingsindustrie chemische benamingen als maltodextrine (suiker uit zetmeel) of lactose (melksuiker), gezond klinkende varianten als geconcentreerd vruchtensap, melkpoeder en esdoornsiroop, of exotica als *cassonade* of *rapadura* (ongeraffineerde rietsuiker).

Een greep van suikereufemismen die je op de achterkant van verpakkingen kunt tegenkomen:

Agavenectar, agavesiroop, ahorncrème, ahornsiroop, appelsapconcentraat, appelstroop, barbadossuiker, basterdsuiker, beetwortelsap, bietsuiker, blackstrap molasses, bruine suiker, caramel, cassonade, castor melis, confectiesuiker, D-glucose, dadelsiroop, demerara, dextrose, diksap, donkere/donker-

bruine basterdsuiker, druivensapconcentraat, druivensuiker, eindmelasse, esdoornsiroop, fruitsuiker, fructose, fructose-glucosestroop, fructose-invertsuikerstroop, fruitsapconcentraat, gebrande suiker, geconcentreerd vruchtensap, geleisuiker, gele kandijsiroop, gierstsiroop, glucose, glucose-fructosestroop, gouden siroop, gula djawa, HFCS, honing, invertsuiker, kaneelsuiker, kokosbloemsuiker, kokosbloesemsuiker, kristalsuiker, kristallijne fructose, lactose, maismoutstroop, maissuiker, malt, maltodextrine, maltose, maple syrup, melasse, melkpoeder, moist sugar, molasses, moutextract, moutsuiker, muscovado, nextar, oersuiker, oerzoet, organische rauwe suiker, palm(bloesem)suiker, panocha, panela, parelsuiker, perensapconcentraat, piloncillo, poedersneeuw,

poedersuiker, rapadura, rietsap, rietsuiker, rijstsuiker, sacharose, sorghumsiroop, speltstroop, sucanat, sucrose, tafelsuiker, tarwestroop, treacle, turbinado, vanillesuiker, vruchtenextract, vruchtensap, vruchtensuiker, wheat syrup, witte (basterd)suiker, zetmeelstroop, zwarte rietsuikermelasse.

(bron: *Sweet Control werkboek*)

Het vereist een masterstudie in de sacharosologie (sucrosologie is de 'wetenschappelijke' naam voor het verzamelen van suikerzakjes) om daar wijs uit te worden. Bovendien: wie heeft er zin om in de supermarkt de kleine lettertjes op álle voedselverpakkingen te bestuderen?

Ook dat was voor onze (groot)ouders geen probleem. Die kochten aardappels (ingrediënten: aardappels), sperziebonen (ingrediënten: sperziebonen) en gehakt om ballen van te draaien (ingrediënten: 50 procent varken, 50 procent rund).

Nou hebben wij vandaag de dag goddank veel meer keuze in ons dagelijkse menu, en tenzij je heel streng in de leer bent, hoort gemaksvoedsel daar zo nu en dan bij. Maar in plaats van op z'n best halfbegrepen zorgen over macronutriënten en metabole processen, is het nuchtere verstand wellicht een betere raadgever.

Eet gezond en gevarieerd. Gebruik bij voorkeur verse ingrediënten die uit één ingrediënt bestaan. Vooruit, twee of drie is ook geen ramp. Tenslotte wordt er bij de bereiding van een lekker stukje kaas naast melk ook stremsel en zout gebruikt en zit er in brood buiten graan eveneens zout plus een snufje gist. Een supermarktmaaltijd waarvan het etiket oogt als de inhoud van een scheikundedoos kan daarentegen beter in het schap blijven. Een kritische blik op alles wat in een potje, pakje of plastic bekertje zit, kan geen kwaad. Helemaal niet als er op dat potje, pakje of bekertje gesuggereerd wordt dat er iets aan is toegevoegd of uitgehaald om het gezonder te maken. 'Geen suiker toegevoegd!' betekent bijvoorbeeld niet dat er geen suiker inzit, maar dat de suiker in het product uit vruchtenconcentraat is geraffineerd. En dat is nog altijd gewoon suiker. Broccoli, appels, melk en haring zijn van nature uitstekende bronnen van calcium. Daar hoef je geen aparte drankjes voor te drinken of koekjes voor te eten. Een bakje kwark, een stuk kip of de inhoud van een blikje tonijn zitten bomvol eiwitten, daar hoef je geen speciale yoghurtjes met extra proteïnen voor te kopen.

Eet vooral een lekker koekje bij de koffie, suiker is geen cocaïne en al helemaal geen gif, maar zorg dat je je bewust bent van je suikerconsumptie. Koester je *guilty pleasures* – een frikandelletje, een handje M&M's, een speciaalbiertje – maar zorg dat je energiebalans niet naar de verkeerde kant doorslaat. Neurotisch calorieën tellen is onnodig, toch kan het best nuttig zijn eens uit te rekenen wat je Rested Metabolic Rate is en hoe die zich verhoudt tot het aantal calorieën dat je dagelijks binnenkrijgt. Ook eten meten is weten.

Nog een nagekomen bericht van moeders uit het verleden: eet je groenten op!

En tot slot: laat je nooit wat wijsmaken door zelfbenoemde voedingsgoeroes. Zelfs deze niet.

AFVALLEN: WAAROM DIËTEN (NIET) WERKEN

Geen hond die vandaag de dag nog sherry drinkt. Ondanks reclamecampagnes om de Spaanse wijn weer 'hip en happening' te maken (als die termen worden gebruikt, weet je van tevoren dat mislukking op de loer ligt), wil niemand er nog aan.

Dat was in de jaren zestig en zeventig wel anders. Toen was de sherry niet aan te slepen vanwege het gelijknamige dieet.

Het sherrydieet duikt aan het einde van de jaren vijftig ineens op. Wie het verzonnen had of waar het vandaan kwam was ook toen al niet duidelijk. Voor de populariteit maakte dat niet uit, het dieet verkocht zichzelf en zou tot ver in de jaren zeventig populair blijven. Om voor de hand liggende redenen. Koningin Juliana was de belangrijkste ambassadeur van het sherrydieet. Zij zou er vijftien kilo mee zijn afgevallen en kreeg overal waar zij ging, tot aan de binnenlanden van Suriname, een gezellig glaasje aangeboden. Ook de legendarische Feyenoordverdediger Theo Laseroms was gekend aanhanger van de sherrykuur. Er zijn verschillende varianten van het dieet. Maar de versie die de vermaarde roddeljournalist Henk van der Meyden publiceerde in *De Telegraaf*, in die tijd met voorsprong het best gelezen dagblad van Nederland, zal de meeste navolging hebben gehad.

Ontbijt: een ei, zwarte koffie
11.00 uur: een glas sherry, 100 gram jonge kaas
13.00 uur: een glas sherry, 100 gram biefstuk, gekookte groente
16.00 uur: een glas sherry, 100 gram jonge kaas
18.00 uur: een glas sherry, 100 gram biefstuk, gekookte groente

Op de derde dag moesten de porties kaas en biefstuk worden gehalveerd. Het was de bedoeling dat daarna het normale voedingspatroon weer werd hervat. Vanzelfsprekend was dat geregeld aan dovemansoren gericht. Want wie wil dat nou niet: afvallen met een borreltje. Wat de exacte functie van die sherry was bleef overigens ongewis.

Diëten, zo hebben we de afgelopen decennia geleerd, is een kwestie van het beperken of helemaal uitsluiten van bepaalde voedingsmiddelen. Koolhydraten, doorgaans. Ook het sherrydieet is, met uitzondering van de sherry, arm aan koolhydraten. De eerste dieetgoeroe die carbs als boosdoener aanwees, was de dikke Britse doodgraver William Banting, die in 1863, zo'n honderd jaar vóór het sherrydieet, een boekje publiceerde waarin hij uit de doeken deed hoe suiker, graan en bier voor corpulentie zorgen.

Wie het boekje, getiteld *Letter on corpulence* (brief over corpulentie) nu leest, zou er haast verdrietig van worden, omdat er in 150 jaar vrijwel niets is veranderd. Banting schrijft dat zijn arts hem voorhoudt dat 'corpulentie een van de natuurlijke gevolgen van het vorderen der jaren' is. Hij zoekt zijn heil in extra lichaamsbeweging, *light food*, stoombaden en frisse zeelucht. Niets helpt echter. *Fat shaming* blijkt in de negentiende eeuw ook al een populair tijdverdrijf: 'Ik ben ervan overtuigd dat niemand die zucht onder obesitas ooit helemaal ongedaan kan blijven door de sneren van wrede en onredelijke mensen,' schrijft Banting. Maar dan vindt hij verlichting in een naamloze '*medical adviser*' die hem aanraadt af te zien van voedingsmiddelen die suiker of zetmeel bevatten. Hoewel de eveneens Britse (bio)chemicus William Prout een paar jaar daarvoor als eerste beschrijft dat alle voedsel classificeerbaar is als water, vet, proteïnen of koolhydraten, is dat laatste begrip nog geen gemeengoed als Banting zijn boekje publiceert. Dus de doodgraver annex dieetgoeroe neemt het woord carbs nog niet in de mond (ja, haha!) en zegt ook niet waarom je er corpulent van zou worden. Daarbij schrapt hij ook melk en boter van zijn menu.

Desondanks moet Banting worden aangemerkt als de eerste publieke 'gewichtsconsulent' die koolhydraten in de ban deed. Hij is ook de eerste wiens naam een werkwoord voor diëten werd. Zoals Montignaccen en Sonjabakkeren anderhalve eeuw later gemeengoed zouden worden, was *Banten* dat ook. Hoe wijdverbreid zijn dieet was, blijkt uit het feit dat *banta* nog altijd het Zweedse woord voor 'afslanken' is.

Ruim honderd jaar na William Banting werd de Amerikaanse cardioloog Robert Atkins wereldberoemd en schatrijk met een koolhydraatarm dieet, waarmee je vrijwel onbeperkt vet en proteïnen mocht eten, zolang je het brood, de aardappelen en de pasta maar liet staan. Het was een controversiële opvatting, helemaal omdat Atkins opvattingen indruisten tegen de destijds gangbare wetenschappelijke opvattingen over vet. Dat je met het Atkins-dieet geen honger hoefde te lijden en jezelf slank mocht eten, was voldoende om miljoenen over de streep te trekken. Waaronder nogal wat bekende namen. De toenmalige burgemeester van Utrecht bijvoorbeeld, de nogal bourgondisch ogende liberaal Henk Vonhoff. Op de site van het VPRO-programma *Andere tijden* wordt de in 2010 overleden Vonhoff geciteerd over zijn Atkins-ervaringen: ‘Ik verbaasde mijn omgeving vaak door bij een diner een gezonde salade weg te sturen en een bord vette paling te laten komen. “Dat doe ik om slank te worden,” zei ik dan. Atkins stond me toe om alles te eten wat ik lekker vond. En ik viel inderdaad af. Alleen kreeg ik op den duur last van mijn gal door al dat vet.’

Ook het dieet van eerdergenoemde Michel Montignac was gebaseerd op het beperken van koolhydraten. Carbs die laag op de Glycemische Index stonden, zoals volkorenproducten, waren wel toegestaan, maar mochten weer niet in combinatie met vetten worden genuttigd. Ook bij het Montignaccen liet de wetenschappelijke onderbouwing te wensen over, wat miljoenen navolgers er niet van weerhield zijn boeken te kopen.

En zo duikt het koolhydraatarme dieet al 150 jaar lang telkens in een nieuwe gedaante op. De nieuwste incarnaties heten keto en paleo. Het ketodieet stimuleert de vetverbranding door de inname van koolhydraten tot een minimum te beperken en ze hoofdzakelijk uit groenten te halen. Fruit staat niet op het ketomenu, net zomin als *the usual suspects*: brood, aardappelen, rijst en pasta. Maar ook alcohol en melk zijn verboden middelen. Daar staat tegenover dat je vrijwel onbeperkt groenten, proteïnen en vooral dierlijke vetten mag eten. Het idee daarachter is dat het lichaam bij gebrek aan carbs op vetverbranding zou overschakelen. Ketonen zijn de organische verbindingen die in de bloedbaan komen als vet niet volledig door de lever wordt afgebroken, en die als alternatieve brandstof fungeren, vandaar. Keto-adepten melden dat de omschakeling de eerste paar dagen moeilijk is en gepaard gaat met verkoudheidsverschijnselen, de *ketogriep*, en een naar aceton stinkende adem. Daarna zou het wonder zich geleidelijk aan voltrekken: meer energie, minder honger en vet dat smelt als sneeuw voor de zon.

Het paleodieet gaat uit van het idee dat onze voeding, om met evolutionair psycholoog Mark van Vugt te spreken, een *mismatch* is; de veranderingen op culinair niveau zouden de afgelopen paar duizend jaar zo snel zijn gegaan dat de evolutie het niet bij kan benen en het lichaam zich er onvoldoende op heeft aangepast. Het gaat daarbij niet alleen om industrieel vervaardigd voedsel, vol geraffineerde suikers, granen en vetten, maar om álle voedingsmiddelen waarover de mens pas beschikt sinds de landbouwrevolutie van zesduizend jaar geleden. Je moet eten zoals de oermensen het in het paleolithicum deden. Dus wederom – het begint vervelend te worden – geen brood, aardappelen, pasta of rijst, maar ook geen peulvruchten en zuivel. Nou heeft de oermens geen kookboek achtergelaten vol smakelijke wolharige mammoetgerechten. Dus de opstellers van het paleodieet hebben zelf bekokstoofd wat de oermens zoal at, en kwamen uit op: vlees van grazers (runderen, wild, geiten etc.), vis, noten, zaden, groenten en fruit. Het zou een optimaal menu zijn voor onze spijsvertering. En tegelijkertijd is het ook gewoon een koolhydraatarm dieet. Die jager-verzamelaars waren er vroeg bij.

Diametraal tegenover paleo en keto staan het sportdieet, dat juist veel carbs en proteïnen en weinig vet voorschrijft, en het vegetarische/veganistische dieet, dat eveneens vol voor de koolhydraten gaat, maar (dierlijke) vetten en eiwitten juist in de ban doet.

Bij al die diëten zijn wetenschappelijke/medische kanttekeningen te plaatsen. Zo kan die paleo-hypothese naar het rijk der fabelen worden verwezen. Het succes van de mens als species is juist te danken aan ons vermogen om als omnivoor voedsel uit alle mogelijke bronnen te halen. Koeien eten gras en hebben vier magen nodig om dat te verteren, panda's zijn eenkennige bamboe-eters, terwijl tijgers een radicale variant van het ketodieet aanhangen en nooit vegetariër zullen worden. Mensen daarentegen koken een rauw oneetbaar knolgewas als de aardappel om de moleculaire structuur dusdanig te veranderen dat onze spijsvertering er alsnog mee uit de voeten kan. We vissen hoogwaardige dierlijke eiwitten uit zee, jagen ze in het bos of fokken ze op het land. En als er om wat voor reden dan ook geen dierlijke proteïnen voorhanden zijn, kunnen we terugvallen op plantaardige varianten (bonen) of zelfs schimmels (paddenstoelen). Wij zijn per definitie alleseters. Wat uiteraard niet wil zeggen dat we ook alles moeten eten. Maar toch. Daarbij moet worden aangetekend dat we geen flauw benul hebben van hoe gezond de oermens was. Heel oud werd hij in elk geval niet.

Die wankele wetenschappelijke onderbouwing maakt voor het resultaat gek genoeg niet uit. Er zijn duizenden mensen succesvol afgevallen op een paleo- of ketogeen dieet. Zoals er duizenden zijn afgevallen met de inmiddels wat verbleekte methodes van Michel Montignac of dr. Atkins. *Alle* diëten lijken te werken. Al is er niet één superdieet dat alle andere overbodig maakt. Zo'n dieet zou een aardverschuiving veroorzaken. Fabrikanten van dieetpillen, -poeders en -shakes zouden failliet gaan, de kookboekenbranche zou harde klappen krijgen, evenals de sportscholen; de hele vermageringsindustrie, een miljardenbusiness, zou brodeloos worden. In werkelijkheid zien we steeds nieuwe methodes opduiken. Waarom de ene succesvol wordt en de andere niet is een mysterie, net als bij films, muziek en boeken. Maar allemaal verdwijnen ze na verloop van tijd weer, om plaats te maken voor een nieuwe. De Nederlandse sherryimporteurs zullen dat met enige weemoed beamen. Alle succesvolle dieetmethodes zijn effectief. Maar nooit voor lang.

Het enige wat we met zekerheid over afvallen kunnen zeggen, is dat je gewicht verliest als je meer calorieën verbruikt dan je inneemt: de eerdergenoemde energiebalans. En een calorie is een calorie. Of je die nou uit een groene smoothie haalt of uit een frikadelletje speciaal. Het moet dan ook mogelijk zijn om af te vallen op een dieet van fastfood. McDonald's is wereldwijd hét symbool van de obesitasepidemie. In maatschappelijke discussies over overgewicht komt onvermijdelijk het moment waarop iemand beweert dat een hamburger van de Mac goedkoper is dan gezond voedsel en dat arme mensen geen andere keus hebben. De duivel is een gele M. Nou staat het vast dat armoede in de geïndustrialiseerde wereld dik maakt. Het is een gruwelijke paradox, die tal van serieuze en complexe oorzaken kent. Maar zeker in Nederland, de tweede landbouwexporteur ter wereld, ligt het versvak vol met betaalbare seizoenproducten waarmee je voor minder dan de prijs van één Big Mac-menu een voedzame maaltijd voor het hele gezin bereidt. Dat gemaksvoedsel in het algemeen, en fastfood in het bijzonder, een bepalende rol speelt in de obesitasepidemie staat vast.

Desondanks hoeft het afvallen niet in de weg te staan. Zo kun je gegarandeerd kilo's slanker worden met het Goossens/Van Hellemondt-McDonald's-dieet. Helaas gaan we daar niet rijk van worden; alleen de clownsgrijns op de mombakkes van Ronald McDonald zal er nog groter van groeien. Maar voor het heil der mensheid geven we het hier – gratis! – prijs.

HET MCDONALD'S-DIEET

Een eenvoudig broodje hamburger, dus geen Big Mac of Quarter Pounder, bevat 8,5 gram vet, 30 gram koolhydraten, waarvan 6,4 gram suiker, en 13 gram proteïne. Het levert 250 calorieën. Ter vergelijking: dat is evenveel als vijf volkoren Wasa-crackers *zonder* beleg. Van onze volstrekt willekeurige middelbare man weten we nog dat hij een rustmetabolisme van 1745 calorieën heeft. Dat is dus de energie die hij minimaal nodig heeft om op temperatuur te blijven en zijn vitale organen aan de gang te houden. Laten we daar een bescheiden 500 calorieën bij optellen die hij met (veel te weinig) bewegen verbrandt. Als we dat naar onderen afronden, komen we op 2200 calorieën uit. Gedeeld door 250 calorieën kom je op 8,8 broodjes hamburger die de proefpersoon dagelijks kan verorberen zonder een grammetje aan te komen. Mits hij er geen bekers frisdrank of milkshakes bij drinkt en ook de frietjes laat staan. Als hij de kadetjes laat liggen en alleen het rundvlees opeet zou hij een paleodieet volgen. En voor de volledigheid: 8,8 broodjes hamburger kosten bij elkaar € 15,40. Niet echt goedkoop. Om af te vallen zou onze proefpersoon kunnen besluiten in het vervolg nog maar zeven broodjes hamburger per dag te nuttigen. Daarmee zou hij de energiebehoefte voor zijn rustmetabolisme afdekken en pondjes kwijtraken. Eén kilo lichaamsvet is goed voor ongeveer 7700 calorieën. Dus na 15,4 dagen en 108 broodjes hamburger zou ons proefpersoon een kilo zijn afgevallen.

Voor de liefhebbers van Hollandse kost hebben wij een alternatief samengesteld: het Krokettendieet. Een kroket bevat 150 calorieën, het equivalent van drie onbelegde Wasa-crackers, wat bij de proefpersoon neerkomt op een rustmetabolisme van 11,6 kroketten. Met een beetje beweging zou hij dagelijks 14,6 kroketten kunnen nuttigen zonder aan te komen. Beperkt hij zich tot 11 kroketten per dag, dan zou hij na 12,8 dagen en 140 kroketten een kilo zijn afgevallen.

Het McDonald's- noch het krokettendieet is om tal van voor de hand liggende redenen aan te bevelen. Ten eerste sluiten bovenstaande berekeningen alle andere voeding uit. Geen beker melk of bakje yoghurt. Geen handje noten of chips. Geen tussendoortje of midnight snack. Zelfs geen salade of wat fruit. Want iedere calorie telt mee. Zoals je kunt afvallen met ongezond eten, kun je ook aankomen van gezond voedsel. Een avocado zit bomvol gezonde vetten, vitaminen, mineralen en vezels, maar levert ook zo'n 360 calorieën, ruim 100 calorieën meer dan een broodje hamburger van McDonald's. Dus met die 11 kroketten of 7 broodjes hamburger moeten we het doen. In de legendarische documentaire *Supersize Me* (gratis te streamen op YouTube), waarin filmmaker Morgan Spurlock bij wijze van experiment een maand lang niets dan McDonald's-producten nuttigt, is te zien wat voor effect dat op zijn gezondheid heeft. Zijn slechte cholesterolwaarden stegen tot angstaanjagende hoogten, evenals zijn bloeddruk, de kans op hart- en vaatziekten was verdubbeld, zijn lever was vervet en Spurlock ontwikkelde depressieve klachten. Dat hij 12 kilo was aangekomen terwijl onze proefpersoon in dezelfde periode 2 kilo afvalt, maakt uiteraard verschil. Maar toch. Het McDonald's-dieet resulteert onvermijdelijk in tekorten aan micronutriënten (vitaminen, mineralen, sporen) en vezels. De stoelgang zal al vrij snel een probleem worden en in toenemende mate zullen er allerlei gezondheidsproblemen optreden. Maar je valt er dus wél van af.

Hoewel het voor de *totale* energiebalans niet uitmaakt of een calorie afkomstig is uit vet, koolhydraten of proteïnen, hebben de drie macronutriënten in metabolisch opzicht elk een andere functie. Kort door de bocht: alle overtollige calorieën, ongeacht hun herkomst, worden als vet opgeslagen, maar bij de spijsvertering hebben ze alle drie hun eigen rol. Eerder zagen we dat vet onmisbaar is voor het hormoontransport, zoals eiwitten dat zijn voor de opbouw van spieren en dat koolhydraten voor de energiebevoorrading zorgen. Die carbs zijn dus niet schadelijk of ongezond, onze hersenen en spieren prefereren het als brandstof. Alleen zijn we de afgelopen vijftig tot honderd jaar collectief zoveel minder gaan bewegen dat de hoeveelheid koolhydraten die we tot ons nemen niet meer in verhouding staat tot ons activiteitenniveau. Het is als een vliegtuig waarvan de brandstoftanks tot aan de rand met kerosine worden gevuld voor een vluchtje van Amsterdam naar Brussel.

Geraffineerde suiker speelt daarbij de hoofdrol. Volgens cijfers van het RIVM snoept de gemiddelde Nederlander jaarlijks 26 kilo aan toegevoegde suikers. Dat is ruim twee keer zoveel als honderd jaar geleden, terwijl driehonderd jaar geleden rottende gebitten een teken van welvaart waren, omdat alleen de elite zich suiker kon veroorloven. We nuttigen die suiker door middel van onder andere snoep, koekjes, industriële sauzen, frisdranken en vruchtensappen. Als natuurlijke koolhydraten kerosine zijn, dan is geraffineerde suiker raketbrandstof. Het levert snel veel energie. Dat is de reden waarom marathonlopers, langeafstandsschaatsers, wielrenners en andere duursporters tijdens de wedstrijd geconcentreerde suikergels innemen als de natuurlijk glycogeen-(bloedsuiker)voorraad in de lever is uitgeput.

De meesten van ons volbrengen geen marathons of wielerkoersen. En zeker niet elke dag. Welbeschouwd verdwijnt die raketbrandstof in de tank van een snorfiets waarvan de motor op snelheid is begrensd. Daarbij putten we al ruim voldoende bloedsuikers uit onbewerkte koolhydraten als groenten, fruit en granen. Zelfs het bordje pasta of stamppot dat we 's avonds naar binnen lepelen zou voor mannen (en vrouwen) die 's ochtends in de auto, overdag achter een bureau en na zessen op de bank zitten wat veel kunnen zijn. Temeer omdat die maaltijd na gedane arbeid wordt gebruikt. Op het moment van de dag dat we de minste energie nodig hebben. Tenzij er na het *Achtuurjournaal* nog even een flinke intervaltraining op het programma staat, is het vrijwel loze energie. Alsof je de thermostaat flink hoger zet voor je gaat slapen.

De stapel boterhammen die wij 's ochtend naar binnen schuiven is wat dat betreft beter getimed. Tenminste, als we daarna acht uur lang in de bouw of op het land fysieke arbeid verrichten. 'Maar als je ziet hoe weinig inspanning we leveren,' zegt hoogleraar diabetologie Hanno Pijl in *NRC-Handelsblad*, 'zijn zes boterhammen ook met een gezond eetpatroon nog veel. Ik denk dat je er vier probleemloos door groente, fruit en noten kunt vervangen.'

Temeer omdat we naast die boterhammen 's avonds dus ook nog dat bordje pasta, rijst of aardappels eten en daarbij ook nog eens zoete, zetmeelrijke tussendoortjes snacken. Om over frisdranken, fruitsappen en alcohol nog te zwijgen. Héél veel energie dat voor héél weinig lichamelijke inspanning wordt gebruikt.

Armand Bettonviel is een van de vooraanstaandste sportvoedingswetenschappers van Nederland. Als voedingscoach heeft hij topatleten uit diverse disciplines begeleid: marathonlopers, schaatsers, maar ook voetballers. Hij is verbonden aan het Nederlands Olympisch Comité, was in dienst bij verschillende eredivisieclubs en tegenwoordig bij Ajax. Nou zijn de voedingsbehoeften van een twintigjarige sportprofessional anders dan die van een vijftiger met een kantoorbaan, maar de biologische principes die eraan ten grondslag liggen gelden evengoed voor de een als voor de ander. Bettonviel is ervan overtuigd dat niet alleen wát je eet, maar ook wannéér je eet, voor beide groepen van belang is.

'Dat verhaal van die energiebalans klopt in aanleg wel. Wat je erin stopt moet er ook weer uit. Simpel. Toch is het eigenlijk een heel ongelukkige term, omdat calorieën afkomstig uit verschillende macronutriënten ook allemaal een ander pad bewandelen. Een calorie van eiwit neemt een heel andere route dan een calorie van vet. Eiwitten worden in het lichaam pas als energie gebruikt als de voorraad koolhydraten is uitgeput en de nood echt aan de man is. Dat ruik je dan. Als er eiwit wordt verbrand komt er een ammoniaklucht vrij. Dan weet je: die is eiwitten aan het verbruiken. Maar normaal gesproken komt die energie uit vet en koolhydraten.

Er zijn twee functies die het lichaam absolute prioriteit geeft: de hart-longmachine en de temperatuur. Als er te weinig energie binnenkomt om alles optimaal te laten werken, gaat het als eerste daar naartoe. Al het andere krijgt dan een soort *down regulatie*: daar treedt dan vertraging op. Het lijf moet continu bouwsteentjes kunnen pakken om aan spierherstel te doen. Die bouwsteentjes komen uit eiwitten. En als die eiwitten als brandstof worden gebruikt omdat er te weinig energie binnenkomt, gaat die spieropbouw daaronder lijden.

Bij krachttraining maak je spiercellen kapot door ze te belasten. Die spieren herstellen of worden zelfs sterker door de aminozuren uit eiwitten. Dat zijn die bouwsteentjes. In een ideale situatie eet je 's avonds dan een eiwitrijke maaltijd en neem je voor het slapengaan nog een eiwitbron. Kwark, yoghurt of een proteïneshake, zoiets. Dan trek je het herstel de hele nacht door. Topsporters gebruiken daar caseïne voor, een eiwit dat traag wordt opgenomen. 's Ochtends heb je dan opnieuw een anabole prikkel nodig. Het lichaam beschikt dan niet meer over de bouwstenen om het herstel door te zetten. Dan verspeel je hersteltijd. Mijn piketpaaltjes qua eiwit zijn dan ook het ontbijt en het moment vlak voor het slapengaan.

Er zijn duursporters die 's ochtends graag op de nuchtere maag trainen, omdat het de vetverbranding stimuleert. Je zou het metabolisme als een mengtafel kunnen zien, zoals je die in een geluidsstudio hebt. Als je bijvoorbeeld gaat hardlopen, gaan er twee schuifjes omhoog: dat van de vetverbranding en dat van de koolhydraatverbranding. Op het moment dat jij voor het sporten geen koolhydraten hebt genuttigd, gaat het vetschuifje tijdens het sporten steeds verder omhoog. Dat is oxidatie, het omzetten van vetzuren naar energie voor de cellen. Gunstig, maar het is dus een totaal ander proces dan het spierherstel. Daar zijn echt eiwitten voor nodig.

Voor topsporters maak ik een energiebudget. Ik kijk naar de atleet: waar is dat lijf op ingesteld? Hoeveel energie neemt hij normaliter op? Dat stel ik vast aan de hand van een voedingsdagboek, waarin gedurende vier tot zeven dagen wordt bijgehouden wat hij eet en drinkt. De energie-inname is voor mij een belangrijk uitgangspunt. Vervolgens kijk ik naar de inspanning die iemand levert. Op basis daarvan stel ik een voedingsplan samen, waarin eiwit en vet belangrijke pijlers zijn. Wat er overblijft vul ik, afhankelijk van zijn trainingsarbeid, met koolhydraten aan.

Ik ben niet tégen koolhydraten. Ik ga ook niet voor koolhydraatarm, maar ben er wel heel zuinig mee. Als ik ze niet uitgeef, dan neem ik ze niet. Ook omdat koolhydraten vocht opnemen: 1 gram levert 3 gram vocht. Dus als je 100 gram koolhydraten neemt, en je geeft het niet uit, dan neemt je lichaamsgewicht met 400 gram toe. Dat gaat allemaal mee je spiercellen in.

Als man van middelbare leeftijd doe ik het zelf eigenlijk niet heel anders dan bij topatleten. Ik ben van 1964, en doe aan een krachtsportprogramma waarin ik drie dagen achter elkaar train en dan een dag rust pak. En dat continu. Ik train 's ochtends, dus bij het ontbijt neem ik mijn havermoutje. Daar zitten koolhydraten in die heel langzaam worden afgegeven. Ik doe daar een *scoop* melkweipoeder bij, zodat ik 25 gram eiwit pak. De rest van de dag eet ik volkorenproducten, fruit, kwark, yoghurt, ei, kip of noten. En 's avonds geen rijst of pasta, want ik geef die koolhydraten niet meer uit.

Ik zie in de sportschool mannen van onze leeftijd, met een buikje in een te strak pakje, die sportdrankjes drinken. Dat zijn vloeibare koolhydraten en het is echt onzin. Daarmee zit je je eigen gewichtsverlies in de weg. Op het mengpaneel duw je het suikerschuifje omhoog, terwijl je dat van de vetoxidatie (het metabole proces waarbij energie wordt vrijgemaakt) helemaal omlaag zet. Dat verbaast mij echt.

Maar goed, dat McDonald's-dieet van jullie, dat werkt in principe wel. Je loopt weliswaar tegen tekorten van met name micronutrienten aan. Dat zal altijd effect hebben op je functioneren, en dus ook op het afvallen. Maar het klopt dat je daarmee een eenvoudig energietekort creëert. Kijk, het lichaam heeft gemiddeld een vetvoorraad van ongeveer honderdduizend calorieën. Dus je kunt zonder te eten een aantal marathons lopen. Die energie zit er gewoon. Dus zorg nou dat je niet verder aankomt. Dan schep je een situatie waarin je langzaam die vetvoorraad aanspreekt. Dus het vetoxidatieschuifje omhoog, het lijf verbrandt dat vet en dan gaat het gewicht omlaag.'

Speciale diëten, ontwikkeld om in korte tijd zoveel mogelijk af te vallen, zijn dus vaak effectief. Maar voor de meeste geldt dat je ze maar kort volhoudt. Vooral crash- of hongerdiëten waarbij je op een absolute calorische ondergrens leeft, zijn niet vol te houden. Onze wilskracht is nou eenmaal beperkt. Helemaal in een maatschappij waar de verleidingen ons op iedere straathoek worden opgedrongen. Zelfs al slaag je erin om puur op karakter een paar kilo af te vallen, dan is de kans groot dat die er binnen korte tijd weer aanzitten zodra het oude eetpatroon wordt hervat.

Er zijn een aantal biologische principes die dat proces een gemeen duwtje in de rug geven. Zo maakt het lichaam nieuwe vetcellen aan als de oorspronkelijke voorraad de overtollige energie niet meer kan opnemen. Maar vetcellen verdwijnen niet als je afvalt. Ze worden leeg getrokken en willen zo snel mogelijk weer worden gevuld. Ook de hormonale functie van vetcellen verandert zodra ze leeg zijn. Zo produceren ze minder leptine, het hormoon dat onder andere het gevoel van verzadiging stimuleert.

Daar komt bij: hoe meer gewicht je verliest, hoe makkelijker het hart en de longen het hebben. Ga maar eens een stukje rennen met een zak van – ik noem maar iets – tien kilo potgrond in je rugtas. Longen, hart en spieren zullen merkbaar extra hun best moeten doen om dat gewicht mee te zeulen. Het is hijgen geblazen en het hart gaat harder en sneller kloppen. Leg je die zak potgrond in de tuin (waar hij ook hoort, verdorie!), alvorens verder te rennen, dan kunnen hart en longen het plotseling een stuk rustiger aan doen. Die hebben minder energie nodig dan daarvoor. Dus als je terugvalt op je oude eetpatroon terwijl je tien kilo bent afgevallen, krijg je te veel calorieën binnen terwijl je hetzelfde eet. Studies hebben aangetoond dat spieren effectiever werken na gewichtsverlies en dus minder energie verbruiken voor dezelfde hoeveelheid arbeid. Tegelijkertijd gaat de hoeveel energie die je nodig hebt om dat voedsel te verteren – gewoonlijk 5 procent van het totaal – omlaag, domweg omdat je minder te verteren hébt. Het effect is niet heel groot, maar ook hier tellen alle kleine beetjes.

De grootste belemmering bij het afvallen en het behouden van een gezond gewicht, zijn de ongemerkte veranderingen die optreden bij de zogenoemde *Non-Exercise Activity Thermogenesis* (NEAT), ofwel de gewone, dagelijkse lichaamsbeweging. Daar valt alle fysieke activiteit onder die niet aan sport is gerelateerd (al valt fietsen naar de tennisbaan er wel weer onder). Het NEAT-spectrum strekt zich uit van het sprintje om de trein te halen, tot in je neus pulken, met je oogleden knipperen of in diepe concentratie met je wijsvinger aan een haarlok friemelen. Het zijn inspanningen die gewoonlijk niet heel veel energie vergen, maar die de hele dag doorgaan. Zelfs als je een kantoorbaan hebt en je dagen achter een beeldscherm slijt, maak je voortdurend microbewegingen. Je draait heen en weer op je stoel, kriebelt aan je oor, wrijft in je handen, gaapt, grijpt naar de telefoon, tikt een e-mailtje, haalt een hand door je haar, roffelt met je vingers op het bureaublad, wipt zenuwachtig met je voet, staat even op om koffie te halen, enzovoort. Gedurende de zestien uur dat je wakker bent – gesteld dat je keurig acht uur per nacht slaapt – zijn die NEAT-bewegingen goed voor 15 procent van alle energie die je verbruikt. Dat lijkt niet heel veel, maar zoals we hebben gezien gaat 70 procent op aan de basale lichaamsfuncties als bloedcirculatie, ademen, hersenactiviteit: het rustmetabolisme. Van de 30 procent die we 'vrij' te besteden hebben, gaat de helft dus op aan friemelen, kriebelen, dingen pakken, thee zetten of heen en weer lopen.

Maar ons lichaam is geëvolueerd op energiebehoud. En energiegebrek wordt door hormonen geregistreerd en doorgeseind naar de hersenen, die de tekorten compenseert door de rem op die NEAT-activiteiten te zetten. Het gros daarvan verricht je zonder je er bewust van te zijn, waardoor je het ook niet merkt als het brein er een paar tandjes op terugschakelt. De energiebalans reguleert zo zichzelf.

In de meeste tijdschriftartikelen over afvallen wordt dit proces 'de spaarstand' of '*starvation mode*' genoemd. Net als bij het vermeende ouderdomsmetabolisme, wordt daarbij vaak gesuggereerd dat het lichaam, eenmaal aangekomen op dat punt, geen calorieën meer verbrandt. Je zou domweg geen gewicht meer kunnen verliezen. Het is een, met respect, tamelijk domme redenering, die in schril contrast staat met de verschrikkelijke beelden die via het *Journaal* tot ons komen uit gebieden waar echte hongersnood heerst. Ook de patiënten in anorexiaklinieken bewijzen dat de spaarstand een fabeltje is. Wie onvoldoende eet, verliest achtereenvolgens vet en spiermassa, waarna de organen aan de beurt zijn, onvermijdelijk gevolgd door de hongerdood.

Maar het proces van metabole adaptatie, waarbij het lichaam zich aan het energietekort aanpast, is wel reëel. Evenals het beruchte jojo-effect: het proces waarbij je na een succesvol dieet razendsnel weer aankomt, met vaak nog een paar bonuskilootjes voor de moeite.

Al die crashdiëten, waaronder het sherry- en het McDonald's-dieet, lijken in de praktijk dus averechts te werken. Snel veel gewicht verliezen is meestal het recept om nog sneller weer aan te komen. Terwijl we er een heel leven over gedaan hebben om overgewicht te ontwikkelen. We spreken vaak over de kerstkilo's die er tijdens de feestdagen 'aan vliegen'. In werkelijkheid is zwaarder worden meestal een kwestie van jaren. In principe is het lichaam uitstekend in staat om de energiebalans te reguleren. Hormonen zorgen voor een hongersignaal aan de hersenen als er een gebrek aan energie is, en voor een gevoel van verzadiging als de tekorten zijn aangevuld. Er zijn mensen bij wie die hormoonafgifte is ontregeld, waardoor ze blijven eten zonder ooit voldaan te raken. Maar bij de meeste mensen is het een verrassend functioneel systeem. In principe hoef je geen calorieën te tellen of een voedingsdagboek bij te houden. Het lichaam geeft zelf aan wat het nodig heeft en wanneer het voldoende is. Het is alleen niet geëvolueerd op overvloed en op alle hoogcalorische lekkernijen waarmee wij ons omringen. Het zoete toetje dat je eet als je eigenlijk al verzadigd bent, de lekkere tussendoortjes, de Big Mac na het zaterdagse shoppen, de bitterbal bij het biertje op het terras: het zijn allemaal calorieën die boven op de gewone maaltijden komen en niet meteen voor kilo's overgewicht zorgen, maar in de loop van de tijd toch allemaal aantikken.

Eigenlijk is het dan ook vreemd om te veronderstellen dat je de kilo's die je over een periode van jaren hebt vergaard in een paar weken zou kunnen verliezen. Dat is te zeggen: het kán wel, alleen ontregel je er de delicate hormonale balans mee die onder 'normale' omstandigheden de juiste hoeveelheid voedsel voor je afpast. Een duivels dilemma.

Wat dieetgoeroes ook beloven, een blijvende, snelle oplossing is er niet. Dat is de reden waarom er steeds nieuwe aan het firmament opdoemen. Alleen al in Nederland moeten er in de afslankindustrie jaarlijks vele tientallen miljoenen euro's omgaan. Tik de zoekopdracht 'afvallen' in op de site van Bol.com en er ontvouwt zich een rariteitenkabinet van krankzinnige producten en magische wondermiddelen. *XL-S Medical Vetbinder Afslanksupplement, Raspbery Ketone Burner, 24-uur Fatburn-pakket, Premium Detox Voetpleisters (bekend van tv!), Innovagoods afslankgordel voor doeltreffend vermageren. Citroensapkuur afslankgel, Mass & Slim Afslankbroek, Magnetische afslank ringen, verhoogd (sic) de stofwisseling, Afslank koffie Europa Joe, Anti-Cellulite Afslank Crème Ananas*. Met terugwerkende kracht klinkt dat sherrydieet ineens als een buitengewoon aanlokkelijk en misschien zelfs rationeel alternatief. Je hebt er in elk geval plezier van. Wat ik bij die Medical Vetbinder toch betwijfel.

En als de afslankkoffie of voetpleisters nou onverhoopt toch niet werken, kun je bij allerlei duurbetaalde klinieken terecht om het gehate vet te laten bevriezen, afzuigen of ultrasoon weg te laten trillen. Er zijn afvalcoaches, -clubs en -community's. De planken van de boekhandels buigen door onder het gewicht (ha!) van de dieet(kook) boeken.

Maar voor al deze producten en methodes geldt dat ze alle andere overbodig zouden maken als ze écht zouden werken. Het Obesitas Industrieel Complex, zoals het in navolging van het Militair Industrieel Complex al wordt genoemd, gedijt bij ineffectiviteit. Zelfs een extreme oplossing als liposuctie, waarbij niet alleen vet maar ook vetcellen worden weggezogen, is geen garantie voor blijvende gewichtsafname. In veel gevallen keert het vet terug op plekken waar het eerst niet zat, én als onzichtbaar, visceraal vet rond de ingewanden: de schadelijkste variant.

Internist-endocrinoloog Liesbeth van Rossum, hoogleraar interne geneeskunde met de leerstoel 'gezond gewicht en biologisch stressonderzoek' aan het Rotterdamse Erasmus MC, zegt in een vraaggesprek met *de Volkskrant*: 'Praktisch iedereen kan afvallen met een laagcalorisch dieet, maar ook bijna iedereen komt daarna weer aan. Een dieet is een kuur, overgewicht bestrijd je niet met kuren, maar met een langetermijnoplossing.'

Blijvend afvallen is domweg een kwestie van de lange adem. Het mantra dat daarbij hoort zal iedereen inmiddels vervelen, omdat het al zo vaak is herhaald. Maar dat maakt het niet minder waar. Wil je met een gezond gewicht oud worden, dan is het zaak minder te eten en meer te bewegen. Blijvend. Dat betekent niet dat je de rest van je leven een vreugdeloos monnikenbestaan moet leiden – je moet überhaupt niks, natuurlijk, het is allemaal uit vrije wil, maar weet waarvoor je kiest. Als de basis van je voeding gezond is en je de energiebalans een beetje in de gaten houdt, dan hoef je niet op een houtje te bijten. Alleen is de onbekommerdheid waarmee je als twintiger kon eten en drinken wat je wilde zonder over de consequenties na te hoeven denken definitief voorbij. Veel van wat jongeren komt aanwaaien, vereist op latere leeftijd inspanning. Misschien is dát uiteindelijk wel het kenmerkende van ouder worden.

Inspanning. Daar zijn we weer. Maar het is niet anders. Als het beperken van de energie-inname om af te vallen wordt gehinderd door een tegenstribbelend metabolisme, moeten we aan het andere eind van het spectrum meer uitgeven om hetzelfde resultaat te bewerkstelligen. Zorg dat je elke dag een paar honderd calorieën meer verbrandt dan je binnenkrijgt, en je valt onherroepelijk af.

Tijdens een gemiddelde Touretappe verstookt een wielrenner zo'n zesduizend calorieën. Waar sportdiëtisten in de voetballerij in de gaten moeten houden of atleten niet te zwaar worden, moeten ze bij het wielrennen manieren vinden om al die energie binnen te krijgen, zonder dat het tot spijsverteringsproblemen leidt.

Kortom, sporten is een bewezen effectieve manier om gewicht te verliezen. Maar ook hier, het zal eens niet, zit een addertje onder het gras. De gemiddelde man van middelbare leeftijd zit de hele dag op kantoor, en niet op de fiets. Hoe graag sommigen van hen dat ook zouden willen. De meeste amateurwielrenners moeten het van de zondagochtend hebben, lekker fietsen met het vriendenclubje. De hoeveelheid energie die ze verbranden is afhankelijk van allerlei variabelen: hoe zwaar zijn ze, hoe hard fietsen ze, is er tegenwind. Maar met een beetje doortrappen kom je al snel aan zo'n 500 calorieën per uur. Op een toertochtje van vier uur verstook je zo 2000 calorieën. In de wetenschap dat een pond lichaamsvet goed is voor 3500 calorieën is dat een indrukwekkend aantal. Alleen doe je zo'n toertocht natuurlijk niet op de nuchtere maag, daar heb je een stevig ontbijt voor nodig: zes boterhammen met kaas, goed voor 850 calorieën. Halverwege de koers stopt het ploegje voor koffie en appeltaart met slagroom: 290 calorieën. En na de eindsprint strijkt het gezelschap op het terras neer voor een verkwikkend biertje; vier vaasjes (425 calorieën) en drie bitterballen (115 calorieën) later heeft onze amateurwielrenner al 1650 van de 2000 sportcalorieën versnoept. Met nog 350 calorieën op de teller moet hij tien zondagen, of in totaal 40 uur fietsen om een pond af te vallen. Gesteld dat hij zijn energiebalans de rest van de week precies in evenwicht weet te houden.

Hardlopen is wat gemakkelijker dan wielrennen. Je hebt er geen materieel voor nodig, alleen een paar schokabsorberende sneakers. Het kan altijd en overal. Valt er een vergadering uit, kun je in een minuut op je hardloopschoenen buiten staan, om na drie kwartier en 5 kilometer gedoucht en wel weer achter het bureau te zitten. Afhankelijk van je gewicht, conditie en tempo verbrand je met hardlopen zo'n 800 calorieën per uur. Het is dan ook behoorlijk inspannend. Zo inspannend dat de meeste amateurlopers het na een uurtje wel voor gezien houden. Gesteld dat je één keer per week loopt, dan houd je verdeeld over de hele week per dag 114 calorieën extra over. Een mini-Marsje is 90 calorieën, drie speculaasjes 100 calorieën, een bakje met 25 gram chips zo'n 130 calorieën. Kortom, als je jezelf elke dag een kleine traktatie toestaat, houd je er van die 800 hardloopcalorieën hooguit 100 over. Ofwel: 35 uur hardlopen om één pond vet af te vallen.

Uit talloze onderzoeken blijkt dat we schromelijk overschatten hoeveel energie we met sporten verbranden. Van sporten word je tot overmaat van ramp ook nog eens extra hongerig, en omdát je hebt gesport ben je niet alleen geneigd te denken dat het er wel bij kan – tenslotte heb je al die calorieën verbrand – maar ook dat je het hebt *verdiend*.

Daarnaast hebben we de neiging te ónderschatten hoeveel energie we innemen. Veel mensen die op dieet zijn houden zich bij de hoofdmaaltijden keurig aan het voorgeschreven aantal calorieën, terwijl ze, vaak zonder er zelf erg in te hebben, de hele dag aan het snaaien zijn. Een dropje, een blokje kaas, een stukje stokbrood, een koekje, een handje noten. Los van elkaar stelt het niet zoveel voor. Bovendien ben je toch aan het diëten. Dan maakt zo'n klein snackje toch niet uit? Dat zou je zeggen. Behalve als je ze allemaal bij elkaar optelt. Om inzicht te krijgen in je eigen eetgedrag kan het dan ook zeer verhelderend zijn om naast dat voedingsdagboek ook een snaaidagboek bij te houden. Noteer elk snoepje, elke koude pizzakorst uit de koelkast, elk handje chips dat je achteloos in je mond steekt, en reken aan het einde van de dag met behulp van een voedings-app uit hoeveel bonuscalorieën je hebt weg gesnackt, en ineens wordt duidelijk waarom de resultaten op de weegschaal zo tegenvallen. Krachtsporters beweren dan ook vaak dat het niet de dagelijkse training is die de meeste discipline vereist, maar het strakke voedingsschema.

Hoewel we dus geneigd zijn onszelf al sportend rijk (of beter: slank) te rekenen, is beweging wel degelijk een van de sleutels tot gewichtsverlies. Want wat je uitgeeft kom je niet aan. De wielrenner van hierboven kan zolang hij die toertochtjes blijft rijden calorieneutraal appeltaart eten en bier drinken. Bleef hij thuis op de bank hangen, dan zou hij daar geheid van aankomen. En hetzelfde geldt voor de hardloper. Sporten is geen vrijbrief om onbeperkt alles te eten, maar het schept wel ruimte. De veronderstelling dat je met sporten alleen niet kunt afvallen, is volgens hoogleraar bewegingswetenschappen Luc van Loon dan ook 'bullshit'.

Van Loon: 'Als je geen goed getrainde achtergrond hebt, is puur op gewicht afvallen met alleen sport niet gemakkelijk. Want als je alleen maar minder eet verlies je vet én spiermassa, terwijl je met fysieke training alleen vet verliest, terwijl je spieren aanmaakt. En die hebben een hoger soortelijk gewicht dan vet. Kijk, je moet natuurlijk niet meer gaan eten omdat je van het sporten honger krijgt. Maar in de praktijk kun je met sporten alleen prima afvallen.'

Je bent wat je eet

Professor Van Loon heeft een even spectaculair als baanbrekend onderzoek verricht: hij injecteerde een koe met gelabelde aminozuren - de bouwstenen van eiwit - die daardoor te volgen waren. Vervolgens gaf hij melk en vlees van de koe aan een proefpersoon en volgde het traject dat die gemerkte aminozuren in het menselijk lichaam aflegden. Van Loon: 'Het mooie was dat je kon zien hoe hele aminozuren van die koe na inname, via vlees of melk, in *jouw* spieren worden ingebouwd. Wat maandag in het topje van je linkeroor zit, zit over vijf dagen misschien in je rechterteen Je bent wat je eet. Letterlijk. Van eiwitten weten we dat het zo werkt. Met vetten en koolhydraten kan dat natuurlijk ook. Alleen hebben die een heel andere turnover omdat ze constant worden verbrand. Maar eiwitten blijven langer in het lichaam, omdat ze dus in spierweefsel worden ingebouwd. Je maakt iedere dag zo'n 300 gram eiwit aan, terwijl je gemiddeld maar 70 tot 80 gram uit voeding inneemt. Het is dus een heel efficiënt proces, waarin volop gerecycled wordt. Je lichaam maakt constant aminozuren uit het lichaam vrij om ze op een andere plek opnieuw te gebruiken.'

Er zijn wetenschappelijke aanwijzingen dat het volume lichaamsbeweging de effectiviteit van het afvallen bepaalt. Niet alleen om de voor de hand liggende reden dat je meer verbrandt zodra je meer beweegt, maar ook omdat het brein in dat geval sensitiever wordt voor de hormonen die het gevoel van honger en verzadiging reguleren. Dat effect treedt op vanaf 150 minuten matig-intensieve activiteit per week – de bewegingsnorm – en wordt sterker naarmate er meer werk wordt verzet. Driehonderd minuten per week zou het optimum zijn. De metabole adaptatie kan het vanaf dat moment niet meer bijbenen, waardoor de kilo's ervan afvliegen. Op het oog lijkt dat een trainingsvolume dat eerder bij een wielerprof dan bij een bureau-arbeider past. Maar wandelen, mits op een matig-intensief tempo, telt ook mee. Drie keer per week een uurtje hardlopen en even zo vaak een halfuurtje wandelen en je bent er al (vooruit: bijna). Dan kun je op zondag nog uitslapen ook. Het is een activiteitenniveau dat veel dichter bij dat van onze slanke voorouders staat dan het huidige. Vooral als we het niveau van alledaagse, niet aan sport gerelateerde beweging flink opvoeren. Vanaf een zekere leeftijd kun je het je niet meer permitteren om de roltrap te nemen. Ook de lift is er voor jongeren. Juist omdat een work-out hooguit een uurtje duurt, is het in de tweede helft van het leven van levensbelang om zoveel mogelijk beweging bij elkaar te scharrelen. De gemakseconomie is de grootste vijand van de volksgezondheid.

Die dagelijkse beweging, zowel intensieve sport, wandelingetjes als een halfuurtje duchtig stofzuigen, zou het fundament moeten zijn van een levensstijl waarin matig maar gezond eten de tweede pijler is. Gezond eten maak je zelf, van verse ingrediënten, met de nadruk op groenten. Koolhydraten uit zetmeel zijn de duivel niet, maar in hoofdzaak nuttig als brandstof voor fysieke inspanning. Als die niet op de agenda staat, is het raadzaam die tweede opscheplepel pasta beter niet te nemen. Tussendoortjes dienen geen enkel doel. Niet elke trek hoeft meteen te worden gestild. In onze maatschappij sterft niemand nog aan ondervoeding. Wij sterven aan *over*voeding, en tamelijk massaal. Wie zijn calorie-inname wil beperken, pakt de gemakkelijkste winst op vloeibare koolhydraten. Fris, vruchtensappen, yoghurtdrankjes, alcohol: het zijn loze calorieën, waarvan je niet verzadigd raakt en die niet verteerd hoeven te worden, waardoor de lever ze in rap tempo tot vet verwerkt. Water, thee en koffie zijn een prima alternatief. Ook toegevoegde suiker is geen gif, maar de paradox wil dat de voedingsindustrie ons er wel degelijk mee vergiftigt door het toe te voegen aan producten waar het niet in hoort te zitten. Wat giftig is wordt altijd bepaald door de dosering (zie: watervergiftiging), maar met suiker hebben we die niet zelf in de hand omdat de Unilevers van deze wereld het in tomatensaus, soep en 'vruchten'-yoghurt smokkelen. Er is geen enkele reden jezelf een koekje, een stuk chocola of wat je dan ook lekker vindt te ontzeggen, zolang het binnen je energiebalans past. Het is dan ook verstandig je rustmetabolisme uit te rekenen en je een klein beetje te verdiepen in de calorische waarde van producten en maaltijden. De Eetmeter van het Voedingscentrum of een vergelijkbare app kan daarbij een handig hulpmiddel zijn.

Maar het allerbelangrijkste is een voedingspatroon dat niet voortdurend het uiterste van het doorzettingsvermogen eist. Even afzien is helemaal niet erg, maar het is per definitie eindig. Wie daarna in oude gewoontes vervalt, is heel snel terug bij af. Of om die metafoor wat verder op te rekken: nóg verder van huis. Snel veel afvallen is natuurlijk leuk (althans, als je jezelf te dik vindt) maar evenwicht is belangrijker dan gewicht. Een consistente, langzame verandering die op lange termijn in stabiele gezondheidswinst resulteert, is te prefereren boven een crashdieet waarmee je in en *vóór* korte tijd tien kilo afvalt. In contrast met een streng dieet, biedt een veranderde levensstijl ook ruimte om af en toe terug te vallen. Niemand is perfect en verandering gaat niet in een stijgende rechte lijn, maar met pieken en dalen. In dat besef kun je een veranderde levensstijl gemakkelijk weer oppakken, terwijl je geneigd bent een dieet in dat geval als mislukt op te geven.

Dokter Frank: 'In mijn eigen praktijk stel ik altijd voor om er eerst eens voor te zorgen dat ze niet verder aankomen. Ik zeg dan: "Laten we nou zorgen dat we het over een periode van drie maanden stabiel houden, om vanuit die situatie te kijken wat we verder aan dat gewicht gaan doen." Het is gemakkelijker om op gewicht te blijven dan direct vijf of tien kilo af te vallen. Dat is een veel extremere situatie. De mindset die daar bijhoort is veel lastiger. Terwijl even pas op de plaats maken al een goeie eerste stap is. Met de rust die je daarmee creëert kun je na verloop van tijd dan gemakkelijker beslissen wat er verder moet gebeuren. Niet aankomen is ook een vorm van afvallen.'

Tot slot van dit hoofdstuk: ijdelheid is een prima drijfveer om op gewicht te willen blijven of te komen. We hebben vermoedelijk allemaal een ideaalbeeld van onszelf dat niet overeenkomt met wat we in de spiegel zien. Daar hoeven we niet heel veel ehm... *gewicht* aan te hechten. Uiteindelijk trekt slechts een klein deel van de mensheid een winnend lot uit de genenloterij en zullen wij het ermee moeten doen. Maar zonder die ijdelheid zou het vermoedelijk nóg moeilijker zijn om af te vallen. Rokers hebben moeite met stoppen omdat de gezondheidsschade die tabak veroorzaakt zich pas in de toekomst manifesteert, terwijl er nú actie moet worden ondernomen om dat te voorkomen. Met dik worden is het niet anders. Na je veertigste moet je niet de illusie hebben ooit weer zo strak te worden als op je twintigste. Op middelbare leeftijd is het doel van afvallen dan ook niet meer 'het perfecte strandlichaam', maar een gezonde oude dag. Juist om die reden kan het geen kwaad dat gedroomde adolescentenlijf tóch na te streven. Omarm je ijdelheid!

MIDLIFECRISIS: IS DIT ALLES?

Voor de buitenwereld heeft Maarten (49) het uitstekend voor elkaar. Hij heeft een succesvolle eenmanszaak in online communicatie, zijn vrouw Aimée is partner bij een vooraanstaand consultantskantoor. Samen met hun twee kinderen bewonen ze een groot huis in Zwolle. Materieel gaat het ze goed en de relatie is harmonieus. Zij het dat Maarten en Aimée het zo druk hebben met werk en gezin, dat ze nauwelijks nog tijd voor elkaar hebben. Vlak voor ze naar bed gaan drinken ze in de keuken meestal nog een glas wijn om even bij te praten. Vaak blijft het daarbij. Ook in de weekenden zijn ze vaak druk. De kinderen moeten naar hun respectievelijke sportclubs, er moeten boodschappen worden gedaan en andere huishoudelijke klusjes. Het is het spitsuur van het leven, en veel van de taken rusten op Maartens schouders. Als zelfstandige is hij wat vrijer om zijn eigen dagindeling te maken. Daarbij brengt Aimée het grote geld binnen. Tot spanningen leidt dat niet. Maarten is een moderne, geëmancipeerde man. Hij gunt Aimée haar grote maatschappelijke succes en doet vanzelfsprekend een stapje terug.

Maar om nog een beetje aan zichzelf toe te komen, pakt Maarten het sporten weer op. In zijn studententijd was hij lid van een atletiekvereniging, waar hij uitkwam op de meerkamp. Na zijn afstuderen is de klad er ingekomen, maar nu pakt hij de estafettestok weer op waar hij hem jaren geleden heeft laten liggen. Bij het sporten raakt Maarten aan de praat met de twintig jaar jongere Kate. Vanaf het prille begin kunnen ze het uitstekend met elkaar vinden. Tot hun beider verbazing staat hun leeftijdsverschil daarbij niet in de weg. Al snel voeren ze diepe gesprekken. Er ontstaat een vriendschap, die na een trainingsweekend buiten de stad omslaat in hevige, wederzijdse verliefdheid. Maarten: 'We reden terug in de auto en hadden elkaar zoveel te vertellen, dat we de stadsring gewoon nog een keer zijn rondgereden. Er was helemaal niets lichamelijks voorgevallen, maar toen ik thuiskwam zei ik tegen Aimée: "We moeten even praten. Ik heb een meisje ontmoet, en ik geloof dat ik verliefd op haar ben."

Ik was idolaat van dat meisje. Echt hoteldebotel. En zij van mij. Ze wilde dat ik voor haar zou kiezen. En ik dacht: o, hoe mooi zou dat zijn als ik samen met haar in bed zou liggen. Het was een hyperverliefdheid die ik nooit eerder op die manier had ervaren. Thuis voelde ik mij kutter dan kut. Ik was voortdurend bezig met het incalculeren van de schade. Ik werd gek, kreeg hartkloppingen, zweetuitbraken, kon niet meer slapen. Ik ging echt naar de tyfus. Ik ben bij een psycholoog geweest. Die stelde een lichte depressie vast, veroorzaakt door keuzestress. Daar is misschien wel een halfjaar overheen gegaan. Uiteindelijk heeft mijn vrouw me gedwongen de knoop door te hakken. Ik heb het de kinderen verteld en ben meteen naar Kate gegaan.'

Maarten huurt een appartementje in de stad en gaat daar al snel met Kate samenwonen, terwijl zijn huwelijk wordt ontrafeld. De scheiding wordt in gang gezet. De gezamenlijke eigendommen, waaronder het huis, moeten worden verdeeld, de verzekeringen en bankrekeningen gesplitst. Maartens oudste dochter is zo boos op haar vader, dat ze hem een tijdje niet wil zien. Maar Maarten zit op een roze wolk. Hij gaat volledig op in de prille verliefdheid. Concerten, festivals, etentjes, reisjes: het leven voltrekt zich als in een roes. Maar in de maanden die volgen begint de roze wolk langzaam te verdampen. Kleine irritaties zorgen voor de eerste barstjes in de nieuwe relatie, terwijl Maarten zich steeds bewuster wordt van wat hij heeft opgegeven.

'Ten opzichte van mijn kinderen heb ik echt gefaald, vind ik. Als je kinderen hebt, kún je gewoon niet doen wat ik heb gedaan. Dat hoort gewoon niet. Ik heb echt onderschat wat dat met ze zou doen. En dat vind ik verschrikkelijk. Ik heb daar natuurlijk al over nagedacht voor ik het besluit nam. Maar verliefdheid beïnvloedt je beoordelingsvermogen. Vrienden zeiden: "Mijn ouders zijn ook gescheiden en uiteindelijk was dat voor iedereen beter, ook voor de kinderen." Daar luisterde ik dan naar. De ongunstige verhalen verdring je. Ik raakte mijn realiteitszin volledig kwijt. Zo allesoverheersend was die verliefdheid. Maar op een gegeven moment zat ik bij Aimée, in mijn oude huis, om iets over de kinderen te bespreken, toen mijn jongste dochter thee kwam brengen. Daar had ze voor ons allebei snoephartjes bij gedaan, die ze zelf had gekocht. Dat was echt *killing*.

Na een paar maanden ging het tussen mij en Kate zo slecht dat ze weer op zichzelf ging wonen. En toen ik alleen in dat appartement zat, ervoer ik wel een moment van wakker worden. Het was zo'n weekend waarin ik de kinderen niet had. Zonder dat ik had gedronken was ik brakkig wakker geworden. Ik had geen zin om iets te doen, bleef op de bank hangen, en was ervan overtuigd dat iedereen met z'n gezin op pad was. Behalve ik. Toen heb ik wel anderhalf uur non-stop zitten janken. De gordijnen dicht, helemaal naar de tyfus. Ik kon mij echt alleen maar kut voelen.

Spijt is een woord waarover ik veel heb nagedacht. Uiteindelijk vind ik het een zwaktebod. Voor ik de beslissing nam om bij mijn vrouw weg te gaan heb ik er nuchter over nagedacht, dronken, in gesprek met vrienden en alleen. En het eerste jaar heeft Aimée nog geroepen: "Kom van die roze wolk af, kom terug." Maar geen haar op mijn hoofd die daar toen aan dacht. Uitsluitend als ik de stad had verlaten en Kate uit mijn leven had gebannen, zou ik in staat zijn geweest een andere keuze te maken. Inmiddels weet ik dat ik niet oud wil worden met Kate. Met Aimée zie ik dat veel meer zitten.

Kijk, ik kan mij daar wel slecht over voelen. Maar mijn verdriet staat in geen vergelijk met dat van Aimée. Ik sta mijzelf niet toe dat te voelen. Ik vind dat dat niet kan. Aimée is gedurende dat hele proces zo groots geweest, zo stabiel. Wat ik haar heb aangedaan is onvergeeflijk. Dus ja, ik baal wel.'

(De namen van alle betrokkenen zijn in verband met hun privacy veranderd.)

Maarten is ervan overtuigd dat zijn verliefdheid geen uitvloeisel van een midlifecrisis was. De roes van de *amour fou* die hem, zoals hij zelf zegt, zeker een jaar lang benevelde, had hem op elke leeftijd kunnen overvallen. Dat is ongetwijfeld waar. Verliefdheid stoort zich niet aan leeftijdsgrenzen. Toch zou je zijn verhaal symptomatisch kunnen noemen voor de levensfase waarin, naar het zich laat aanzien, vooral mannen hun hele bestaan overhoopgooien om te ontsnappen aan het gevoel dat de band Doe Maar bezong in hun klassieker *Is dit alles*:

We komen niets te kort, we hebben alles
Een kind, een huis, een auto en elkaar
Maar weet je lieve schat wat het geval is, ah
Ik zoek iets meer, ik weet alleen niet waar
We zijn nu net een stuk in 13 delen
Aan het einde zijn we allemaal de klos
En leven trouw het leven van zovelen
Ik wil iets meer, ik wil een beetje los
Is dit alles?
Is dit alles?
Oh, Is dit alles wat er is

Doe Maar-bassist/zanger Henny Vrienten was een jonge dertiger toen hij *Is dit alles* schreef. Wat al te jong voor een midlifecrisis. En dat gold helemaal voor de fans van Doe Maar. Dat waren veelal tienermeisjes, voor wie de existentiële mijmeringen van een middelbare man helemaal ver van hun bed geweest moeten zijn. Tenzij ze hun *vaders* herkenden in de twijfelende burgerman die Vrienten zo trefzeker schetst.

We kunnen het prototype allemaal zo aanwijzen. Misschien wel als we in de spiegel kijken. De veertig gepasseerd, een carrière die loopt als een trein, tot aan zijn nek in de hypotheekschulden, getrouwd, kinderen. Hij heeft het leven op de rit en nu de eerste symptomen van veroudering zich aandienen, is hij er zich plotseling van bewust dat het leven eindig is en vraagt hij zich vertwijfeld af: is dit echt alles wat er is, *whoah*?

Het cliché wil dat hij zich onmiddellijk naar de dichtstbijzijnde Harley-Davidson-dealer begeeft om zichzelf op een glimmende motor te trakteren. Daarmee scheurt hij naar zijn werk om zijn baas in niet mis te verstane bewoordingen te vertellen wat hij al die jaren alleen maar van hem heeft durven denken, waarna de kortgerokte vijfentwintigjarige secretaresse met de grote tieten bij hem achterop springt en ze de ondergaande zon tegemoet rijden. Althans, in zijn droom.

De middelbare leeftijd wordt gezien als een periode waarin de man de balans opmaakt en in ogenschouw neemt wat hij heeft bereikt en hoe zich dat verhoudt tot de doelen die hij als adolescent formuleerde. Voor iedere man die geen profvoetballer, rockster of astronaut is geworden, maar registeraccountant, schoenenverkoper of buschauffeur, zou die vergelijking frustrerend kunnen uitpakken. Ook als de dromen wat realistischer waren, maar promotie of groter succes is uitgebleven, ligt teleurstelling op de loer. Daarbij is het de leeftijd waarop het besef indaalt dat hij langzaamaan seksueel minder aantrekkelijk wordt. Sinds zijn puberteit was hij een *babe magnet* (althans, dat dacht hij zelf), maar nu hij kaler, grijzer en dikker wordt, begint zijn betovering op de andere sekse af te nemen. Het plotselinge besef dat het leven eindig is en je geketend wordt door de keuzes die je eerder maakte – partner, kinderen, carrière – zou tot extreme bokkensprongen kunnen leiden.

Alleen is er geen wetenschappelijke consensus over het bestaan van de midlifecrisis. Volgens Alexandra Freund, hoogleraar psychologie aan de universiteit van Zürich, is er nauwelijks empirisch bewijs voor. Freund publiceerde in 2009 een nog altijd veel geciteerd artikel in het wetenschappelijke tijdschrift *Gerontology*, waarin zij stelt dat mannen van álle leeftijden misschien wel ontvankelijk zijn voor de bekoringen van een vijfentwintigjarige met grote tieten, een glimmende motor of een andere carrière. Op welke leeftijd, vraagt zij zich af, worden dat symptomen van een crisis? Zou een negenentwintigjarige die een Harley aanschaft en er met de secretaresse vandoor gaat niet juist indicatief kunnen zijn voor een angst om ouder te worden?

In het artikel beschrijft Freund dat de middelbare leeftijd inderdaad een periode kan zijn waarop je zwaar gebukt gaat onder de zorg voor zowel je kinderen als je bejaarde ouders, je carrière een plateau bereikt, je gezondheid en uithoudingsvermogen achteruitgaan en teleurstelling, verveling en frustratie het leven gaan kleuren. Maar het zou evengoed een periode van persoonlijke bevrijding kunnen zijn, met een groter aanzien op de werkvloer, goede gezondheid en een bevredigend huwelijksleven.

Is de midlifecrisis een biologisch gegeven, vergelijkbaar met de puberteit? Of is het een mythe, die in de populaire cultuur wordt aangedikt?

De meeste psychologen neigen naar de laatste variant. Er is geen statistisch bewijs voor het bestaan van de midlifecrisis. Er zijn zelfs onderzoeken waaruit blijkt dat mannen van middelbare leeftijd juist gelukkiger zijn dan jongere of oudere seksegenoten. Zo blijken ouderen tussen de 65 en 84 niet zozeer terug te verlangen naar hun jeugd, als wel naar de middelbare leeftijd. Terwijl jongvolwassenen in groten getale de zekerheden – werk, relatie, kinderen – van het middelbare leven nastreven.

Onderzoekers Hunter en Sundel, geciteerd door Freund, schrijven: 'Epidemiologen hebben weinig bewijs gevonden voor het idee dat de middelbare leeftijd een periode is van excessieve negatieve gebeurtenissen, zoals arbeidsconflicten, teruglopende seksualiteit, scheiding, doodsangst, alcoholisme, neurosen, depressie of zelfmoord. Sterker, het zijn doorgaans andere levensfasen waarin dergelijke gebeurtenissen pieken, als ze überhaupt al plaatshebben.'

Maar ja, Henny Vrienten heeft de inspiratie voor *Is dit alles* niet uit zijn duim gezogen. En er zijn dan ook andere onderzoeken die laten zien dat het levensgeluk van niet alleen mannelijke mensen maar ook apen op middelbare leeftijd een dieptepunt bereikt, waarna het later weer begint te stijgen (hoe die apen dat zonder Harley-Davidson voor elkaar krijgen is vooralsnog niet duidelijk).

Guido Spijk is oprichter van het coachingsbedrijf Voel, waar hij voornamelijk trainingen geeft aan mannen van dertig tot en met zestig. Het gros van zijn cliënten bestaat uit veertigers en vijftigers die met midlife-achtige problemen zitten. Spijk: 'We noemen het midlife, maar je zou het ook een gebrek aan zingeving kunnen noemen. Wat doe je in het leven? Wat is je doel, je bestemming? Wat drijft je nou ten diepste?

De gemiddelde man is vaak het product van zijn opvoeding. Vandaaruit kiest hij een studie, die uitmondt in een baan en een leven. Als dat allemaal op de rails staat, rijst bij veel van hen de vraag of ze dit allemaal zelf wel hebben gewild, of dat het ook voortvloeit uit keuzes die ze hebben gemaakt omdat het nou eenmaal van ze werd verwacht. Vaak gaat daar een echte crisis aan vooraf. Ze worden ziek, raken hun baan kwijt, of het gaat thuis ineens niet zo goed als ze dachten. Als ze hier komen hebben ze vaak een burn-out. Ze hebben heel lang niet nagedacht over hoe ze hun leven hebben ingericht. Dat hebben ze steeds voor zich uitgeschoven. Maar daar loop je gaandeweg in vast.

Dat is de grote thematiek van mannen. Ze kunnen hun grenzen niet afbakenen, zeggen geen nee, blijven alles maar doen. Als de moderne man moe thuiskomt uit zijn werk, moet hij nog van alles in het huishouden of met het gezin doen. Daarnaast moet er gesport worden en er moet nog een sociaal contactje worden gelegd. Terwijl ze daar eigenlijk te moe voor zijn. Het zijn mannen die denken dat ze het nooit goed doen en om half twaalf nog achter hun computer zitten om mailtjes weg te werken. Zonder te weten waaróm ze dat doen, wat zij en hun omgeving ermee opschieten.

Dat is het moment waarop veel mannen ontdekken dat ze er alleen voorstaan. Ik krijg hier mannen die zeggen: “Ik heb geen vrienden. Nul!” Als ik dan vraag: “Wie bel je dan als je in de shit zit,” halen ze hun schouders op. Nul vrienden! Omdat ze opgeslokt worden door werk en gezin valt hun hele sociale netwerk langzaam weg. Dat sociale leven wordt door vrouwen opgetuigd. Ook omdat mannen van zichzelf nogal gesloten zijn. Even kort door de bocht: ze zijn een beetje autistisch, vinden andere mannen eng, hebben moeite om nieuwe vriendschappen aan te gaan. De eenzaamheid onder mannen is echt gigantisch hoor. Nathan Vos heeft daar een boek over geschreven. Hij heeft na de zelfmoord van zijn eigen broer de weduwen geïnterviewd van mannen die door suïcide om het leven zijn gekomen. En al die vrouwen zeggen: hij praatte niet. Vrouwen zijn daar veel bewuster mee bezig. Die lopen wat dat betreft echt vooruit. Ze zijn veel socialer, zich veel bewuster van hoe ze zichzelf voelen. Misschien slaan ze daar soms een beetje in door. Maar mannen zitten gewoon te vast in hun hoofd. Ik krijg ze hier die zeggen: "Ik kán niet voelen." Waarop ik steevast antwoord: "Nou, dat zullen we nog wel eens zien." Alle grote beslissingen neem je sowieso niet met het hoofd, maar met de buik, met het gevoel. Alleen moet je je daar bewust van zijn.

Wat ook heel erg man-denken is: wachten tot je serieus tegen een probleem aanloopt voor je er iets aan gaat doen, terwijl je al veel eerder had kunnen ingrijpen als je maar naar jezelf had geluisterd. Je zag het met corona, hè: veel mannen vonden het wel gezellig, want iedereen zat ineens ook doordeweeks om vijf uur te borrelen. Enfin, als je dat maanden achter elkaar doet krijg je een enorme pens en raak je toch van het paadje. In feite vraagt zo'n situatie dat je erbij stilstaat en je jezelf afvraagt: helpt mij dit, of word ik hier niet fris van? Maar mannen gaan pas handelen op het moment dat het eigenlijk al te laat is. Ik ga pas wat aan mijn fysiek doen als de dokter zegt dat ik te dik ben.

Dat is het paradoxale: als je fysiek een wrak bent, lukt het je ook psychisch niet om verandering te bewerkstelligen. Daar heb je power voor nodig. Als je met burn-outklachten naar huis wordt gestuurd, moet je dan ook niet zes weken op de bank gaan zitten wachten tot het overgaat. Je moet vanaf dag 1 proberen om structuur in je leven aan te brengen. Rust, regelmaat, reinheid. Dat begint natuurlijk klein, al is het maar met tien minuutjes wandelen per dag. Hetzelfde geldt voor verslavingen, te veel zuipen. Dat is een obstakel. Je moet helder kunnen nadenken over hoe je eigenlijk leeft, waaróm je dat doet.

Als mannen hier komen complimenteer ik ze meteen met de stap die hebben durven zetten. Je kunt ook een nieuwe motor kopen, je vrouw inruilen of op vakantie gaan. Maar dan blijft alles zoals het is. Hier leer je dat je moet veranderen. Dan moet je aan de bak.

Kijk, je moet dingen doen die aansluiten bij de levensfase waarin je verkeert. Als ik met mijn voetbalknieën een halve marathon wil lopen, kom ik daar niet mee weg. Dat betekent niet dat ik het bewegen er helemaal aan moet geven, maar dat je de training op je situatie afstemt. In elke fase van je leven moet je actief op zoek naar nieuwe dingen, en niet gaan zitten afwachten wat er op je af komt. Het moet alleen passen. Het is leuk hoor, je tweede of derde leg. Dan loop je op je zevenenvijftigste over het schoolplein met een zoontje van vier. Sorry hoor, maar die tijd heb je gehad. Je wordt er natuurlijk wel door gestreeld. Jezus man, jij bent 57 en je hebt een wijf van 36. Lekker! Geil! Maar je komt in een compleet gefragmenteerde wereld terecht. Je hebt geen jeugdverbindingen met je vrouw, kunt je moeilijk verhouden tot haar vrienden. Je wordt dan een beetje *The Lost Man*, die verloren tussen twee levensfases blijft zweven. Het duidt in mijn beleving op een gebrek aan realisme. Je moet kunnen accepteren dat bepaalde dingen voorbijgaan en vanuit die wetenschap iets nieuws zoeken. Je moet je oriënteren, er blijven nog heel veel mogelijkheden. Maar je moet wel willen.

Om je plek te vinden in een veranderende situatie helpt het om een hofhouding op te tuigen. Je moet mensen om je heen verzamelen die je kunnen ondersteunen in je leven. Dan bedoel ik niet alleen vrienden, het kan bijvoorbeeld ook een goede masseur zijn. Of

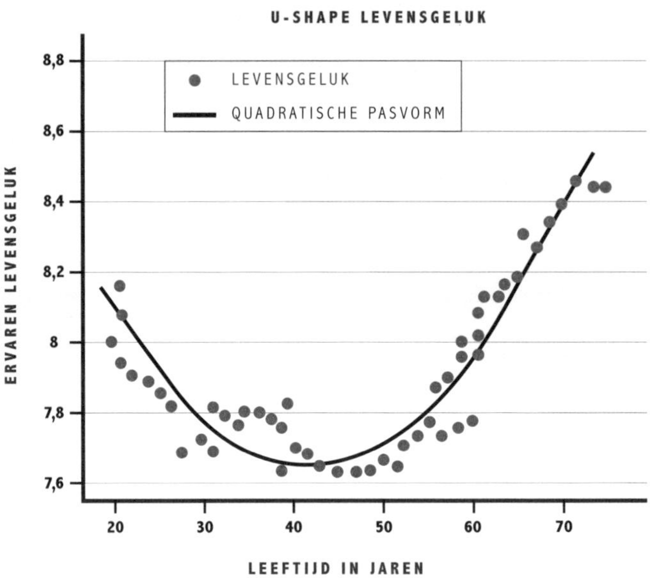

Bronvermelding: D. Blanchflower, A. Oswald, 2008

een dokter die jou door en door kent. De kapper, de slager. Echte ankerpunten. Het is fijn als de mensen je een beetje kennen. Dat geeft rust. Ik ga niet naar 26 verschillende wijnhandels, ik heb er één. Die kerel kent mij twintig jaar en vertelt mij: elke paar jaar verandert je smaak een beetje. Da's toch leuk? Je wordt gezien en gehoord.'

De middelbare leeftijd is niet alleen de periode waarin veel mannen de balans opmaken. Met een beetje geluk is het, al dan niet na een crisis, ook het moment waarop je concludeert dat je eigenlijk best tevreden bent. Niet alleen omdat je materieel 'alles' hebt, om Henny Vrienten nog maar eens aan te halen, maar vooral omdat je na de turbulentie van de puberteit en adolescentie misschien wel de man bent geworden die je altijd had willen zijn. Je bent niet langer de speelbal die op de golven van zijn eigen hormonen wordt voortbewogen. Je hoeft niet langer voortdurend met andere kerels te concurreren, omdat je al hebt laten zien wat je waard bent. Het had misschien beter gekund. Maar beslist ook slechter. Je doet je best een goede vader te zijn, een liefhebbende echtgenoot, en een man die zichzelf in de spiegel recht aan kan kijken.

De zelfverzekerdheid die daarbij hoort, zou een van de redenen kunnen zijn waarom van mannen vaak beweerd wordt dat ze aantrekkelijker worden met het ouder worden. Groeven, voren en rimpels zouden, anders dan bij de vrouw, het gezicht niet ontsieren maar juist karakter verlenen.

Beertje van Beers (1972) is model, presentator en publicist. In 2013 poseerde ze op eenenveertigjarige leeftijd voor *Playboy*, en nu ze naar de vijftig loopt modelleert ze nog altijd lingerie en badmode voor Marlies Dekker, onder andere op haar Instagram. Als ervaringsdeskundige zegt ze: 'Met het vorderen der jaren is schoonheid verdiend, in plaats van een gegeven. Bij de jeugd is schoonheid veel te gemakkelijk. Zo'n knul met een leren jekkie en een sigaret die achteloos tussen zijn lippen bungelt, is best sexy. Maar over twintig jaar is hij een loser met gele tanden. David Bowie zei het al: je krijgt het gezicht dat je verdient.

Ik val op ouder, maar alleen als dat met levenswijsheid gepaard gaat. Als je fysiek dan ook nog een beetje goed voor jezelf zorgt, is dat helemaal superaantrekkelijk. Toen ik jong was had ik een hekel aan die afgetrainde binkies, van die *jocks*. Mijn ideaal was toen een beetje verlopen punkrocker. Maar zo rond zijn dertigste moet die punkrocker wel een beetje aan zichzelf gaan werken. Als je jong bent is een beetje morsigheid aantrekkelijk, dan wordt dat verdoezeld door een overdaad aan elastine en collageen. Maar daarna wordt het gewoon een beetje vies.

Te glad, te perfect is nooit aantrekkelijk. Karakter wordt tenslotte gevormd door imperfecties. Je oog moet ergens aan blijven haken, zeker als je jong bent. Mensen met te witte, perfecte tanden heb ik bijvoorbeeld nooit vertrouwd. Ik vond de jonge Brad Pitt nooit zo aantrekkelijk, maar nu hij van middelbare leeftijd is vind ik hem supersexy.

Overigens geldt dat alles evengoed voor vrouwen hoor. Niets zo mooi als een vrouw op wier gezicht je levenswijsheid en zelfspot kunt aflezen. Die niet alleen maar met zichzelf bezig is, haar ego een beetje heeft laten varen. Lachrimpels, levenswijsheid, zelfrelativering. Man, man, man, wat is dat sexy.

Je moet ook zorgen dat je open blijft voor verwondering en twijfel. Daar moet je ook aan werken, net zo goed als aan je sixpack.

Ik vind die dadbod wel schattig. Die acteur, hoe heet-ie, Ben Affleck, werd erom aan de schandpaal genageld en uitgelachen. Ik geloof dat het in zijn hoofd destijds ook niet zo goed ging. *He was in a hot mess*. Maar de term is wel een goeie motivatie. Het houdt mannen scherp om een beetje voor zichzelf te zorgen. En als ik de keus heb tussen zo'n totaal afgetrainde vent die al zijn lichaamshaar heeft laten waxen, mooi dat ik dan voor die dadbod kies.'

TOT SLOT

Use it or lose it (gebruik het, anders verlies je het). Seksuoloog Peter Leusink zegt het elders in dit boek. Hij heeft het daarbij specifiek over de activiteiten tussen de lakens: het hebben van seks verhoogt de testosteronspiegel, waardoor je meer *zin* hebt in seks en je ook beter 'presteert' (Leusink waarschuwt tegen dat seksuele prestatiedenken, maar toch). Het is een activiteit die zichzelf versterkt. In positieve óf negatieve zin. Want heb je geen seks, dan neemt je testosteronspiegel verder af en komt het er helemaal niet meer van.

Maar de stelregel *Use it or lose it* gaat niet alleen op voor seks. Na je veertigste geldt het voor vrijwel alle aspecten van het leven. Het menselijk lichaam, het brein incluis, moet actief zijn om te kunnen functioneren. Doet het dat niet, dan keert het zich tegen zichzelf. Dan gaat het roesten, dichtslibben, piepen en kraken tot het uiteindelijk kapotgaat. Dát is wat ons, als ik in commissie mag spreken, van de jeugd onderscheidt. Als je jong bent en alles nog nieuw is, kun je dat lichaam laten verslonzen zonder dat het enig effect heeft. Ik moet daar direct bij aantekenen dat jeugdobesitas en de daaruit voortvloeiende ouderdomssuiker een groeiend probleem vormen. Niettemin komt het op dat verschil neer. Vergeet de rimpels, het grijze haar of de leesbril (die je sowieso ergens gaat vergeten): de noodzaak tot actief onderhoud is het enige verschil met de jeugd dat er werkelijk toe doet. De rest is cosmetisch van aard. Daar kun je wat aan doen, als je wilt, maar evengoed kun je het probleemloos negeren. Niemand is ooit aan grijze haren doodgegaan. Wel aan hartfalen.

Dat onderscheid is er altijd geweest. Alleen, tot pak hem beet zestig jaar geleden hoefden we daar niet of nauwelijks bij stil te staan. We kregen voldoende beweging en hadden geen overgewicht. Daar stond tegenover dat we vaker stierven aan de gevolgen van roken, zware, niet zelden gevaarlijke arbeidsomstandigheden en overdraagbare infectieziekten. Nu die doodsoorzaken de afgelopen decennia dramatisch zijn teruggedrongen, hadden we een sterk verbeterde volksgezondheid moeten zien. Maar in plaats daarvan worden we nu ziek van te veel eten en te weinig beweging. En welbeschouwd kunnen we daar niemand de schuld van geven, al-

leen onszelf. Het wordt ons weliswaar niet gemakkelijk gemaakt, want de gemakseconomie neemt ons steeds meer fysieke taken uit handen, terwijl de voedingsindustrie de schappen vol plempt met ongezonde producten. Maar wij worden niet gedwongen die producten te consumeren of die diensten af te nemen. Je zou het de tragiek van het moderne leven kunnen noemen. Nooit eerder was de levensstandaard en -verwachting zo hoog. Honger en ziektes zijn teruggedrongen. En nu maken we onszelf ziek. Met als gevolg: intensivecareafdelingen die vol liggen met dikke mannen die daar eigenlijk nog veel te jong voor zijn.

Het goeie nieuws is dat we niet op spectaculaire medische doorbraken hoeven te wachten om het tij te keren. We kunnen dat zelf. Zonder er offers voor te hoeven brengen. Het enige dat we hoeven te doen is het lichaam te gebruiken voor de functies waarop het in driehonderdduizend jaar evolutie geperfectioneerd is: bewegen. Daarbij moeten we dat lijf een beetje onderhouden met fatsoenlijke voeding. Dat is allebei geen straf. Temeer omdat de beloning zo geweldig is: een lang, fit en gezond leven.

Use it or lose it.

REGISTER

A
5-alfa-reductase 21, 28
Active surveillance 86, 88
Activiteiten, spier- en botversterkende *zie krachttraining*
Afvallen 167-185
Alcohol 11-12
Alopecia androgenetica 20, 23
Aminozuren 186
Andrologie 79-82
Andropauze 72-82
  depressie 72
  opvliegers 72
  osteoporose 72
  spiervolume, afname van 72
  stemmingswisselingen 72
  testosteron 73-82
  transpiratie-aanvallen 72
  vermoeidheid 72
Atkins-dieet 169-170

B
Bald shaming 26, 27, 32
Band, Hippocratische 23, 30
Banting-dieet 168-169
Barahal, Hyman 77
  homoseksualiteit 77
Beers, B. van 199-200
Beloningssysteem 136
Bettonviel, A. 176-178
Beweegrichtlijnen 113, 124-125
Bio-impedantiemeter 146
Bloeddruk, hoge 76
Blokjesbuik 151-152
BMI (Body Mass Index) 147-150
Boersma, I. 19, 29, 32-38
Bril 57
Buikje 9, 25, 142-152
  bio-impedantiemeter 146
  blokjesbuik 151-152
  BMI (Body Mass Index) 147-150
  buikvet 143-144, 145-146
  dadbod 143, 145
  huidplooimeting 146
  lichaamssamenstelling 148-150
  metaboolsyndrooom 146
Buikvet 76, 80-82, 143-144, 145-146, 154

C
Carb loading 158
Cardio *zie CRF*
Caro, R.A. 98 99
Cerebro Vasculair Accident 59

Cholesterol 134
  HDL 134
  LDL 134
Conditie 14
CRF (Cardio Respiratoire Fitness) 132-135
  bloedvaten 134
  cholesterol 134
  conditie 132
  diabetes type 2 134-135
  rusthartslag 133-134

D

Dadbod 143, 145, 200
Deckers, D. 153
DHT (dihydrostestosteron) 21, 28, 85
Diabetes type 2 59-60, 80-82, 134-135
Dieet, vegetarisch-veganistisch 171
Dienstplicht 42-43
Dieet 100-101, 167-174, 178-185
  Atkins- 169-170
  Banting- 168-169
  vegetarisch-veganistisch 171
  keto- 170
  kroketten- 173-174
  MacDonald's- 173-174, 178
  Montignac- 169, 170
  paleo- 170-171
  sherry- 167-168
  sport- 171
Doel, Het Goede 16
Dopamine 119-120, 136
Dutasteride 29, 34-38, 85
  bijwerkingen 29-30, 37-38

E

E-bike 102
Eetmeter 188
E-games 103
Endorfines 136
Energiebalans 120, 154, 176, 180
Erectiestoornissen 78-82, 85, 92-97
  beweging 78
  risicogroepen 80-82
  testosterondeficiëntie 80-82
  testosteronsuppletie 78
Eunuch 9, 22-24
Evolutie 116-117

F

Finasteride 28, 29, 34-38, 85
  bijwerkingen 29-30, 37-38
Fishbein, M. 100-101
Freund, A. 194-195
Frozen shoulder 9

G

Gains 152
Game of Thrones 22-23
GI (Glykemische Index) 160
Grunberg, A. 18
Guevedoces 27-28

H

Haar 10
Haargroei 21-22
  anagene fase 21
  catagene fase 21
  telogene fase 21
Haargroeimiddelen 18-20

Haartransplantatie 30-31
grafts 30
Hamilton, J.B. 23
Hatfishing 31
Hersenen 136-139
beloningssysteem 136
dopamines 119, 136
endorfines 136
hersenschors 137-138
stof, witte 139
Hersenschors 137-138
responsinhibitie 138
Hippocrates 23
Huidplooimeting 146

I

Inspanningstest 47

J

Jagt, M. van der 18

K

Kaalheid 10, 18-38, 57
testosteron 21, 23-24
castratie 23-24
haartransplantatie 30-31
finasteride 34-38
dutasteride 36-38
Ketodieet 170
Koolhydraten 154-160
complexe 159
Krachttraining 125, 130-131, 141, 177
body-weight 131
Krokettendieet 173-174

L

LaLane, J. 164
LBM (Lean Body Mass) 78
Leefstijl 14
Leesbril 9
Leliefeld, H. 29, 79-82, 86, 87
Leusink, P. 92, 93-97, 201
Levensgeluk 198
Levensverwachting, gemiddelde 40-41
Leydig, cellen van 73
Libidoproblemen 92-97
Lichaamsbeweging 10, 11-12, 13, 14-15, 98-135, 136-140
effecten, neurologische 136
effecten, psychologische 136
gebrek aan 109
MET (Metabolic Equivalent of Task) 103-105
PAL (Physical Activity Level) 107-108
polypil 139-140
RMR (Rested Metabolic Rate) 105-106
sporten 110-111
Lichaamssamenstelling 127-128, 148-150
Life events 43-44
Lightproducten 155, 156
Longfunctietest 47
Loon, L. van 129, 163-164, 185, 186

M

MacDonald's-dieet 173-174, 178
Macronutriënten 154-160, 174-175
koolhydraten 154-160

proteïnen 154
vet 154-158
Mannelijkheidsideaal 25
Menopauze 70-71, 72-73, 91-92
oestrogeen 72-73
progesteron 72-73
MET (Metabolic Equivalent of Task) 103-105
Metabolisme 128-130
Metaboolsyndroom 52, 75, 146
Metastudie 118
Microbioom 161
Midlifecrisis 53, 190-200
verschijnselen 53
Mismatch 116
Montignac-dieet 169, 170

N

NEAT (Non-Exercise Activity Thermogenesis) 180

O

O'Mara, S. 137
Obesitas 59, 80-82, 145, 156, 159
Oestrogeen 72-73
Omega-vetzuren 157
Orentreich, N. 30
Ouderdomskwalen 58
beroerte 58
COPD (Chronic Obstructive Pulmonary Disease) 58
dementie 58
hartfalen 58
hartziekten, coronaire 58
longkanker 58
Ouderdomsmetabolisme 129
Ouderdomssuiker 59-60
Overgewicht 156,159

P

PAL (Physical Activity Level) 107-108
Paleodieet 170-171
Papyrus Ebers 18-19
Penopauze 71
Pollan, M. 165
Polypil 139-140
Progesteron 72-73
Prostaat 83-89
active surveillance 86, 88
DHT (dihydrostestosteron) 85
dustasteride 85
finasteride 85
prostaatkanker 85-88
prostaatvergroting 84-85
prostatitis 89
PSA (Prostaat Specifiek Antigeen) 87-88
Prostaatkanker 85-88
Prostaatvergroting 84-85
Prostatitis 89
Proteïnen 154
PSA (Prostaat Specifiek Antigeen) 87-88
Pseudohermafroditisme 27

R

Responsinhibitie 138
Rimpels 57-58
RMR (Rested Metabolic Rate) 105-106, 129, 180
Rossum, L. van 182-183

Runner's high 15, 136
Rusthartslag 133-134
Rustmetabolisme *zie RMR*
Ružička, Leopold 77
homoseksualiteit 77

S
Scherder, E. 109, 115, 118, 119, 120-121, 136-137, 138, 139
Seks 90-97
erectieproblemen 92-97
libidoproblemen 92-97
prikkels 94-96
testosteron 92-97
Sherrydieet 167-168
Spaarstand 180-181
Spiermassa, afname van 126
Spijk, G. 195-198
Sport 12, 110-117
belemmeringen 117
Sportdieet 171
Sporthart 47
Squash 17
Stappenteller 121-123
Starvation mode 180-181
Steroïden, anabole 78
Stof, witte 139
Stofwisseling *zie metabolisme*
Suiker 155, 165-166, 175
Superfoods 162

T
Tabak 10, 11-12, 14
Testosteron 21, 26, 28, 32, 54-55, 73-82, 92-97, 143-144
homoseksualiteit 77
libido 77-78
Testosterondeficiëntie 75, 76, 80-82
Testosteronspiegel 74
Testosteronsuppletie 78
Tienduizendstappenplan 121-123
Topsporters 46-52
Transvetten 157-158, 163
Trichologie 33
Tudor-Locke, C. 122-123
Tuitert, M. 61-69

V
Veroudering 57-61
Verzuring 47
Vet 154-158
Vet, visceraal *zie buikvet*
Voeding 11, 14, 153-189
dieet 167-174, 178-185
koolhydraten 154-160
lightproducten 155, 156
macronutriënten 154-160
omega-vetzuren 157
proteïnen 154
suiker 155, 165-166, 175
transvetten 157-158, 163
vet 154-158
Voorstanderklier *zie prostaat*
Vugt, M. van 53

W
Westbroek, H. 16-17